테스트 주도
개발 입문

테스트 주도
개발 입문

깔끔한 코드 작성을 위한 폴리글랏 안내서

살림 시디퀴 지음 김인태 옮김

i!i
에이콘

에이콘출판의 기틀을 마련하신 故 정완재 선생님 (1935-2004)

اَمّی 어머니(Ammi)와

آپا 누나(Apa),

자넬리Janelle 그리고 사파Safa에게 바친다.

당신들의 사랑과 지지가 없었더라면 이 책도, 나도 완전해질 수 없었다.

지은이 소개

살림 시디퀴^{Saleem Siddiqui}

소프트웨어 개발자, 교육자, 연사이자 저자다. 기술 호황과 불황이 반복되는 몇 번의 시기를 겪으며 의료, 유통, 관공서, 금융 및 제약 부문에서 크고 작은 팀의 일원으로 소프트웨어를 개발했다. 소프트웨어를 개발하는 동안 부끄러운지도 모른 채 저질렀던 실수에서 얻은 교훈을 다른 이들과 공유하고자 한다.

노력을 토대로 세계 무대로 나아가길 즐긴다. 경험을 글로 풀어 블로그(http://thesaleem.com/blog)에 게시하는데, 가끔은 제삼자의 관점에서 쓴 글도 볼 수 있다.

옮긴이 소개

김인태(bruce.kim.it@gmail.com)

컴퓨터공학을 전공했고, 모바일 단말, 자동차 전장, 미디어 스트리밍 분야에서 다수의 소프트웨어 개발 프로젝트에 참여했다. 그 과정을 통해 다양한 프로그래밍 언어와 시스템 환경에서 소프트웨어 개발 경험을 쌓았다. 14년차 소프트웨어 엔지니어로 일하고 있으며, 국내 소프트웨어 테스트 전문가 자격 시험인 TTA 주관 CSTS의 시험 위원으로도 활동하고 있다.

옮긴이의 말

여러 프로그래밍 언어로 소프트웨어를 개발하는 접근 방식인 폴리글랏^{polyglot} 프로그래밍은, 다양한 언어의 장점을 활용해 보다 유연하고 최적의 성능과 확장성을 제공하는 소프트웨어 개발을 가능케 한다. 한 언어만 고수하는 소프트웨어 개발자가 아닌 이상 자의 또는 타의에 의해 여러 프로그래밍 언어를 접하게 되며, 자연스레 폴리글랏 프로그래밍을 하는 상황에 놓인다.

단위 테스트 코드 작성을 기본으로 하는 테스트 주도 개발 방식^{TDD, Test-Driven Development}은 소프트웨어가 테스트 가능한^{testable} 구조를 갖도록 강제한다. 이로 인해 보다 간단하면서도 구조화된 설계로 이끌어줄 뿐만 아니라 코드의 신뢰도를 높일 수 있다.

이 책에서는 개발자에게 사랑받는 Go, 자바스크립트, 파이썬의 세 가지 프로그래밍 언어로 테스트 주도 개발을 실천하는 실용적 방법을 제공한다. 켄트 벡^{Kent Beck}의 저서 『테스트 주도 개발』(인사이트, 2014)에서 다룬 '돈 문제' 예제를 각 언어로 재해석해 쉽고 재밌게 테스트 주도 개발 방식에 익숙해질 수 있도록 설명했다.

테스트 주도 개발은 지속적 통합 및 회귀 테스트를 자동화해 빠르고 정확하게 결함을 발견할 수 있게 하며, 켄트 벡이 얘기했듯이 소프트웨어 개발자 자신이 작성한 코드에 대한 두려움을 관리하는 데 효과적이다. 윤오영 작가의 수필 「방망이 깎던 노인」에서 방망이 장인이 질 좋은 방망이 하나를 깎아내는 데 노련하게 무던히 애를 쓰듯이, 소프트웨어 개발자 또한 품질 좋은 소프트웨어를 개발하기 위해 많은 수고를 아끼지 않는다. 테스트 주도 개발은 질 좋은 방망이와 같은 소프트웨어를 깎아내게끔 하는 정교하고 견고한 도구이기에, 소프트웨어 개발자라면 반드시 경험하고 체득해야 한다고 생각한다.

시간은 좀 흘렀으나 2015년에 구글, 넷플릭스, 어도비 본사에 직접 방문한 적이 있다. 그때 현업 개발자들로부터 이야기를 들을 기회가 있었는데, 각 회사의 소프트웨어 테스팅에 대한 인식과 노력은 정말 인상적이었다. 이후 여러 프로젝트에서 다양한 프로그래밍 언어(C/C++, Go, 파이썬, 코틀린, 자바)로 개발하며 테스트 주도 개발 및 단위 테스트에 계속 관심을 두게 됐다. 이 책을 통해 테스트 주도 개발의 가치를 이해하고 그 과정을 즐길 수 있기를 희망한다.

추천의 글

컴퓨터과학 및 소프트웨어공학 교육자로 일한 30년 경력을 통틀어, 2001년 산업계에 잠깐 몸담은 이후로 자동화된 단위 테스트만큼 내 수업과 연구를 형성하고 스며든 기술은 거의 없었다. 테스트 주도 개발은 구체적이지만 널리 적용 가능한 기술로 운용할 수 있는 일반적인 접근 방법이다.

마틴 파울러[Martin Fowler]의 『UML DISTILLED』(홍릉과학출판사, 2005)를 객체지향 개발 수업 교재로 채택한 후, 여전히 테스트 주도 개발을 구체적인 의미에서 대부분을 부작용으로 이해한 기억이 난다. 마틴은 성공적인 반복 개발 프로세스에서 주로 발견되는 세 가지 주요 사례인 자동화된 회귀 테스트, 리팩터링, 지속적 통합을 논의한다. 이 간단 명료한 설명이 뇌리에 박혀, 가르치는 입장에서 학생들이 코드의 나머지를 테스트할 추가적인 코드를 작성할 때 다채로운 테스트 결과의 형태로 즉각적인 피드백이 이뤄지도록 설득하는 과정이 늘 즐거웠다.

깨달음의 순간은 거의 10년이 지난 2012년경에도 있었다. 소프트웨어 아키텍처에 관한 소프트웨어 엔지니어링 라디오 팟캐스트를 듣기 시작할 때였다. 팟캐스트에서 언급된 참고 문헌을 읽다가 '밥 삼촌[Uncle Bob]' 로버트 마틴[Robert C. Martin]의 저서 『클린 소프트웨어』(제이펍, 2017)에서 '뜻밖의 재미있는 아키텍처'란 제목의 짧은 절을 우연히 발견했다. 테스트 가능한 코드를 만드는 데 집중하는 것이 어떻게 관리 가능한 아키텍처라는 좋은 방향으로 대부분 자연스레 이어지는지 설명하는 내용이다.

두 가지를 종합하면 자동화된 테스트가 프로세스와 아키텍처뿐만 아니라 기능 및 비기능 요구 사항을 함께 묶는 방법이라 강조한다. 코드가 기능 요구 사항을 충족시키는 데 더 많은 신뢰를 줌으로써, 테스트 가능성[testability]은 거의 틀림없이 가장 중요한 비기능 요구 사항이 된다.

거의 10년이 지난 해 여름, 저자로부터 그의 책에 관해 연락을 받았다. 덧붙여 말하자면, 내년은 저자와 함께 세 개의 대학원 과정 수업을 수강한 지 25주년이 되는 해다! 그가 성공적인 기술 전문가이자 마틴 파울러와 같은 사상가, 저자가 되는 걸 보는 것은 매우 보람된 일이다. 테스트 주도 개발을 늘 더 배우려는 열정이 있는 저자에게 추천사를 부탁 받아 영광이라 생각했다.

특히 이 책은 일상 생활에서 매우 익숙한 실행 예제를 직접 해보면서도 체계적인 방식으로 테스트 주도 개발 프로세스에 독자의 마음을 사로잡는 점이 매우 인상적이다. 레드-그린-리팩터 사이클은 프로그래밍 언어에 관계없이 프로세스의 분위기를 설정한다. 금융 통화 도메인에서 계속되는 피처는 구체적이고 관련시키기 쉽지만, 계속해서 더 복잡한 문제 사이로 독자를 안내함으로써 신뢰를 구축하고 미묘한 타협점을 노출시키며 나아가 탐구하려는 호기심을 일깨운다. 최종 코드 리뷰는 프로필, 목적, 프로세스의 세 가지 관점으로 검토하며 그 과정에서 수집된 통찰력을 통합시킨다.

약간 상호 보완적인 설계를 바탕으로 Go, 자바스크립트, 파이썬이라는 인기 언어로 테스트 주도 개발 접근 방식의 광범위한 적용 가능성이 있는 강력한 사례를 글로 녹여 냈다. 자바스크립트와 파이썬은 이미 시장에서 최고 위치를 차지하고 있으며 Go는 빠르게 떠오르고 있다. 뿐만 아니라 언어 설계와 세 개의 프로그래밍 언어 간 관계의 인식과 부가적인 접점을 제공한다.

Go, 자바스크립트, 파이썬과 같이 영향력이 강한 언어에 끌린 새로운 소프트웨어 개발자 세대와 함께 공명해 상승 효과를 내고 테스트 주도 개발의 고결한 길을 이끌어 낼 책이길 바란다. 최고의 재즈 색소폰 연주자인 캐넌볼 애덜리Cannonball Adderley가 뉴욕에서 실시간 관람 중인 청중에게 '힙하다hipness'를 설명할 때 했던 말을 빌려 글을 마무리하겠다.

'힙하다'는 것은 마음 상태가 아니라 피할 수 없는 인생의 현실이다!

– 콘스탄틴 로이퍼Konstantin Läufer,
시카고 로욜라 대학교 컴퓨터과학과 교수
2021년 9월

차례

3부 피처와 재설계

4부 마무리 짓기

12장 테스트 순서   235

13장 지속적 통합   249

들어가며

테스트 주도 개발은 프로그래밍의 두려움을 관리하는 방식이다.

— 켄트 벡

우리는 말로 표현하기 어려울 만큼 운이 좋다. 우리는 수년간 테스트 주도 개발[TDD, Test-Driven Development]을 했다. 머큐리 우주 프로그램 코드를 작성한 개발자들이 펀치 카드로 테스트 주도 개발을 실천한 지도 수십 년이 지났다(https://oreil.ly/pKpSZ). 테스트 주도 개발 적용을 수월하게 하는 XUnit 라이브러리는 세기를 거슬러 올라간다. 사실, 『테스트 주도 개발』(인사이트, 2014)을 저술하고 JUnit 프레임워크를 개발한 켄트 벡은 스스로 테스트 주도 개발의 실천(https://oreil.ly/zDyBr)을 발명이 아닌 '재발견'이라 말한다. 이 표현은 그의 겸손의 증거이면서도 사실이다. 테스트 주도 개발은 소프트웨어 개발만큼이나 오래됐다.

그렇다면 테스트 주도 개발이 표준 코드 작성 방식과 여전히 거리가 먼 이유는 무엇일까? 일정의 압박이 있을 때, IT 예산을 줄여야 할 때, 또는(개인적으로 가장 좋아하는) '소프트웨어 딜리버리 팀의 속도 향상'이 필요할 때 흔히 희생돼야 하는 첫 번째 대상이 테스트 주도 개발일까? 테스트 주도 개발은 결함 개수를 줄이고 설계를 더 간단하게 만들며 개발자 스스로가 갖는 코드에 대한 신뢰를 향상시키는 데 경험적이고 실험적인 증거가 있음에도 이런 모든 이유가 제시된다.

테스트 주도 개발이 마지못해 채택되거나 쉽게 버려지는 이유는 무엇일까? 테스트 주도 개발 실천을 꺼리는 이들의 주장은 크게 두 가지다.

첫째, 어디서부터 어떻게 시작해야 할지 모르겠다.

아마도 가장 흔한 이유는 인지도와 노출의 부족이다. 다른 기술과 같이, 테스트 주도 스타일의 코드 작성은 배워야 한다. 이 기술을 배울 외적 동기(시간, 리소스, 지침, 격려)도 내적 동기(꺼리는 마음과 두려움 극복)도 없는 개발자가 많은 것이 현실이다.

둘째, 테스트 주도 개발은 토이 프로그램이나 인터뷰에서는 쓸 법하나 '실제 세계' 코드 작성에는 제대로 작동하지 않는다.

사실이 아니지만 이해는 된다. 대부분의 테스트 주도 개발 튜토리얼과 이 책을 포함한 서적에서는 뻔한 도메인에서 비교적 간단한 예제를 선택하도록 강요한다. 상업적으로 배포된 애플리케이션(예: 금융 기관, 의료 관리 시스템, 자율주행자동차)에서 빼낸 소프트웨어 조각의 실제 코드를 바탕으로 테스트 주도 개발 기사나 책을 쓰기는 어렵다. 우선 한 가지 이유는, 실제 코드는 대부분 독점 소유권이 있으며 오픈 소스가 아니다. 다른 이유로는, 가장 많은 청중들에게 가장 폭넓은 관심을 가질 도메인의 코드를 보여주는 것은 저자의 역할이다. 고도로 전문적인 도메인의 문맥상에서 테스트 주도 개발을 소개하는 것은 애매함의 경계에 있어 비논리적이다. 그렇게 하려면 무엇보다 해당 도메인의 난해한 전문 용어와 은어들의 장황한 설명이 필요하다. 테스트 주도 개발을 이해하기 쉽고, 접근하기 쉬우며, 심지어 사랑스럽게 만들려는 저자의 의욕을 꺾을지도 모른다.

테스트 주도 개발 문헌에서 실제 세계 코드를 사용함에 있어 이런 장애물에도 불구하고, 개발자는 어김없이 테스트 주도 개발로 프로덕션 소프트웨어를 작성한다. 아마도 최고의 설득력 있는 예시는 JUnit 프레임워크(https://oreil.ly/UCPcg) 자체에 대한 단위 테스트 스위트를 꼽는다. 리눅스 커널(아마 세계에서 가장 활발히 사용되고 있는 소프트웨어 조각)은 단위 테스트를 바탕으로 개선되고 있다.

셋째, 코드 작성부터 하고 테스트를 작성해도 충분하다. 테스트 주도 개발은 너무 제한적이고 현학적이다.

'단위 테스트는 지나치게 과대 평가됐다(https://oreil.ly/Y7S5M)'라는 일각의 내용보다 더 신선한 주장이다. 프로덕션 코드를 작성한 후 테스트를 작성하는 편이 아무런 테스트도 작성하지 않는 것보다는 낫다. 개발자가 자신의 코드에 신뢰를 높이고 우발적인 복잡성을 줄이며, 믿을 만한 문서를 제공하는 모든 일은 좋다. 다만, 단위 테스트를 프로덕션 코드를 작성하기 전에 작성하면, 임의의 복잡성 발생을 예방하도록 강제하는 기능을 제공한다.

테스트 주도 개발은 다음 두 가지 실용적인 규칙을 방호책으로 제공해 더 간단한 설계를 할 수 있다.

1. 실패하는 테스트를 고치기 위해서만 프로덕션 코드를 작성하라.

2. 테스트가 그린일 때만 열성적으로 리팩터링하라.

테스트 주도 개발이 우리가 작성한 모든 코드가 자동으로 또한 반드시 작동하도록 보장하지는 않는다. 그렇게 할 수 있는 사례, 규칙, 책, 선언서는 없다. 단순성이 달성되고 유지되도록 이런 사례에 숨을 불어넣는 사람에게 달려 있다.

이 책은 테스트 주도 개발이 세 가지 다른 프로그래밍 언어에서 어떻게 작동하는지 설명하고 지도한다. 테스트 주도 개발을 꾸준히 연습하는 습관과 자신감을 심어주는 것이 목적이다. 야심에 찬 목적일 순 있지만 달성하기 힘들진 않기를 소망한다.

테스트 주도 개발이란?

테스트 주도 개발은 코드를 설계하고 구조화하는 기법으로, 단순성을 장려하고 코드 크기가 증가함에 따라 코드에 대한 신뢰를 높인다.

이 정의의 다양한 부분을 살펴보자.

기법

테스트 주도 개발은 '기법'으로 코드에 대한 다음의 믿음을 바탕으로 한다.

- 단순성, 즉 안 하는 일의 양을 최대화하는 기술이 필수적이다.[1]

- 명확성과 명료성은 영리함보다 더 고결하다.

- 깔끔한 코드 작성이 성공의 핵심 요소다.

세 가지 믿음을 토대로 하는 실용적 문제로써, 테스트 주도 개발은 '기법'이다. 자전거 타기, 도우 반죽, 미분 방정식 풀이처럼 테스트 주도 개발은 타고난 것이 아닌 배워야 하는 기술이다.

이 절을 제외하고, 이 책에서는 테스트 주도 개발 이면의 신념을 다루지 않는다. 테스트 주도 개발의 신념을 지지하거나 또는 새로운(혹은 잊힌) 기술로 여겨 기꺼이 시도할 가치가 있다고 가정한다.

실패하는 단위 테스트를 먼저 작성하고, 테스트가 통과할 수 있을 만큼만 활발히 코드를 작성한 다음, 정리하는 데 시간을 들이는 테스트 주도 개발의 메커니즘을 중심으로 진행한다. 이 기법을 스스로 시도할 기회는 충분히 주어진다.

테스트 주도 개발을 배워야 할 동기를 스스로 만드는 것이 가장 좋다. 자전거 타기가 건강과 환경에 좋다고 스스로 상기시킬 때 더 즐겁듯이 말이다!

코드 설계 및 구조화

테스트 주도 개발의 근본이 코드를 테스트하는 데 있지 않음을 유의하자. 코드 작성에 단위 테스트를 사용하지만, 테스트 주도 개발은 코드의 설계와 구조를 개선하는 것을 목표로 삼는다.

이런 주안점은 중요하다. 테스트가 테스트 주도 개발의 전부라면, 비즈니스 코드를 작성한 이후가 아닌 그전에 테스트를 작성하는 효과적인 사례를 시작할 수 없다. 더 나은 소프트

---

1   단순성의 정의는 애자일 선언문의 12개 원칙 중 하나에 있다.

웨어의 설계는 우리를 자극하는 목표이며, 테스트는 이런 진행을 위한 수단일 뿐이다. 테스트 주도 개발을 통해 얻는 단위 테스트에서는 설계의 단순성이라는 보너스를 확인할 수 있다.

어떻게 단순성을 달성할 수 있을까? 1장의 도입부에서 상세하게 설명할 레드-그린-리팩터 메커니즘을 통해 달성한다.

단순성에 대한 편견

단순성은 단지 소수만 이해하는 개념이 아니다. 소프트웨어에서는 단순성을 측정할 수 있다. 피처[2]당 더 적은 수의 코드 라인, 더 낮은 순환 복잡도(https://oreil.ly/5Gj2b), 더 적은 부작용, 더 짧은 실행 시간, 더 낮은 메모리 요구 사항 등 이중 어느 일부라도 단순성의 객관적인 측정 척도로 취할 수 있다.

테스트 주도 개발은 '동작하는 가장 간단한 것(모든 테스트를 통과시키는 것)'을 정교하게 만들게 해, 끊임없이 단순성의 메트릭metric으로 유도한다. 불필요한 코드를 '필요한 경우에' 또는 '다가오는 게 보이기 때문에'라는 이유라도 추가를 허용하지 않는다. 반드시 먼저 그런 코드 작성을 정당화하기 위해 실패하는 테스트를 작성해야 한다. 테스트를 먼저 작성하는 행위는 임의의 복잡성을 조기에 처리하도록 강제하는 기능으로 작용한다. 개발하려는 피처가 불분명하거나 해당 피처에 대한 이해에 결함이 있다면, 좋은 테스트를 작성하기 어렵다고 앞서 알게 된다. 이는 프로덕션 코드 라인을 작성하기 전에 이런 이슈를 해결하도록 강제한다. 이것이 바로 테스트 주도 개발의 덕목이며, 테스트를 통해 코드를 주도하는 규율을 수행해 단계마다 임의의 복잡성을 없앤다.

이런 덕목은 신비롭지 않다. 테스트 주도 개발의 사용이 개발 시간, 코드 라인, 결함 개수를 반으로 줄이지 않는다. 테스트 주도 개발은 인위적이고 부자연스러운 복잡성을 도입하려는 충동을 저지하는 것만 허용한다. 실패하는 테스트를 먼저 작성하는 규율에 따라 생성된 코드는 작업이 완료되기에 가장 간단한 방식, 즉 테스트 요구를 만족하는 가장 간단한 코드로 나타난다.

---

2 피처(feature)는 테스트 대상이 되는 항목을 말한다. – 옮긴이

신뢰 향상

코드는 신뢰를 불어넣어야 하며, 특히 직접 작성한 코드는 더욱 그렇다. 이런 신뢰는 그 자체로 모호한 느낌이지만, 예측 가능성의 기대에서 비롯된다. 우리는 예측할 수 있는 행위를 믿는다. 모퉁이 커피숍에서 하루는 제값보다 덜 받고, 다음 날은 원래 금액을 받으면, 사실상 손해 본 것은 없지만 그 직원에 대한 신뢰를 잃게 된다. 순가치$^{net value}$보다 질서와 예측 가능성을 더 중시하는 것이 사람의 본성이다. 룰렛 테이블에서 10연승을 했을지도 모르는 세계에서 가장 운이 좋은 도박꾼도 룰렛의 톱니바퀴를 '믿는다'거나 '신뢰한다'고 말하지 않는다. 예측 가능성에 대한 애착은 운이 나빠도 살아남는다.

테스트 주도 개발은 코드에 대한 신뢰를 높인다. 각각의 새로운 테스트가 문자 그대로 시스템을 새로운 방식이나 이전에 테스트되지 않은 방식으로 풀어내기 때문이다! 시간이 지남에 따라, 생성한 테스트 스위트는 회귀 실패로부터 우리를 보호한다.

꾸준히 증가하는 수많은 테스트는 코드의 규모가 늘어나더라도 코드 속에 품질과 신뢰가 있음을 방증한다.

이 책의 대상 독자

소프트웨어를 작성하는 개발자를 대상으로 한다.

'개발자'에 어울리는 직함이 많다. 소프트웨어 엔지니어, 애플리케이션 아키텍트, 데브옵스 엔지니어, 자동화 테스트 엔지니어, 프로그래머, 해커, 코드 위스퍼러 등 직함은 셀 수도 없다. 개발자를 가리키는 직함은 인상적이거나 겸손하거나 유행을 타거나 근엄하거나 전통적이거나 현대적인 느낌이 있다. 다양한 직함 속 개발자들은 매일은 아니더라도 적어도 일주일의 어느 정도는 컴퓨터 앞에서 소스 코드를 읽고 쓰는 데 시간을 보낸다는 공통점이 있다. 그런 이유로 '개발자'라는 용어로 대상 독자를 특정했다.

코딩은 상상력을 동원할 수 있는 가장 자유롭고 평등한 활동이다. 이론적으로, 신체적 기량에서 '두뇌'만 있다면 필요한 모든 것이 준비된 셈이다. 나이, 성별, 국적, 출신 중 어느 것도 장애물이 돼서는 안 된다. 특히 신체적 장애는 장애물이 될 수 없다.

하지만 현실이 그렇게 깔끔하거나 공정하다고 가정하는 것은 순진한 일일 것이다. 컴퓨팅 리소스에 대한 접근은 공평하지 않다. 일정 수준의 부, 빈곤으로부터의 자유와 안전이 필요하다. 잘못 작성된 소프트웨어, 잘못 설계된 하드웨어 및 흥미와 노력만으로 프로그래밍 학습을 방해하는 무수한 다른 사용성 제한으로 인해 더욱 컴퓨팅 리소스로의 접근이 좌절된다.

가능한 많은 사람이 이 책을 접할 수 있도록 신경썼다. 특히, 신체적 장애가 있는 사람에게 쉽게 다가갈 수 있도록 노력했다. 그림에는 전자적으로 읽기 용이한 대체 텍스트가 있다. 코드는 깃허브GitHub를 통해 이용 가능하다. 그리고 글은 복잡하지 않다.

프로그램 작성 방법을 아직 배우는 중인 사람과 이미 프로그램 작성 방법을 알고 있는 사람 모두를 대상으로 하는 책이다. Go, 자바스크립트, 파이썬의 세 가지 언어 중 하나(또는 그 이상)를 배우고 있다면 읽기에 적절하다.

세 가지 언어의 프로그래밍 기초를 설명하지 않아서, 최소한 하나의 프로그래밍 언어로 코드를 읽고 쓰는 능력이 필요하다. 프로그래밍을 처음 접하는 경우라면 이 책을 공부하기 전에 세 언어 중 하나로 코드를 작성하는 기초를 다지는 것이 현명하다. 이 책은 그림 P-1과 같이 프로그래밍의 시작 단계를 막 넘은 개발자부터 노련한 아키텍트에 이르는 모든 개발자를 포괄한다는 장점이 있다(켄트 벡은 업계 최고 전문가다).

| 프로그램 작성법을 처음 배우는 사람 | 초급 개발자 | 중급 개발자 | 경험 많은 개발자 | 업계 전문가 | 켄트 벡 |

그림 P-1 이 책은 소프트웨어 개발자를 대상으로 한다.

코딩은 아주 즐거우면서 정말 짜증스러운 느낌이 번갈아 반복된다. 하지만 가장 불만스러운 순간에도 항상 코드가 명령을 수행하도록 작성할 수 있다는 한줄기 기대와 자신감 그 이상이 있어야 한다. 이 책을 끈기 있게 따라가다 보면 테스트 주도 방식으로 코드를 작성하는 즐거움을 만끽하고픈 생각이 들 것이다.

이 책을 읽기 위한 전제 조건

장비와 기술적 역량에서 다음이 요구된다.

- 인터넷 연결이 가능한 컴퓨터에 접근 가능해야 한다.

- 해당 컴퓨터에 소프트웨어를 설치하고 지울 수 있어야 한다. 즉 해당 컴퓨터에 대한 접근이 제한돼서는 안 된다. 대부분 해당 컴퓨터의 '관리자'나 '슈퍼유저' 권한이 필요하다.

- 해당 컴퓨터에 셸 프로그램, 웹 브라우저, 텍스트 편집기, 선택적으로 통합 개발 환경IDE, Integrated Development Environment을 실행하고 사용할 수 있어야 한다.

- Go, 자바스크립트, 파이썬 중 하나에 대한 런타임 도구가 설치돼 있거나 설치 가능해야 한다.

- Go, 자바스크립트, 파이썬 중 하나로 "Hello World"의 간단한 프로그램을 작성하고 실행할 줄 알아야 한다.

0장의 '개발 환경 설정'에 더 상세한 설치 정보를 소개한다.

이 책을 읽는 방법

'Go, 자바스크립트, 파이썬으로 테스트 주도 개발을 수행하는 방법'을 주제로 삼았다. 논의된 개념은 세 가지 언어 모두 적용 가능하지만, 각 언어는 각 장에서 자료를 어느 정도 분리해 취급할 필요가 있다. 다른 기술의 익히는 방법과 똑같이 테스트 주도 개발을 배우는 최고의 방법은 연습이다. 텍스트를 읽고 직접 코드를 작성하길 권한다. 이런 스타일을 '책 따라하기'라 하는데, 여기에는 능동적인 읽기와 능동적인 코딩이 포함되기 때문이다.

 이 책을 최대한 활용하려면 세 가지 언어 모두 사용해 Money 예제 코드를 작성하라.

각 장의 대부분은 세 가지 언어 모두 적용 가능한 일반적인 목적의 절을 가진다. 절을 뒤따르는 언어별 절에는 세 가지 언어 중 하나에 대한 코드를 설명하고 개발한다. 언어별 절은 제목에 'Go, 자바스크립트, 파이썬'을 분명히 표시한다. 각 장의 마지막에는 해당 장에서 살펴본 항목과 다음에 배울 항목을 한두 절로 요약한다.

5장부터 7장까지는 Go, 자바스크립트, 파이썬의 세 가지 언어 중 하나를 전적으로 다룬다는 점에서 특별하다.

그림 P-2는 이 책의 구성과 이를 따라가는 다양한 방법을 설명하는 순서도를 보여준다.

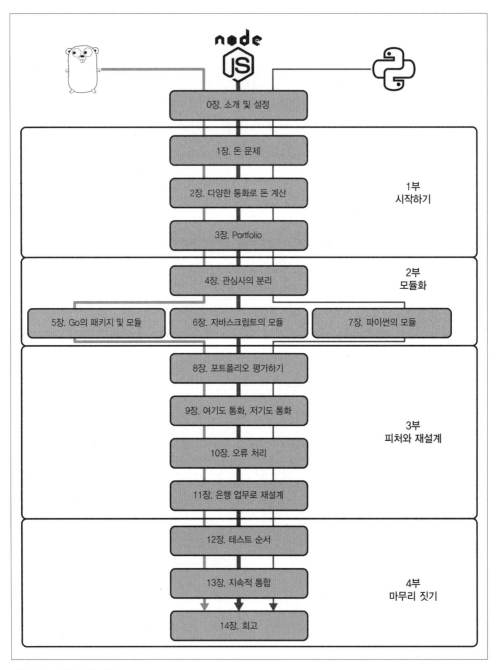

그림 P-2 이 책을 읽는 방법

이 책을 가장 잘 따라가는 '읽는 순서'를 소개한다.

한 번에 한 언어로 책 따라가기

다음 조건 중 하나 이상이 해당된다면 이 방식을 추천한다.

1. 다른 두 언어와 씨름하기 전에 한 가지 언어로 깊이 파고들고 싶어 못 견딘다.

2. 세 가지 언어 중 하나로 테스트 주도 개발이 어떻게 동작하는지 특히 궁금하다(또는 의심이 많다!).

3. 동시에 여러 언어보다 한 번에 한 언어로 작업할 때 가장 잘 배운다.

한 번에 한 줄씩 그림 P-2에 표시된 순서도를 따라가자. 가령 먼저 Go로 테스트 주도 개발을 배우고 싶다면, 처음 읽을 때 자바스크립트와 파이썬으로 표시된 절은 건너뛰면 된다. 그런 다음 두 번째에 자바스크립트를 찾아 책을 읽어나가고, 세 번째에 파이썬으로 끝낸다. 또는 다른 순서로 언어를 골라 진행할 수 있다. 두 번째와 세 번째는 첫 번째보다 빠르게 읽어야 하지만, 각 언어마다 독특한 특성에 대비하자.

소개한 방식으로 책을 따라간다면, 각 언어로 코드를 잇달아 작성하는 것이 하나의 언어 기능으로써 테스트를 수행하는 세부 사항을 넘어, 원칙으로써 테스트 주도 개발에 더 큰 통찰력을 얻게 될 것이다. 테스트 작성에 습관을 들일 필요가 있다. 다만 테스트 주도 개발이 언어를 가로질러 동작하는 이유를 이해하는 것이 훨씬 중요하다.

먼저 두 가지 언어로 책 따라간 후 세 번째 언어로 책 따라가기

다음 중 하나라도 해당된다면 이 방식을 권장한다.

1. 두 언어로 같은 문제의 해결책을 구축하고 비교해보기를 원한다.

2. 덜 익숙한 언어가 하나 있고 다른 두 언어로 진행해본 다음에 나머지 하나와 씨름하고 싶다.

3. 한 번에 두 언어로 코딩할 수 있지만 동시에 세 가지 언어를 잘 처리하기는 어렵다.

한 번에 두 줄씩 그림 P-2에 표시된 순서도를 따라가자. 두 언어로 돈 문제 따라가기를 마친 후 두 번째에 세 번째 언어로 책을 따라 진행해본다.

첫 번째 읽기에서 두 언어로 따라가되, 두 번째 읽기에 어떤 언어를 선택할지 결정하지 못할 수 있다. 다음은 세 가지 언어에서 두 개를 고르는 방법에 대한 몇 가지 제안이다.

1. 동적 타입 언어와 정적 타입 언어를 대조하고 언어 기술 스택을 간단히 유지하고 싶은가? Go와 파이썬을 먼저, 자바스크립트를 나중에 진행한다.

2. 서로 다른 두 언어로 코드를 작성하고 대조하는 방법 및 기술 스택의 다양화와 씨름할 준비가 됐는가? Go와 자바스크립트를 먼저, 파이썬을 나중에 진행한다.

3. 두 동적 타입 언어를 비교 및 대조하고 싶은가? 자바스크립트와 파이썬을 먼저, Go를 다음에 진행한다.

위 방식으로 책을 읽는다면, 여러 언어로 테스트 주도 개발을 수행하는 유사점과 차이점을 빨리 발견할 수 있다. 언어의 구문적 및 설계적 다양성이 분명한 차이를 만들어내지만, 어떤 언어로 코드를 작성하는지 관계없이 테스트 주도 개발의 규율이 코드 작성 방식에 얼마나 깊이 스며드는지 놀랄 것이다.

세 언어로 동시에 책 따라가기

다음 중 하나라도 해당된다면 이 방식을 권장한다.

1. 세 가지 언어가 대조되는 차이와 유사점을 배움으로써 진가를 얻고자 한다.

2. 책을 여러 번 반복하는 대신 시작부터 끝까지 읽는 것이 더 쉽다 생각한다.

3. 세 가지 언어 모두 경험이 있지만 테스트 주도 개발로 실천해보지 않았다.

압도되지 않고 세 가지 언어로 동시에 코드를 작성할 수 있다면 이 방식을 추천한다.

선택한 방식에 관계없이, 코드를 작성할 때 특정 개발 환경과 관련된 문제에 직면할 수 있다. 이 책의 코드는 정확성에 대한 테스트가 진행됐지만(이 책 코드의 지속적 통합 빌드는 그린이다(https://github.com/saleem/tdd-book-code/actions)), 첫 번째 실행에서 독자의 컴퓨터에서 잘 동작하리라는 보장은 없다(이와 반대로 학습 곡선상에서 흥미롭게 가파른 부분을 찾으리라는 점은 거의 장담할 수 있다). 테스트 주도 개발의 핵심 이점 중 하나는 진행 속도를 직접 제어한다는 점이다. 막히면 속도를 줄여야 한다. 조금씩 진행하면 어디서 코드가 길을 잃었는지 더 쉽게 찾을 수 있다. 소프트웨어를 작성한다는 것은 잘못된 의존성, 신뢰적이지 않은 네트워크 연결, 독특한 도구, 코드가 물려받은 수천 개의 유산의 처리를 의미한다. 이 내용에 압도된다면 속도를 늦추고, 변경 사항을 더 작게 구별해 만들어야 한다. 테스트 주도 개발이 코드 작성의 두려움을 관리하는 방법이라는 것을 기억하자.

이 책에 사용된 규칙

내용 이해를 도울 편집 규칙과 어휘 규칙을 소개한다.

편집 규칙

본문의 내용은 이 문장에 사용된 글꼴로 돼 있다. 이는 읽기 위한 것이며 말 그대로 코드로 입력된 것이 아니다. class, interface, Exception과 같이 글에 사용된 단어가 코드에도 사용됐다면 고정 길이의 글꼴이 사용된다.

길이가 긴 코드 세그먼트는 다음과 같이 각각 블록으로 구분된다.

```
package main

import "fmt"

... ❶

func main() {
  fmt.Println("hello world")
}
```

❶ 생략 부호는 관련없는 코드나 생략된 출력을 의미한다.

코드 블록의 모든 항목은 다음 두 가지 예외를 제외하고, 독자가 입력할 코드 또는 프로그램이 만들어내는 문자 그대로의 출력이다.

1. 코드 블록 내 생략 부호(...)는 코드 생략 또는 출력 생략을 가리키는 데 사용된다. 두 경우 모두 생략된 것이 뭐든 간에 현재 주제와 관련이 없다. 코드에 생략 부호를 입력하거나 출력에서 생략 부호를 보길 기대해서는 안 된다. 상기 코드 블록에 예제가 나와 있다.

2. 출력을 보여주는 코드 블록에 임시적인 값이 있을 수 있다. 메모리 주소, 타임스탬프, 경과 시간, 라인 숫자, 자동 생성된 파일 이름 등을 예로 들 수 있다. 거의 틀림없이 다르게 출력된다. 그런 출력을 읽을 때는 다음 블록의 메모리 주소처럼 구체적인 임시값은 무시해라.

```
AssertionError: <money.Money object at 0x10417b2e0> !=
                <money.Money object at 0x10417b400>
```

 팁은 코드 작성에 도움될 만한 제안 사항으로, 쉽게 참조하도록 본문과 구분했다.

 주제와 관련된 중요한 정보로, 주제에 대해 더 많은 정보를 제공하는 리소스와 관련된 하이 퍼링크나 해설이 있다.

대부분의 장에서 세 가지 언어 각각으로 확장해 코드를 작성하며 토론한다(5, 6, 7장은 Go, 자바스크립트, 파이썬 각각을 독점으로 다루고 있어 예외). 각 언어에 대한 토론을 구분하기 위해 여백에 제목과 아이콘으로 해당 절에서 다루는 언어의 범위를 가리킨다. 다음 세 개의 제목과 아이콘을 신경 써서 살펴보자.

- Go
- 자바스크립트
- 파이썬

어휘 규칙

이 책에서는 핵심 소프트웨어 개념을 논의하고 세 가지 다른 언어로 작성한 코드로 논의 사항을 뒷받침한다. 공동 개념을 논의할 때 나타나는 까다로운 특성들을 보여주기 위해 언어들이 사용하는 각각의 전문 용어가 서로 아주 다르다.

예를 들어, Go는 클래스나 클래스 기반의 상속이 없다. 자바스크립트의 타입 시스템은 프로토타입 기반 객체로 구성되며, 일반적으로 클래스로 간주하는 것들을 포함한 시스템의 모든 것이 실제로 객체임을 의미한다. 이 책에 사용된 파이썬은 보다 '전통적인' 클래스 기반의 객체다.[3] 'Money라는 이름의 새로운 클래스를 생성한다'와 같은 문장은 혼란스러울 뿐만 아니라 Go의 맥락으로 해석하자면 완전히 잘못된 문장이다.

잠재적 혼선을 줄이기 위해, 표 P-1과 같이 핵심 개념을 나타내는 일반적인 전문 용어를 선정했다.

표 P-1 이 책에서 사용된 일반적인 전문 용어

용어	의미	Go에 해당하는 용어	자바스크립트에 해당하는 용어	파이썬에 해당하는 용어
엔티티	단수, 독립적으로 의미 있는 도메인 개념이자 핵심 명사	구조체 타입	클래스	클래스
객체	엔티티의 인스턴스로, 구체화된 명사	구조체 인스턴스	객체	객체
시퀀스	동적 길이의 순서가 있는 객체 리스트	슬라이스	배열	배열

---

3   파이썬은 객체지향 프로그래밍(Object-Oriented Programming, OOP)을 매우 유연하게 지원한다. 프로토타입 기반 객체를 파이썬으로 구현한 prototype.py(https://oreil.ly/ZKivt)를 참조하라.

용어	의미	Go에 해당하는 용어	자바스크립트에 해당하는 용어	파이썬에 해당하는 용어
해시맵	• (키-값) 쌍, 키와 값 모두 임의의 객체가 될 수 있음 • 키는 고유함	맵	맵	딕셔너리
함수	• 지정된 이름의 일련의 작업 • 함수는 입력과 출력이 있을 수도 없을 수도 있음 • 함수는 엔티티에 직접 연관되지 않음	함수	함수	함수
메소드	• 엔티티와 연관된 함수 • 메소드는 해당 엔티티의 인스턴스(객체)에 '호출'된다고 함	메소드	메소드	메소드
오류 발생	함수 또는 메소드가 실패를 가리키는 메커니즘	오류 반환값(관례상 함수/메소드의 마지막 반환값)	예외 발생 (Throw)	예외 발생 (Raise)

어떤 한 프로그래밍 언어의 전문 용어를 다른 언어보다 선호하지 않고 개념을 설명하는 용어의 사용이 목표다. 테스트 주도 개발이 어떤 프로그래밍 언어로도 실천할 수 있는 분야임을 잊지 말자.

세 가지 언어 각각을 다루는 각 절에서는(제목에 분명히 표시됨), 언어별 용어로 기술한다. 예를 들어, Go절에서는 'Money라는 이름의 새로운 구조체를 정의하라'고 설명한다. 특정 언어에 구체적인 설명이 문맥을 보다 분명하게 만든다.

예제 코드 사용법

이 책의 소스 코드는 https://github.com/saleem/tdd-book-code에서 다운로드할 수 있다. 예제 코드 사용에 기술적 질문이나 문제가 있으면 bookquestions@oreilly.com 로 이메일을 보내면 된다. 동일한 코드를 에이콘출판사 도서정보 페이지(http://www.acornpub.co.kr/book/test-driven-development)에서도 다운로드할 수 있다.

이 책은 테스트 주도 개발의 기술을 배우고 실천하는 데 도움이 된다. 이 책은 여러분의 업무 수행을 돕기 위해 쓰였다. 책에 실린 모든 코드를 여러분의 프로그램과 문서에 사용할 수 있다. 코드의 상당 부분을 복제하는 경우가 아니라면 당사에 연락해 허가를 받을 필요는 없다. 예를 들어, 이 책의 코드 몇 개를 사용하는 프로그램을 작성할 때는 허가가 필요없다. 하지만 이 책의 예제를 판매하거나 배포하려면 허가가 필요하다. 이 책을 인용하고 예제 코드를 인용해 질문에 답하는 것은 허가가 필요하지 않다. 이 책의 상당량의 예제 코드를 제품 문서에 넣으려면 허가가 필요하다.

인용 시 출처는 '『테스트 주도 개발 입문』(에이콘, 2024)'처럼 표시한다. 예제 코드 사용이 정당한 사용 또는 상기 제공된 허가에서 벗어난다고 생각된다면, permissions@oreilly.com으로 문의 바란다.

문의 방법

정오표, 예제 및 추가 정보는 https://oreil.ly/learningTDDbook에서 확인할 수 있다. 한국어판의 정오표는 에이콘출판사의 도서정보 페이지 http://www.acornpub.co.kr/book/test-driven-development에서 확인할 수 있다. 책의 기술적인 내용에 관한 의견이나 문의는 bookquestions@oreilly.com으로 보내주길 바란다. 한국어판에 관해 질문이 있다면 에이콘출판사 편집 팀(editor@acornpub.co.kr)이나 옮긴이의 이메일로 연락주길 바란다.

테스트 주도 개발을 하는 이유

테스트 주도 개발에 대한 비판(암묵적으로 이 책이)은 다양한 형태가 있으며, 어떤 비판은 그림 P-3에서 짐 커시^{Jim Kersey}의 신선한 만화처럼 창의적이며 유머러스하다.

그림 P-3 테스트 주도 개발 유머: 짓지도 않은 다리를 건너지 마라! (출처: Robot Kersey Comics)

책의 내용과 구성을 간단히 소개한다.

Go, 자바스크립트, 파이썬을 선정한 이유

이 책은 테스트 주도 개발의 실천을 보여주기 위해 Go, 자바스크립트, 파이썬을 사용한다. 세 언어를 사용하는 이유는 다음과 같다.

1. 다양성

이 책에 사용된 세 가지 언어는 표 P-2와 같이 다양한 설계 선택 사항을 나타낸다.

표 P-2 Go, 자바스크립트, 파이썬 비교

피처	Go	자바스크립트	파이썬
객체지향	그렇기도 하고 아니기도 하다 (https://oreil.ly/M3u1P)	그렇다(ES.next. 준수 언어로써)	그렇다
정적 vs 동적 타입	정적 타입	동적 타입	동적 타입
명시적 vs 암시적 타입	대부분 명시적이며, 변수 타입은 암시적일 수 있음	암시적 타입	암시적 타입
자동 타입 변환	자동 타입 변환 없음	부분적 타입 변환(부울, 숫자, 문자, 객체) 임의의 클래스 타입에는 변환 없음	일부 암시적 타입 변환(예: 0과 ""는 False)

피처	Go	자바스크립트	파이썬
예외 처리 메커니즘	관례상, 메소드의 두 번째 반환값은 error이며, 호출한 곳에서 이 값이 nil인지 아닌지 명시적으로 검사해야 함	키워드 throw가 예외의 신호를 보내기 위해 사용되며, try ... catch가 해당 예외에 응답하기 위해 사용됨	• 키워드 raise가 예외의 신호를 보내기 위해 사용됨 • try ... except가 해당 예외에 응답하기 위해 사용됨
제네릭	아직 미적용[3]	동적 타입이어서 불필요	동적 타입이어서 불필요
테스트 지원	• 언어의 일부(testing package와 go test 명령어) • 이용 가능한 라이브러리(예: stretchr/testify)	• 언어의 일부가 아님 • 이용 가능한 많은 라이브러리(예: Jasmine, Mocha, Jest)	• 언어의 일부(즉 unittest 라이브러리) • 이용 가능한 라이브러리(예: PyTest)

2. 대중성

파이썬, 자바스크립트, Go는 2017년(https://oreil.ly/CbnCx), 2018년(https://oreil.ly/uhhLx), 2019년(https://oreil.ly/BdAQJ), 2020년(https://oreil.ly/mHqNs)의 스택 오버플로에서 수행한 여러 연간 조사에서 찾아볼 수 있듯이, 개발자들이 배우고 싶어하는 상위 세 개 언어다. 그림 P-4는 2020년 조사 결과를 보여준다.

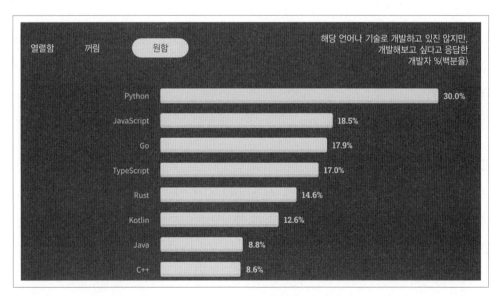

그림 P-4 스택 오버플로에서 수행한 개발자 조사에 언급된, 가장 배우고 싶은 새로운 언어

---

4   2022년 3월 15일에 릴리즈된 Go 1.18 버전부터 Go에서도 제네릭이 지원된다(https://go.dev/blog/go1.18). – 옮긴이

2021년 스택 오버플로 조사(https://oreil.ly/hzMVk)에서 타입스크립트^{TypeScript}가 두 번째로 올라섰고, 자바스크립트와 Go는 각각 세 번째 및 네 번째로 내려갔다. 파이썬은 1위를 지켰다.

구문적으로 타입스크립트는 자바스크립트의 상위 집합이다(https://oreil.ly/aATAD). 그러므로 타입스크립트를 배우고 싶은 모든 개발자는 자바스크립트를 알아야 한다는 점이 논쟁거리가 될 수 있다. 나는 타입스크립트 개발자들도 이 책의 가치를 알게 되길 바란다.

3. 개인적인 사유

지난 5년 동안, 세 개의 언어 중 하나를 기술 스택의 주요 프로그래밍 언어로 사용하는 프로젝트에서 작업할 기회가 많았다. 다른 개발자들과 함께 일하면서, 테스트 주도 개발을 배우고 실천하려는 그들의 열망이 대개 그렇게 할 수 있는 리소스(또는 학습 기회)를 찾을 수 없는 한계와 거의 일치한다는 사실을 알게 됐다. 테스트 주도 개발을 실천하고 싶지만, 방법을 모르거나 리소스를 찾아볼 시간이 없었다는 이유를 말했다. 이는 경험 많은 경력자나 '초보자' 모두 마찬가지였다.

어떤 언어로든(Go, 자바스크립트, 파이썬이 아니라 해도) 테스트 주도 개발을 배우고 실천하고자 하는 이들에게 영감을 주는 원천 및 현실적인 가이드가 되길 바라는 마음으로 이 책을 썼다.

다른 언어가 아닌 이유

우선, 수많은 프로그래밍 언어가 있다. 한 사람이 이와 같은 책을 여섯 권을 쓴다 해도 전 세계 개발자들이 학술, 비즈니스 및 취미 목적으로 코드를 작성하기 위해 매일 사용하는 언어의 일부분만 다룰 수 있다.[5]

---

5 특정 언어 하나로 쓴 테스트 주도 개발 책은 출간 승인을 못 받을 것 같다. 이런 책의 이름은 '최고로 똑똑한'으로 시작해서 욕설로 끝난다!

게다가 자바의 테스트 주도 개발을 다룬 훌륭한 책, 즉 『테스트 주도 개발』(인사이트, 2014)
이 있다. 다른 여러 개발자와 마찬가지로 나 역시, 이 책을 통해 테스트 주도 개발의 예술
성과 과학성에 영감을 받았다. 여기에서도 이 책의 주요 주제인 '돈 문제'를 다룬다.

실용적인 테스트 주도 개발 가이드가 도움이 될 다른 언어가 많다고 확신한다. R은 어떤
가? 아니면 SQL은? 또는 코볼^{COBOL}은?

장담컨대 코볼은 허튼소리도, 얕은 수도 아니다. 2000년 중반에 COBOLUnit을 사용
해 코볼로 테스트 주도 개발을 할 수 있다는 것을 시연하는 프로젝트를 수행했다. 나
보다 10년은 더 오래된 언어로 수행한 테스트 주도 개발 프로젝트는 가장 재밌는 경
험이었다!

다른 언어로 테스트 주도 개발을 실천하기 위해 필요한 기술과 규율을 배우고, 가르치
고, 지지하게 될 텐데, 여러분의 역할을 잘 감당하길 바란다. 블로그, 오픈 소스 프로젝
트를 넘어 관련 책을 쓰는 일도 남아 있다.

0장이 있는 이유

대다수의 프로그래밍 언어는 배열 및 다른 셀 수 있는 시퀀스에 0부터 시작하는 인덱싱
을 사용한다.[6] 0-인덱싱은 이 책을 구성하는 세 가지 프로그래밍 언어에 확실히 적용된
다. 어떤 의미에서, 이 책은 0부터 시작하는 장 번호를 매김으로써, 프로그래밍 문화의
풍성한 역사에 경의를 표한다.

또한 급진적 아이디어인 숫자 0 자체에 경의를 표하고 싶다. 찰스 세이프$^{Charles Seife}$는 외
로운 숫자 0을 전반에 걸쳐 다루는 책을 썼다. 0의 역사를 따라가 보면, 세이프는 그리
스인들이 아무것도 나타내지 않는 숫자에 가졌던 의문에 주목했다.

---

6 루아(Lua)는 특이하게도 예외다. 내 친구 켄트 스필너(Kent Spillner)는 이 주제로 흥미로운 강연을 한 적이 있다. 다음 링크(https://
   oreil.ly/E9M41)에 요약본을 작성해 뒀다.

그 우주(즉, 그리스)에는 아무것도 없는 것은 없다. 0은 없다. 이 때문에 서방국은 거의 2천년간 0을 받아들일 수 없었다. 결과는 끔찍했다. 0의 부재는 수학의 성장을 저해하고 과학의 혁신을 억압하며 부수적으로 달력을 엉망으로 만들 것이다. 그들이 0을 받아들이기 전에 서방국의 철학자는 그들의 우주를 파괴해야 할 것이다.

– 찰스 세이프, 『위험하고 매혹적인 제로 이야기』(디케이제이에스, 2024)

테스트 주도 개발은 수천 년 전 서방 철학에서 0이 그랬던 것처럼 오늘날 프로그래밍 문화에서 비슷한 위치를 차지한다. 테스트 주도 개발을 채택할 때의 거부감은 오만, 우려, 아무것도 아닌 것을 지나치게 신경질적으로 생각하는 믿음의 기묘한 조합에서 비롯됐다. "어째서 테스트를 먼저 작성하는 데 까다롭게 굴어야 하는가? 이미 피처를 코딩하는 방법을 알고 있는데!" "테스트 주도 개발은 현학적이다. 이론에서나 동작할 뿐 실제로는 결코 동작하지 않는다." "프로덕션 코드 작성을 마치고 테스트를 작성하는 것은 최소한 테스트를 먼저 작성하는 것만큼 효과적이다." 테스트 주도 개발에 대한 이런 반대는 숫자 0의 급진성과 어딘가 닮았다.

'0장'은 어쨌든 완전히 급진적인 시도는 아니라는 말을 하고 싶다. 캐롤 슈마허[Carol Schumacher]는 대학 수준의 교과 과정에서 고급 수학 분야의 표준 교과서로 채택하는 『Chapter Zero: Fundamental Notions of Abstract Mathematics(제0장: 추상 수학의 기본 개념)』(Addison-Wesley, 2001)이라는 책을 썼다. 이 책이 몇 장부터 시작하는지 맞춰도 상품은 없다!

슈마허 박사는 다음과 같은 말을 남겼다.

> 작가는 말하려는 바를 가능한 쉽게 이해할 수 있도록 독자에게 올바른 단서를 제공할 의무가 있다.

– 캐롤 슈마허, 『Chapter Zero』(pearson, 2000)

이 조언을 마음에 새겼다. 0장은 테스트 주도 개발의 실천을 배우기 전에 알아야 할 것과 기대할 내용이 무엇인지 설명한다. 그럼, 0장을 바로 시작한다!

표지 설명

표지의 동물은 데저트 핀치Desert finch, 학명은 Rhodopechys obsoleta다. 엷은 갈색을 띤 이 새는 밝은 분홍색과 은색으로 번쩍이는 독특한 날개로 식별된다. 평균 25.4 센티미터의 날개 폭, 튼튼한 검은 부리, 검고 하얀 날개깃을 갖고 있다. 수컷이 암컷보다 약간 더 밝은 색을 띠지만, 모든 성체는 색깔 패턴이 비슷하다.

일반적으로 카나리아 제도와 북아프리카, 중동을 가로질러 중앙 아시아에서 발견되며 겨울 동안 다른 곳으로 이주하는 일부 개체군과 함께 주로 서식한다. 사막에 서식하는 만큼, 데저트 핀치는 물을 더 쉽게 구할 수 있는 사막 지역에서 찾을 수 있다. 또한 시골 및 외딴 민가 근처에 무리 지어 씨앗과 작은 곤충을 먹이로 해 살아가며, 같은 종의 대규모 무리나 여러 핀치 종이 섞인 무리로 발견된다. 일반적으로 나무에 둥지를 트는 암컷은 번식기마다 옅은 녹색의 약간 얼룩덜룩한 4~6개의 알을 낳는다.

데저트 핀치는 진화론적으로 현대적인 종으로 여겨졌다. 하지만 금세기 초, 미토콘드리아 DNA 연구에서 데저트 핀치는 약 600만 년 된 비교적 고대 품종이라는 점이 드러났다. 데저트 핀치는 다른 핀치 종의 조상이다. 이런 사실로 인해 데저트 핀치는 이 책의 표지에 사용되기에 특히 적합한 동물이다. 테스트 주도 개발 또한 역사적으로 오랜 관행이다. 테스트 주도 개발이 종종 새롭고 독특한gimmicky 무언가로 생각될지라도!

현재 데저트 핀치의 보존 상태는 멸종 위험이 낮고 위험 범주에 속하지 않은 관심 대상이긴 하나, 이 독특한 새는 서식지 감소, 살충제 사용, 창문 충돌로 인해 개체수 감소의 위험에 직면해 있다. 오라일리O'Reilly 표지에 있는 많은 동물들이 멸종 위기에 있다. 이들 모두는 세상에 중요하다.

표지 삽화는 리데커Lydekker의 영국 자연사Royal Natural History 흑백 판화를 바탕으로 수잔 톰슨Susan Thompson이 작업했다. 표지 글꼴은 길로이 세미볼드Gilroy Semibold와 가디언 샌즈Guardian Sans다. 텍스트 글꼴은 어도비 미니언 프로Adobe Minion Pro고 제목 글꼴은 어도비 미리야드 컨덴스드Adobe Myriad Condensed, 코드 글꼴은 달튼 마그Dalton Maag의 우분투 모노Ubuntu Mono다.

소개 및 설정

말끔한 코드가 성공의 핵심이다.

－ 론 제프리스[Ron Jeffries], 「클린 코드」, 2017.08.23, ronjeffries.com

테스트 주도 개발을 하기 위한 작업 개발 환경을 확인해야 한다. 준비 사항과 설정을 살펴본다.

개발 환경 설정

이 책을 읽을 때 어떤 순서를 따르더라도(그림 P-2 참조), 깔끔한 개발 환경이 필요하다. 다음에 소개하는 개발 환경을 준비한다.

 Go, 자바스크립트, 파이썬 중 어떤 언어로 시작하더라도 여기서 설명하는 개발 환경을 갖춰라.

공통 설정

폴더 구조

이 책에서 작성할 모든 소스 코드의 최상 위에(root) 위치할 폴더를 생성한다. 'tdd-project'와 같이 나중에 봐도 분명하면서 애매하지 않은 이름을 짓는다.

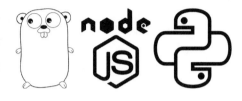

루트 폴더 하위에 다음의 폴더를 생성한다.

```
tdd-project
├── go
├── js
└── py
```

각각의 언어를 선택해 이 책을 여러 번 읽을 계획이라 해도, 코드 첫째 줄을 작성하기 전에 위 폴더를 생성하길 권한다. 폴더 구조를 만들면 다음 사항이 유익하다.

1. 세 가지 언어로 코드를 분리하되 서로 밀접하게 유지한다.

2. 이 책 대부분의 명령어가 변경 없이 동작한다.

   - 완전 한정 파일/폴더 이름^{Fully Qualified File/Folder Name}[1]을 처리하는 명령어는 예외이 며, 그런 명령어는 드물다. 그런 명령어 중 하나가 이 절에 있다.

3. 지속적 통합과 같이 세 언어를 아우르는 고급 기능 적용이 쉽다.

4. 함께 제공되는 코드 저장소(https://github.com/saleem/tdd-book-code)의 폴더 구조와 일치한다. 코드를 작성하면서 비교하고 대조하기에 도움이 된다.

책의 전반에 걸쳐, 테스트 주도 개발 프로젝트 루트^{TDD Project Root}는 상기 tdd-project로 명명된 모든 소스 코드를 포함한 최상단 폴더를 가리키는 용어다.

---

1 완전 한정 이름(FQN, Fully Qualified Name)은 대상을 분명하고 명시적으로 참조 가능한 이름을 말한다. 가령 C++는 :: 기호로, 자 바는 . 기호로 구별해 네임스페이스를 표현한다. – 옮긴이

테스트 주도 개발 프로젝트 루트는 이 책의 모든 소스 코드를 포함하는 폴더를 가리키는 이름이다. go, js, py 이름의 세 폴더의 부모 폴더다.

TDD_PROJECT_ROOT라는 이름의 환경 변수를 선언하고 테스트 주도 개발 프로젝트 루트 폴더의 완전 한정 이름을 값으로 설정한다. 각 셸에서 이 작업을 한 번만 적용하면 (또는 .bashrc 파일 같은 셸 초기화 스크립트에 적용하면 셸 시작 시 적용돼 더 나을 수 있다) 모든 후속 명령어는 원활히 동작한다.

```
export TDD_PROJECT_ROOT=/fully/qualified/path/to/tdd-project
```

macOS 시스템에서 TDD_PROJECT_ROOT의 완전 한정 경로^{Fully Qualified Path}는 /Users/saleemsiddiqui/code/github/saleem/tdd-project다.

> **번거로움 없애기**
>
> 새로운 셸을 시작할 때마다 TDD_PROJECT_ROOT 환경 변수를 정의해야 한다. 번거롭다면, 적절한 설정 파일에 한 번만 설정해둘 수 있다. 설정 방법은 운영체제나 셸마다 다양하다. 이 책에서 사용하는 배시 계열(Bash-Like) 셸에선, 세부적으로 다를 수 있겠으나 설정 파일에 환경 변수를 정의할 수 있다. 예컨대 대부분 리눅스 시스템(그리고 macOS)에선, 홈 폴더에 있는 .bashrc 이름의 파일에 export TDD_PROJECT_ROOT=... 문장을 추가할 수 있다(https://oreil.ly/SMmFc). 뒤에 설명할 윈도우의 Git BASH를 쓴다면 .bash_profile을 대신 사용한다(https://oreil.ly/pkgxg).
>
> 요약: 번거로운 작업을 줄이는 것이 좋다. 책 전반에 걸쳐 사용할 모든 셸에 확실하고 일관되게 환경 변수 선언을 정의하는 적절한 메커니즘을 사용해야 한다.

텍스트 편집기 또는 IDE

텍스트 편집기로 소스 파일을 수정한다. 통합 개발 환경^{IDE, Integrated Development Environment}은 여러 언어로 작성된 코드를 수정, 컴파일, 테스트할 수 있는 단일 도구를 제공해 도움을 준다. 다만 개인 선호도와 선택의 문제이니 각자에게 맞는 도구를 선택하라.

부록 A에서 IDE를 상세히 기술한다.

셸

커맨드 라인 인터페이스^{CLI, Command-Line Interpreter}인 셸에서는 테스트를 실행하고 출력을 조사하며 다른 작업을 수행한다. IDE와 같이 셸 종류가 다양해 셸 선택은 개발자 사이에 활발히 의견이 공유되는 주제이기도 하다. 이 책은 명령어 입력에 배시 계열 셸을 가정한다. 대부분(전부는 아니지만)의 유닉스 계열 시스템(그리고 macOS)에서 배시 셸은 즉시 사용 가능하다.

윈도우는 Git BASH(https://gitforwindows.org)와 같은 셸을 사용할 수 있다. 윈도우 10 ^{Windows 10}의 리눅스용 윈도우 하위 시스템(https://oreil.ly/UZ0KU)은 다른 '리눅스 제품' 중에서 배시 셸을 기본으로 지원한다. 이런 옵션 및 유사한 옵션 중 어떤 것이라도 이 책의 코드 예제를 따라가기에 충분(필요)하다.

그림 0-1은 배시 계열 셸에서 입력된 명령어와 결과를 보여준다.

```
tdd-project> python3
Python 3.9.6 (default, Jun 29 2021, 05:25:02)
[Clang 12.0.5 (clang-1205.0.22.9)] on darwin
Type "help", "copyright", "credits" or "license" for more information.
>>> _
```

그림 0-1 여기 보이는 것과 같은 배시 계열 셸을 사용해 이 책의 코딩 예제를 따른다.

깃

13장은 깃허브 액션^{GitHub Action}을 사용하는 지속적 통합의 사례를 소개한다. 깃허브 프로젝트를 생성하고 코드를 푸시^{push}해야 한다.

깃^{Git}은 오픈 소스 분산 버전 관리 시스템이다. 깃허브는 사람들이 프로젝트 소스 코드를 서로 공유하고 유지하게 하는 협력적 인터넷 호스팅 플랫폼^{Collaborative Internet Hosting Platform}이다.

 깃(https://git-scm.com)은 무료 오픈 소스 분산 버전 관리 시스템이다.

깃허브(https://www.github.com)는 깃을 사용하는 코드 공유 플랫폼이다.

지속적 통합을 적용할 수 있게 개발 환경에 깃 버전 관리 시스템을 설정하고, 깃허브 프로젝트 생성은 13장으로 미뤄둔다.

먼저 깃 버전 관리 시스템을 다운로드하고 설치하자. macOS, 윈도우, 리눅스/유닉스에서 사용 가능하다. 설치 후 터미널 윈도우에 `git --version`을 입력해 깃 동작을 검증한다. 그림 0-2와 같이 명령의 응답으로 설치된 깃 버전 정보가 보여야 한다.

```
tdd-project> git --version
git version 2.32.0
tdd-project> _
```

그림 0-2 셸에서 git --version을 입력해 깃 설치를 검증한다.

다음으로 TDD_PROJECT_ROOT에 신규 깃 프로젝트를 생성한다. 셸 윈도우에서 다음 명령어를 입력한다.

```
cd $TDD_PROJECT_ROOT
git init .
```

이렇게 하면 Initialized empty Git repository in /your/fully/qualified/project/path/.*git/.이 출력돼야 한다. 이는 TDD_PROJECT_ROOT에 멋진 신규(현재 비어 있는) 깃 저장소를 만든다. TDD_PROJECT_ROOT 폴더 하위에 다음 폴더가 있어야 한다.

```
tdd-project
├── .git
├── go
├── js
└── py
```

.git 폴더는 깃이 버전 관리에 필요한 장부 작성에 사용한다. 내용을 바꿀 필요는 없다.

1장부터 소스 코드를 작성할 때 깃 저장소에 변경 사항을 주기적으로 반영할 것이다. 이를 위해 Git CLI를 사용한다.

이 책에서는 깃 저장소에 코드 변경 사항을 자주 반영할 것이다. 깃 아이콘 **◆ git**으로 이를 강조한다.

Go

Go 버전 1.17을 사용한다. 이 버전은 서로 다른 운영체제에서 다운로드 (https://golang.org/dl)해 사용 가능하다.

Go가 제대로 설치됐는지 검증하려면, 셸에서 go version을 입력한다. Go 설치 버전 숫자가 그림 0-3과 같이 출력돼야 한다.

```
tdd-project> go version
go version go1.17 darwin/amd64
tdd-project> _
```

그림 0-3 셸에서 go version을 입력해 Go 동작을 검증한다.

또한 몇 가지 Go 관련 환경 변수를 설정해야 한다.

1. GO111MODULE 환경 변수를 on으로 설정해야 한다.

2. GOPATH 환경 변수는 TDD_PROJECT_ROOT 또는 go 폴더 하위의 폴더를 포함하지 않아야 한다.

셸에 다음 두 줄의 코드를 실행하라.

```
export GO111MODULE="on"
export GOPATH=""
```

다음 명령어로 기본 뼈대인 go.mod 파일을 생성해 코드 작성을 준비한다.

```
cd $TDD_PROJECT_ROOT/go
go mod init tdd
```

go.mod 이름의 파일이 생성되며 그 내용은 다음과 같다.

```
module tdd

go 1.17
```

이후 모든 Go 개발에서 셸이 TDD_PROJECT_ROOT 아래 go 폴더에 있는지 확인해야
한다.

 이 책의 Go 코드는 Go 명령어 실행 전에 cd $TDD_PROJECT_ROOT/go를 입력해야 한다.

Go 패키지 관리 방법

Go의 패키지 관리 방법은 지각 변동 과정의 한가운데 있다. GOPAH 환경 변수를 사용
하는 이전 방법보다 go.mod 파일을 사용하는 새로운 스타일을 선호하는 추세다. 두 스
타일은 대체로 서로 호환되지 않는다.

앞서 정의한 두 환경 변수와 생성된 기본 뼈대 go.mod 파일은, 특히 패키지를 생성할
때 Go 도구가 소스 코드와 제대로 동작하게 해준다. 5장에서 Go 패키지를 만들 것이다.

자바스크립트

이 책에서는 Node.js v14(Fermium)나 v16을 사용한다. 두 버전 모두
Node.js 웹 사이트(https://nodejs.org/en/download)에서 각 운영체제별로
제공한다.

Node.js가 제대로 설치됐는지 검증하려면 셸에서 node -v를 입력한다. 해당 명령어는
Node.js 버전을 나타내는 한 줄 메시지를 그림 0-4와 같이 출력해야 한다.

```
tdd-project> node -v
v16.6.2
tdd-project> _
```

그림 0-4 셸에서 node -v를 입력해 Node.js 동작을 검증한다.

라이브러리 테스팅의 짧은 설명

Node.js 생태계에는 몇 가지 단위 테스팅 프레임워크가 있는데, 테스트 작성과 테스트 주도 개발을 하기에 훌륭하다. 하지만 이 책에서는 단위 테스팅 프레임워크 사용을 지양한다. 단위 테스팅 프레임워크를 사용하는 코드에선 단언을 위한[2] assert NPM 패키지와 테스트를 구성하는 메소드를 가진 단순 클래스를 사용한다. 단순함은 어떤 한 라이브러리 문법 대신 테스트 주도 개발의 사례와 의미에 초점을 맞추는 것이다. 6장에서 테스트 조직화를 상세히 기술한다. 부록 B에서 테스팅 프레임워크들과 그런 프레임워크를 사용하지 않는 상세한 이유를 살펴본다.

자바스크립트 패키지 관리 방법

테스팅 프레임워크와 비슷하게, 자바스크립트에는 패키지와 의존성을 정의하는 많은 방법이 있다. 이 책은 CommonJS 스타일을 사용한다. 6장에서 다른 스타일에 논한다. ES6과 UMD 스타일은 소스 코드와 함께 상세히 AMD 스타일은 소스 코드 없이 간략히 나타낸다.

파이썬

이 책은 Python 3.10을 사용하며, 파이썬 웹 사이트(https://oreil.ly/xNLPa)에서 각 운영체제별로 버전을 제공한다.

---

2 어서션(assertion)은 주장 혹은 단언이라는 사전적 의미가 있으며 단위 테스팅 프레임워크에서는 특정 조건의 만족 여부를 확인하기
위한 구문으로 사용된다. 발음대로 어썰트 및 어썰션으로 표현하는 것이 일반적이나, 다수의 번역서에서 단언, 표명으로 적고 있다.
    – 옮긴이

파이썬 언어는 Python 2와 Python 3 버전 사이에 상당한 변화가 있었다. Python 3(예: 3.6)의 이전 버전이 동작될 수 있겠지만, Python 2의 어떤 버전도 이 책을 따르기에 적절치 않다.

Python 2가 이미 설치돼 있을 수 있다. 예를 들어, 여러 macOS 운영체제(Big Sur 포함)는 Python 2가 번들로 제공된다. Python 2를 제거할 필요는 없지만 Python 3 사용을 권장한다.

사전에 애매함을 방지하기 위해, 이 책은 명령어 내 실행 파일 이름으로 python3을 명시해 사용한다. 꼭 필요하진 않지만 python 명령이 Python 3를 참조하도록 별명alias을 붙여 사용할 수도 있다.

다음의 간단한 방법으로 Python 3가 사용되고 있음을 확인할 수 있다. 셸에서 python --version을 입력한다. Python 3로 시작하는 출력이라면 괜찮다. Python 2로 시작하는 출력이라면 이 책의 모든 명령어에 python3를 명시적으로 입력하라.

그림 0-5는 Python 2와 Python 3 모두 사용하는 개발 환경을 보여준다.

```
tdd-project> python3 --version
Python 3.9.6
tdd-project> python --version
Python 2.7.16
tdd-project> _
```

그림 0-5 Python 3 설치 여부와 사용하기 위한 명령어를 검증한다.

 이 책의 코드를 따르려면 Python 3를 사용하는 것이 좋다. Python 2로는 책의 코드가 동작하지 않을 수 있으니 사용하지 말자.

그림 0-6은 이전 파이썬 버전의 복잡한 얘기를 단순화한 연상 기호를 보여준다.

그림 0-6 이 책에 어떤 파이썬 버전이 필요한지 분명히 하는 간단한 연상 기호

중간 점검

테스트 주도 개발 방식으로 코드를 작성하기 위해 필요한 툴체인을 살펴봤다. 또한 개발 환경 준비와 동작 조건 검증 방법을 배웠다.

이 책의 주제, 읽는 방법, 작업 환경 설정을 알아봤다. 1장부터 한 번에 한 피처를 식별해 테스트해본다. 가보자!

1부

시작하기

> 복잡함 외면에 비친 단순함은 관심이 없지만, 복잡함 내면에 숨은 단순함에는 내 인생을 바칠 것
> 이다.
>
> — 올리버 웬들 홈스 주니어^{Oliver Wendell Homes Jr}

개발 환경이 준비됐다. 1장에서 테스트 주도 개발을 떠받치는 세 단계를 배운다. 테스트 주도 개발을 사용한 첫 번째 코드를 작성해본다.

레드-그린-리팩터: 테스트 주도 개발 구성 요소

테스트 주도 개발은 레드-그린-리팩터^{RGR, Red-Green-Refactor}의 세 단계를 따른다.

1. 레드^{Red}: 실패하는 테스트를 작성한다(컴파일 실패를 포함). 테스트 스위트^{Test Suite1}를 실행해 테스트가 실패하는지 검증한다.

2. 그린^{Green}: 프로덕션 코드[2]를 충분히 작성해 테스트를 그린으로 만든다. 테스트 스위트를 실행해 검증한다.

---

1 테스트 스위트는 특정 행위를 테스트하기 위해 관련된 여러 테스트 케이스로 구성된 묶음을 말한다. 일반적으로, 발음 나는 대로 테스트 스위트라 읽는다. – 옮긴이

2 프로덕션 코드는 실제 제품이나 서비스에 반영되는 코드를 말한다. – 옮긴이

3. 리팩터[Refactor]: 악취를 풍기는 코드는 삭제한다. 중복 코드, 하드코딩값이나 프로그래밍 이디엄[idiom3]의 부적절한 사용(예: 내장된 이터레이터[iterator] 대신 장황한 반복문 사용)등이다. 리팩터링 과정에서 테스트가 깨진다면[4], 이 단계를 종료하기 전에 깨진 모든 테스트를 그린으로 만드는 것을 우선 처리한다.

레드-그린-리팩터 사이클, 즉 RGR의 단계를 그림 1-1에 나타냈다. RGR 사이클의 세 단계는 테스트 주도 개발의 필수 구성 요소로, 앞으로 작성할 모든 코드는 이를 따른다.

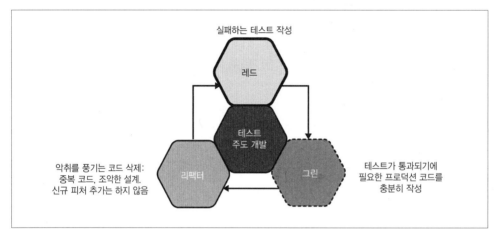

그림 1-1 테스트 주도 개발을 떠받치는 토대가 되는 레드-그린-리팩터 사이클

 레드-그린-리팩터 사이클의 세 단계는 테스트 주도 개발의 필수 구성 요소다.

RGR 적용

RGR 사이클의 세 단계를 계속 사용해본다. 이 기법을 다소 세심히 고수할 것이므로 천천히 시작해 속도를 내야 한다. 1장에서는 각 세 단계를 명확히 다루고, 2장에서는 빠르고 매끄럽게 레드에서 그린 단계로 이동한다. 이후 리팩터링할 대상 식별을 다시 주의 깊게 살펴본다. 전환 과정은 개발 속도가 빨라질수록 부드러워질 것이다. 하지만 세 단계를 항상 순서대로 지킨다.

---

3 프로그래밍 이디엄은 자주 반복돼 사용되거나 흔히 발생하는 문제를 해결하기 위해 만들어진 코드 형태를 말한다. - 옮긴이

4 대개 통과(PASS)하던 테스트가 프로덕션 코드 변경 등으로 실패(FAIL)로 바뀌면 테스트가 깨졌다고 표현한다. - 옮긴이

문제 인식

여기서 알아볼 돈 문제는 대부분의 사람이 겪는 문제는 아니며, '돈을 계속 추적하고 싶다'는 의미에 가깝다.

여러 통화로 돈을 관리하거나 주식 포트폴리오를 관리하는 스프레드시트를 만들어야 한다고 해보자.

주식	증권 거래소	주식 지분	주가	총액
IBM	NASDAQ	100	124달러(USD)	12,400달러(USD)
BMW	DAX	400	75유로(EUR)	30,000유로(EUR)
삼성	KSE	300	68,000원(KRW)	20,400,000원(KRW)

이 스프레드시트를 만들려면 단일 통화로 된 숫자상에서 간단한 산술 연산을 해야 할 필요가 있다.

```
5 USD × 2 = 10 USD
10 EUR × 2 = 20 EUR
4002 KRW / 4 = 1000.5 KRW
```

통화 간 환전도 필요하다. 가령 1유로는 1.2달러로, 1달러는 1,100원으로 환전한다.

```
5 USD + 10 EUR = 17 USD
1 USD + 1100 KRW = 2200 KRW
```

각 줄의 항목은 테스트 주도 개발로 구현할 (아주 작은) 한 피처가 된다. 구현이 필요한 여러 피처가 있다. 하나씩 살펴보기 위해 볼드체로 작업 중인 피처를 강조한다. 피처 작업이 마무리되면, 취소선으로 표시해 완료됐음을 나타낸다.

테스트 작성부터 시작해본다.

첫 번째 실패하는 테스트

목록의 첫 번째 피처를 구현하며 시작해보자.

```
5 USD × 2 = 10 USD
10 EUR × 2 = 20 EUR
4002 KRW / 4 = 1000.5 KRW
5 USD + 10 EUR = 17 USD
1 USD + 1100 KRW = 2200 KRW
```

RGR 사이클의 레드 단계에 해당하는 실패하는 테스트 작성으로 시작한다.

Go

go 폴더의 신규 파일 money_test.go에 다음 첫 번째 테스트를 작성해보자.

```go
package main ❶

import (
    "testing" ❷
)

func TestMultiplication(t *testing.T) { ❸
    fiver := Dollar { ❹
        amount: 5,
    }
    tenner := fiver.Times(2) ❺
    if tenner.amount != 10 { ❻
        t.Errorf("Expected 10, got: [%d]", tenner.amount) ❼
    }
}
```

❶ 패키지를 선언한다.

❷ testing 패키지를 가져온 후 t.Errorf에 사용한다.

❸ 테스트 메소드로, 반드시 *testing.T 인자 하나를 가지며 Test로 시작해야 한다.

❹ 'USD 5.' 달러를 나타내는 구조체로 아직 존재하지 않는다.

❺ 테스트 대상 메소드인 Times로 아직 존재하지 않는다.

❻ 실제값과 예상값을 비교한다.

❼ 예상값이 실제값과 같지 않으면 테스트가 실패하는지 확인한다.

이 함수는 일부 보일러 플레이트 코드^{boilerplate code}를[5] 포함한다.

`package main`은 다음의 모든 코드가 main 패키지의 일부라는 것을 선언한다. 이는 독자적으로 실행 가능한 Go 프로그램의 요구 사항이다. 패키지 관리(https://oreil.ly/yvh3S)는 Go의 정교한 피처다. 여기에 대해선 5장에서 보다 자세히 다룬다.

다음으로 import문으로 testing 패키지를 가져온다. 이 패키지는 단위 테스트에 사용된다.

`unit test` 함수가 코드의 대부분이다. fiver라는 이름의 변수에 amount 필드가 5인 구조체를 초기화해 '5달러'를 나타내는 엔티티를 선언했다. 이후 fiver에 2배로 곱하고, 10달러의 결과를 기대한다. 즉 변수 tenner의 amount 필드는 10과 같아야 한다. 그렇지 않으면, 실제값(그게 무엇이든)을 포함한 포맷화된 오류 메시지를 출력한다.

테스트 주도 개발 프로젝트 루트 폴더에서 'go test -v .'를 사용해 테스트를 실행하면 다음 오류가 발생한다.

```
... undefined: Dollar
FAIL    tdd [build failed]
FAIL
```

시끄럽고 분명한 메시지이며, 바로 첫 번째 실패하는 테스트다.

 'go test -v'는 현재 폴더 내 테스트를 실행한다. 그리고 'go test -v ./...'는[6] 현재 폴더의 모든 하위 폴더 내 테스트를 실행한다. -v 스위치는 장황한(verbose) 출력을 만든다.

---

5 보일러 플레이트 코드란 최소한의 변경으로 반복해서 여러 곳에서 재사용되는 코드를 말한다. – 옮긴이

6 'go test -v ./...'와 'go fmt ./...'의 세 점은 문자 그대로 입력해야 한다. 이 책에서 생략하지 않는 유일한 코드다.

자바스크립트

js 폴더 내 test_money.js 이름의 새로운 파일에 첫 번째 테스트를 작성하자.

```
const assert = require('assert'); ❶

let fiver = new Dollar(5); ❷
let tenner = fiver.times(2); ❸
assert.strictEqual(tenner.amount, 10); ❹
```

❶ 이후 단언에 필요한 assert 패키지를 가져온다.

❷ 'USD 5.'를 나타내는 객체로 Dollar는 아직 존재하지 않는다.

❸ 테스트 대상 메소드인 times로 아직 존재하지 않는다.

❹ strictEqual 단언문으로 실제값과 예상값을 비교한다.

자바스크립트는 최소한의 보일러 플레이트 코드를 갖는다. 테스트 코드에 추가되는 유일한 줄은 require문이다. 이렇게 assert NPM 패키지에 접근할 수 있다.

require 코드 뒤에, 테스트를 구성하는 코드 세 줄이 있다. 5 USD를 표현하는 객체를 만들고 2를 곱한 뒤 10의 결과를 기대한다.

ES2015에 변수 선언을 위한 let(https://oreil.ly/jBMPk) 키워드와 상수 선언을 위한 const(https://oreil.ly/GfYQ5) 키워드가 도입됐다.

테스트 주도 개발 프로젝트 루트 폴더에서 node js/test_money.js로 이 코드를 실행하면, 다음으로 시작하는 오류가 발생한다.

```
ReferenceError: Dollar is not defined
```

바로 첫 번째 실패하는 테스트다.

node file.js는 file.js의 자바스크립트 코드를 실행하고 출력을 만든다. 테스트 실행에 이 명령어를 사용한다.

파이썬

py 폴더의 test_money.py라는 이름의 신규 파일에 첫 번째 테스트를 작성한다.

```python
import unittest ❶

class TestMoney(unittest.TestCase): ❷
    def testMultiplication(self): ❸
        fiver = Dollar(5) ❹
        tenner = fiver.times(2) ❺
        self.assertEqual(10, tenner.amount) ❻

if __name__ == '__main__': ❼
    unittest.main()
```

❶ TestCase 슈퍼클래스 사용에 필요한 unittest 패키지를 가져온다.

❷ unittest.TestClass 클래스의 자식 클래스가 돼야 하는 테스트 클래스다.

❸ 테스트 메소드로 인정되기 위해 메소드 이름은 test로 시작해야 한다.

❹ 'USD 5.'를 표현하는 객체로 Dollar는 아직 존재하지 않는다.

❺ 테스트 대상 메소드인 times로 아직 존재하지 않는다.

❻ assertEqual 단언문으로 실제값과 예상값을 비교한다.

❼ main 용법은 이 클래스가 스크립트로 실행되게 한다.

파이썬은 unittest 패키지를 가져온 후^{import}, TestCase를 상속하는 클래스를 생성하고 test로 시작하는 이름의 함수 선언을 해야 한다. 독립적 프로그램으로 클래스 실행이 가능하게 하기 위해, 직접 test_money.py를 실행할 때 unittest.main() 함수를 실행하는 일반적인 파이썬 이디엄(https://docs.python.org/3/library/__main__.html)을 사용한다.

테스트 함수는 코드의 기대 동작을 기술한다. fiver라는 이름의 변수를 정의하고 생성자 인자 5로 원하는 Dollar 클래스(아직 생성되지 않음)를 초기화한다. fiver에 2를 곱하고 결과를 변수 tenner에 저장한다. 마지막으로 tenner의 amount가 10이 되길 기대한다.

TDD_PROJECT_ROOT 폴더에서 python3 py/test_money.py -v로 코드를 실행하면, 다음 오류가 발생한다.

```
NameError: name 'Dollar' is not defined
```

바로 첫 번째 실패하는 테스트다.

---

 python3 file.py -v는 file.py의 파이썬 코드를 실행하고 장황한 출력을 생성한다. 테스트 실행에 이 명령어를 사용한다.

그린으로 전환

지금껏 모든 문법 오류를 가볍게 무시하고, 테스트 대상 메소드가 동작할 것이라 기대해 테스트를 작성했다. 꽤 괜찮지 않은가?

맨 처음(현재 단계)에는 나아갈 길로 인도하는 최소한의 코드로 시작하는 것이 현명하다. 물론 Dollar를 정의하지 않았기 때문에 작성한 테스트는 실패한다. 한숨이 나오겠지만 다음 두 가지 이유를 생각하며 조금만 참아보자.

1. 첫 번째 테스트의 첫 단계(레드 획득)를 막 끝냈다. 이제 막 시작되려는 참이다.

2. 진척에 따라 속도에 박차를 가할 수 있다. 그러나 필요하다면 속도 조절을 할 수 있다는 점을 염두에 두자.

RGR 사이클의 다음 단계는 그린 획득이다.

Dollar의 추상abstraction[7]을 만들어야 하는 것이 분명하다. 여기서는 테스트를 통과시키기 위해 Dollar의 추상과 다른 추상을 만드는 방법을 정의한다.

Go

money_test.go의 하단에 빈 Dollar 구조체를 추가한다.

```
type Dollar struct {
}
```

테스트를 실행해보면 새로운 오류가 발생한다.

```
... unknown field 'amount' in struct literal of type Dollar
```

한 단계 나아갔다!

이 오류 메시지는 Dollar 구조체에 amount라는 이름의 필드를 만들게 한다. int 데이터 타입으로 amount 필드(int 데이터 타입으로 충분)를 만들어보자.

```
type Dollar struct {
    amount int
}
```

Dollar 구조체 추가에서 예상되는 오류는 다음과 같다.

```
... fiver.Times undefined (type Dollar has no field or method Times)
```

여기에서 패턴을 볼 수 있다. 정의되지 않은 항목(필드 또는 메소드)이 있으면, Go 런타임에서 undefined 오류가 발생한다. 이후 이런 힌트를 사용해서 테스트 주도 개발 사이클을 가속화할 것이다. 이제 Times라는 이름의 함수function를 추가해보자. 테스트를 작성할 때부터 알다시피 Times 함수는 한 숫자(승수)를 매개변수로 취해 또 다른 숫자(결과)를 반환한다.

---

7 추상은 대상이 나타내는 특징으로, 소스 코드상에 구조체나 클래스로 표현한다. – 옮긴이

그런데 결과를 어떻게 계산해야 할까? 두 수를 곱하는 기초 산술 연산을 사용해야겠지만, 항상 테스트 예상 결과를 반환하는 가장 간단한 코드를 작성한다고 해보자. 즉, 10을 나타내는 Dollar 구조체를 반환하는 코드다.

```
func (d Dollar) Times(multiplier int) Dollar {
    return Dollar{10}
}
```

지금 코드를 실행해보면, 터미널에 짧고 기분 좋은 응답이 출력된다.

```
=== RUN TestMultiplication
--- PASS: TestMultiplication (0.00s)
PASS
```

바로, 테스트가 통과했다는 마법의 주문이다!

자바스크립트

test_money.js에서 const assert = require('assert'); 줄 바로 다음에 Dollar라는 이름의 빈 클래스를 정의한다.

```
class Dollar {
}
```

test_money.js를 실행하면, 다음 오류가 발생한다.

```
TypeError: fiver.times is not a function
```

한 단계 나아갔다! 이 오류는 fiver 이름의 객체에 정의된 times라는 이름의 함수가 없음을 분명히 나타낸다. 그럼 Dollar 클래스에 해당 함수를 만들어보자.

```
class Dollar {
    times(multiplier) {
    }
}
```

여기서 테스트를 실행하면 새로운 오류가 발생한다.

```
TypeError: Cannot read properties of undefined (reading 'amount') ❶
```

❶ Node.js v16에서 출력되는 메시지로, v14에는 약간 다른 오류 메시지가 출력된다.

테스트는 amount 프로퍼티^{property}를 가진 객체를 기대한다. times 메소드에서 반환하는 것이 없으므로 반환값은 undefined이며, amount 프로퍼티 또한 포함하지 않는다(다른 어떤 프로퍼티도 없음).

 자바스크립트 언어는 함수나 메소드가 반환 타입을 명시적으로 선언하지 않는다. 반환값이 없는 함수의 실행 결과를 확인하려면, 반환값이 undefined인지 확인한다.

그럼 어떻게 테스트를 그린으로 만들어야 할까? 동작 가능한 가장 간단한 것이 뭘까? 항상 10 USD를 나타내는 객체를 만들어서 반환하게 하면 어떨까?

시도해보자. 주어진 amount로 객체를 초기화하는 constructor와 그저 '10 USD' 객체를 생성하고 반환하는 times 메소드를 추가하자.

```
class Dollar {
    constructor(amount) { ❶
        this.amount = amount; ❷
    }

    times(multiplier) { ❸
        return new Dollar(10); ❹
    }
}
```

❶ constructor 함수는 Dollar 객체가 생성될 때마다 호출된다.

❷ this.amount 변수를 주어진 매개변수로 초기화한다.

❸ 매개변수를 가진 times 메소드

❹ 항상 10달러를 반환하는 간단한 구현이다.

지금 코드를 실행해보면 오류 없이 수행된다. 첫 번째 그린 테스트다.

---

 assert 패키지에 strictEqual과 다른 메소드는 단언이 실패할 때만 출력을 생성하기 때문에 성공적인 테스트 실행은 출력된 내용이 없이 조용하다. 6장에서 이 동작을 개선해본다.

파이썬

'Dollar'가 정의되지 않았기 때문에 test_money.py의 TestMoney class 앞에 정의해보자.

```
class Dollar:
    pass
```

여기서 코드를 실행하면 다음 오류가 발생한다.

```
TypeError: Dollar() takes no arguments
```

한 단계 나아갔다! 이 오류는 코드상의 5와 10과 같은 인자로 Dollar 객체를 초기화할 방법이 현재 없다는 것을 분명히 말해준다. 그럼 가능한 간단한 초기화 코드로 이를 해결해보자.

```
class Dollar:
    def __init__(self, amount):
        pass
```

테스트가 바뀌면서 다음 오류 메시지가 발생한다.

```
AttributeError: 'Dollar' object has no attribute 'times
```

여기서 패턴을 볼 수 있다. 테스트는 여전히 실패하지만, 매번 조금 다른 이유로 실패한다. 추상화 정의가 전개됨에 따라(처음에는 Dollar, amount 필드), 오류 메시지가 다음 단계로 '향상'된다. 이점이 바로 테스트 주도 개발의 특징이며, 통제할 수 있는 속도로 꾸준히 진행한다.

times 함수를 정의하고 그린 획득을 위한 최소한의 동작을 부여해 속도를 내보자. 필요한 최소한의 동작이 무엇일까? 당연하게도 테스트에서 요구하는 '10달러'를 항상 반환하게 하는 것이다.

```
class Dollar:
    def __init__(self, amount): ❶
        self.amount = amount ❷
    def times(self, multiplier): ❸
        return Dollar(10) ❹
```

❶ Dollar 객체를 생성할 때마다 __init__ 함수를 호출한다.

❷ 주어진 매개변수로 self.amount 변수를 초기화한다.

❸ times 메소드는 매개변수를 가진다.

❹ 간단한 구현으로 항상 10달러를 반환한다.

여기에서 테스트를 실행해보면 짧고 달콤한 메시지를 볼 수 있다.

```
Ran 1 test in 0.000s
OK
```

테스트가 0.000초 안에 실행되지 않을 수도 있지만 마법의 단어 'OK'는 놓치지 말자. 바로 첫 번째 그린 테스트다.

마무리하기

테스트에서 '10 USD'를 하드코딩해 그린을 획득한 것이 당황스러울 수 있다. 걱정마라. 리팩터링 단계에서 하드코딩 및 중복된 값인 '10 USD'를 제거할 방법을 찾아서 불편함을 해결한다.

리팩터링은 RGR 사이클의 세 번째이자 마지막 단계다. 이 지점에서 코드는 많지 않다. 하지만 코드를 깔끔하고 조밀하게 유지하는 것이 여전히 중요하다. 어수선한 서식이나 주석 처리된 코드가 있으면, 바로 이때 다듬을 수 있다.

중복을 제거하고 코드 가독성을 살리는 데 신경써야 한다. 언뜻 보면, 20여 줄의 코드에 중복이 있을까 싶다.

코드에서 몇 가지 이상한 점을 알아차리면 중복을 찾을 수 있다.

1. 단지 '5달러를 2배수하면 10달러가 된다'를 검증하는 코드를 작성했다. 기존 테스트를 '10달러를 2배수하면 20달러가 된다'로 변경한다면(동등하게 합리적인 문장), 테스트와 Dollar 코드 둘 다 바꿔야 할 것이다. 코드의 두 부분 간 의존성(논리적 결합)이 있다. 일반적으로 이런 유형의 결합은 피해야 한다.

2. 테스트 및 코드에 마법의 숫자 10이 있다. 어디서 10이 나왔을까? 5달러를 2배수하면 10달러가 된다고 머릿속으로 계산했다. 그래서 테스트와 Dollar 코드에 모두 10으로 작성했다. Dollar 엔티티 내 10은 실제로 5 * 2라는 것을 알아야 한다. 이를 알아차리면 중복을 제거할 것이다.

중복 코드는 보통 근본적인 문제의 징후로 나타난다. 추상화 코드 누락 또는 코드의 다른 부분 간 잘못된 결합[8]으로 징후가 나타나는데, 중복과 결합을 제거해보자.

Go
Times 함수의 10을 그에 상응하는 5 * 2로 바꾼다.

```
func (d Dollar) Times(multiplier int) Dollar {
    return Dollar{5 * 2}
}
```

테스트는 여전히 그린이다.

---

8 '의존성이 문제라면, 중복은 징후다'라는 켄트 벡의 의견이 여기에 인용될 가치가 있다.

이렇게 작성하면 누락된 추상화를 알게 된다. 하드코딩된 5는 실제로 d.amount, 2는 multiplier다. 이런 하드코딩된 숫자를 올바른 변수로 교체하면 구현이 간단하다.

```go
func (d Dollar) Times(multiplier int) Dollar {
    return Dollar{d.amount * multiplier}
}
```

테스트는 여전히 통과되며, 중복과 결합을 제거했다.

다듬어야 할 마지막 하나가 남았다.

테스트에서 Dollar 구조체를 초기화할 때 amount 이름의 필드를 명시적으로 사용했다. Times 메소드에서 했듯이[9] 구조체를 초기화할 때, 필드명을 생략할 수 있다. 명시적 이름을 사용하거나 그렇지 않은 스타일 모두 동작한다. 그러나 꼭 일관성 있게 사용해야 한다. 필드명을 명시하도록 Times 함수를 변경해보자.

```go
func (d Dollar) Times(multiplier int) Dollar {
    return Dollar{amount: d.amount * multiplier}
}
```

 주기적으로 fmt ./...를 실행해 코드의 서식 문제를 고쳐라.

자바스크립트

times 메소드의 10을 그에 상응하는 5 * 2로 바꿔보자.

```javascript
times(multiplier) {
    return new Dollar(5 * 2);
}
```

---

9   구조체에 여러 필드가 있는 경우(현재 그렇진 않지만) 필드 순서가 구조체 정의와 초기화가 동일하거나 구조체 초기화에 필드명이 명시돼야 한다. https://gobyexample.com/structs를 참조하라.

테스트는 여전히 그린이다.

누락된 추상화는 이제 분명해졌다. 5를 this.amount로, 2를 multiplier로 바꿀 수 있다.

```
times(multiplier) {
    return new Dollar(this.amount * multiplier);
}
```

테스트는 여전히 그린이며 중복된 10과 결합을 모두 제거했다.

파이썬

times 메소드의 10을 그에 상응하는 5 * 2로 바꿔보자.

```
def times(self, multiplier):
    return Dollar(5 * 2)
```

예상하듯 테스트는 그린이다.

이는 근본적인 추상화를 드러낸다. 5는 실제로 self.amount, 2는 multiplier다.

```
def times(self, multiplier):
    return Dollar(self.amount * multiplier)
```

테스트는 여전히 그린이고 중복과 결합이 제거됐다.

변경 사항 반영하기

테스트 주도 개발을 사용해 첫 번째 피처를 끝냈다. 코드를 버전 관리 저장소에 자주 반영하는 것을 잊지 말고 꼭 실행하자.

그린 테스트는 코드를 반영하기에 적절하다.

셸 윈도우에서 다음 두 명령어를 입력하자.

```
git add . ❶
git commit -m "feat: first green test" ❷
```

❶ 모든 변경 사항을 포함해 모든 파일을 깃 인덱스에 추가한다.

❷ 주어진 메시지와 함께 깃 인덱스를 저장소에 반영한다.

모든 세 언어의 코드가 올바른 폴더에 있다고 가정하면 다음과 같은 메시지를 볼 수 있다.

```
[main (root-commit) bb31b94] feat: first green test ❶
4 files changed, 56 insertions(+)
create mode 100644 go/go.mod
create mode 100644 go/money_test.go
create mode 100644 js/test_money.js
create mode 100644 py/test_money.py
```

❶ 16진수 bb31b94는 커밋에[10] 연관된 고유의 'SHA 해시' 값 중에서 처음 나타나는 일부 자릿수를 나타낸다. 이 값은 매번 다르게 만들어진다.

위 결과는 모든 코드가 안전하게 깃 버전 관리 저장소에 반영됐음을 가리킨다. 셸상에 git log 명령어를 실행해 이를 검증할 수 있으며, 다음과 비슷한 출력을 생성한다.

```
commit bb31b94e90029ddeeee89f3ca0fe099ea7556603 (HEAD -> main) ❶
Author: Saleem Siddiqui ...
Date: Sun Mar 7 12:26:06 2021 -0600

  feat: first green test ❷
```

❶ 전체 SHA 해시값과 함께 나타난 첫 번째 커밋이다.

❷ 첫 번째 커밋에 입력한 메시지다.

---

10 저장소에 변경된 코드 형상을 반영하는 것을 커밋이라 한다. - 옮긴이

코드를 반영한 깃 저장소는 로컬 파일 시스템에 존재한다는 것을 알아야 한다(TDD_PROJECT_ROOT 아래 .git 폴더에 있다). 컴퓨터에 커피를 엎지르는 사고는 막지 못하지만 (항상 뚜껑을 사용하라), 코드 일부가 헝클어지더라도 이전에 알려진 좋은 버전으로 되돌아갈 수 있다는 확신을 제공한다. 13장에서 모든 코드를 깃허브 저장소에 밀어넣을 것이다.

각 장에서, 같은 명령어 세트를 사용해 로컬 깃 저장소에 코드를 반영하는 전략을 사용할 것이다.

 코드를 자주 반영하기 위해 git add.와 git commit -m _commit message_의 두 명령어를 각 장에서 사용한다.

변하는 부분은 커밋 메시지뿐이며, 커밋 메시지는 시멘틱 커밋 스타일semantic commit style11을 따르고 변경에 대한 간략한 설명이 포함된다.

 이 책에서 git commit는 시멘틱 커밋 스타일(https://oreil.ly/MhE1b)을 따른다.

중간 점검

최초의 레드-그린-리팩터 사이클과 함께 테스트 주도 개발을 소개했다. 첫 번째 작은 피처를 성공적으로 구현했으므로, 해당 피처는 취소선을 그어 지운다.

피처 목록은 다음과 같다.

~~5 USD × 2 = 10 USD~~
10 EUR × 2 = 20 EUR
4002 KRW / 4 = 1000.5 KRW

---

11 의미 있고 일관된 서식의 메시지로 커밋 메시지를 작성하는 것을 말한다. - 옮긴이

```
5 USD + 10 EUR = 17 USD
1 USD + 1100 KRW = 2200 KRW
```

2장으로 넘어가기 전에 코드를 검토해보자. 세 언어의 모든 소스 코드는 다음과 같다. 또한 깃허브 저장소를 통해 접근 가능하다. 간소화하기 위해 2장부터는 상응하는 브랜치 이름만 나열할 것이다.

Go

money_test.go 파일은 다음과 같다.

```go
package main

import (
    "testing"
)

func TestMultiplication(t *testing.T) {
    fiver := Dollar{amount: 5}
    tenner := fiver.Times(2)
    if tenner.amount != 10 {
        t.Errorf("Expected 10, got: [%d]", tenner.amount)
    }
}

type Dollar struct {
    amount int
}

func (d Dollar) Times(multiplier int) Dollar {
    return Dollar{amount: d.amount * multiplier}
}
```

자바스크립트

이 시점에 test_money.js는 다음과 같다.

```
const assert = require('assert');

class Dollar {
    constructor(amount) {
        this.amount = amount;
    }

    times(multiplier) {
        return new Dollar(this.amount * multiplier);
    }
}

let fiver = new Dollar(5);
let tenner = fiver.times(2);
assert.strictEqual(tenner.amount, 10);
```

파이썬

test_money.py는 다음과 같다.

```
import unittest

class Dollar:
    def __init__(self, amount):
        self.amount = amount

    def times(self, multiplier):
        return Dollar(self.amount * multiplier)

class TestMoney(unittest.TestCase):
    def testMultiplication(self):
        fiver = Dollar(5)
        tenner = fiver.times(2)
        self.assertEqual(10, tenner.amount)

 if __name__ == '__main__':
     unittest.main()
```

1장의 코드는 깃허브 저장소(https://github.com/saleem/tdd-book-code/tree/chap01)에서 'chap01'이름의 브랜치에 있다. 각 장에서 개발된 코드별로 브랜치가 있다.

2장에서 추가 피처를 개발해 작업 속도를 올려본다.

다양한 통화로 돈 계산

빠르게, 더 빠르게 쫓기.

– 에드거 앨런 포^{Edgar Allen Poe}, 「갈까마귀^{The Raven}」

1장에서 살펴본 레드-그린-리팩터 사이클은 조금 느리게 진행됐다.

"아, 네~"(건성으로 대답하는) 반응도 이해한다!

테스트 주도 개발의 목표는 천천히 또는 빨리 진행하려는 데 있지 않다. 테스트 주도 개발은 속도를 낼 때는 내고, 줄일 때는 줄여서 편안한 페이스로 진행하는 것을 목표로 삼는다.

부가적인 통화와 더불어 어떤 통화에서도 곱하고 나누는 돈 계산을 할 수 있는 방법을 소개한다. 속도를 조금 높일 수 있는지 살펴보자!

유로에 발 들이기

피처 목록의 두 번째 항목에서 새로운 통화를 소개한다.

~~5 USD × 2 = 10 USD~~
10 EUR × 2 = 20 EUR
4002 KRW / 4 = 1000.5 KRW
5 USD + 10 EUR = 17 USD
1 USD + 1100 KRW = 2200 KRW

이는 1장에서 만든 Dollar보다 더 일반적인 엔티티의 필요를 나타낸다. (이미 갖고 있는) amount와 (아직 갖고 있지 않은) currency를 캡슐화한 Money와 같은 것이 필요하다. 새로운 피처에 살을 붙여 테스트를 작성해보자.

Go

새로운 테스트를 money_test.go에 작성해보자. 이 테스트는 '10 EUR'을 나타내는 구조체에 2를 곱했을 때 '20 EUR'가 되길 요구한다.

```go
func TestMultiplicationInEuros(t *testing.T) {
    tenEuros := Money{amount: 10, currency: "EUR"}
    twentyEuros := tenEuros.Times(2)
    if twentyEuros.amount != 20 {
        t.Errorf("Expected 20, got: [%d]", twentyEuros.amount)
    }
    if twentyEuros.currency != "EUR" {
        t.Errorf("Expected EUR, got: [%s]", twentyEuros.currency)
    }
}
```

테스트는 currency(통화)뿐만 아니라 amount(금액)를 포함하는 구조체 인스턴스인 '10 EUR'과 '20 EUR'의 개념을 표현한다.

이제 테스트를 실행해보면 undefined: Money 오류가 발생함을 알 수 있다. 새로운 구조체를 통해 오류를 제거할 수 있다.

```go
type Money struct {
    amount int
    currency string
}
```

그러면 type Money has no field or method Times 오류가 발생하는데 해결 방법은 이미 안다. Money에 Times 메소드를 정의한다.

```go
func (m Money) Times(multiplier int) Money {
    return Money{amount: m.amount * multiplier, currency: m.currency}
}
```

테스트가 다시 그린이다.

자바스크립트

amount와 currency를 가진 Money 객체를 나타내는 테스트를 작성해보자. '10 EUR'을 나타내는 객체에 2를 곱하면 '20 EUR'이 되는지 검증한다. 이 테스트는 test_money.js 맨 마지막에 정의한다.

```javascript
let tenEuros = new Money(10, "EUR");
let twentyEuros = tenEuros.times(2);
assert.strictEqual(twentyEuros.amount, 20);
assert.strictEqual(twentyEuros.currency, "EUR");
```

테스트를 실행해보면 ReferenceError: Money is not defined 오류가 발생할 것이다. 최소한의 기대 동작을 가진 Money 이름의 새로운 클래스를 통해 오류를 제거할 수 있다. 즉 constructor에서 amount와 currency를 모두 초기화하고 times 메소드는 주어진 multiplier에 amount를 곱해 새로운 Money 객체를 반환하게 하는 것이다.

```javascript
class Money {
    constructor(amount, currency) {
        this.amount = amount;
        this.currency = currency;
     }

    times(multiplier) {
        return new Money(this.amount * multiplier, this.currency);
    }
}
```

테스트 모두 이제 그린이다.

파이썬

TestMoney 클래스에 새로운 테스트를 추가해보자. 이 테스트는 '10 EUR'을
나타내는 객체에 2를 곱하면 '20 EUR'을 나타내는 객체를 생성하는지 검
증한다.

```
def testMultiplicationInEuros(self):
    tenEuros = Money(10, "EUR")
    twentyEuros = tenEuros.times(2)
    self.assertEqual(20, twentyEuros.amount)
    self.assertEqual("EUR", twentyEuros.currency)
```

테스트를 실행해보면 NameError: name 'Money' is not defined 오류가 발생할 것이다. 새
로운 Money 클래스가 필요한 시점이다. 테스트를 그린으로 만들 Money 클래스의 최소 동
작은 무엇일까? amount와 currency를 모두 초기화하는 __init__ 메소드와 multiplier와 원
래의 Money 객체의 amount를 곱한 값을 amount로 갖는 새로운 Money 객체를 반환하는 times
메소드가 필요하다.

```
class Money:
    def __init__(self, amount, currency):
        self.amount = amount
        self.currency = currency

    def times(self, multiplier):
        return Money(self.amount * multiplier, self.currency)
```

테스트 모두 이제 그린이다.

DRY한 코드를 유지하라

잠깐, 코드에 끔찍한 중복을 만들지 않았는가? Money를 나타내기 위해 만든 새로운 엔티
티는 앞서 작성한 Dollar를 포함한다. 이건 좋지 않다. 코드 작성에 자주 인용되는 규칙
이 DRY 원칙이다. 반복하지 마라.[1]

---

1 DRY는 'Don't Repeat Yourself'의 약자로 코드의 반복을 피하라는 뜻을 가진 약어로 사용된다. —옮긴이

Go

Money 구조체가 Dollar 구조체가 할 수 있는 모든 것의 이상을 할 수 있음을 알게됐다. Money는 currency를 가지며 Dollar에는 없다.

Dollar 구조체와 Dollar의 Times 메소드를 전부 삭제해보자.

이렇게 하면 TestMultiplication 테스트는 예상대로 undefined: Dollar 오류를 발생하며 중단된다. Money를 대신 사용하도록 테스트를 리팩터링해보자.

```go
func TestMultiplicationInDollars(t *testing.T) {
    fiver := Money{amount: 5, currency: "USD"}
    tenner := fiver.Times(2)
    if tenner.amount != 10 {
        t.Errorf("Expected 10, got: [%d]", tenner.amount)
    }
    if tenner.currency != "USD" {
        t.Errorf("Expected USD, got: [%s]", tenner.currency)
    }
}
```

테스트는 모두 이제 통과한다. 테스트 이름을 좀 더 알기 쉽게 바꾼 것에 주의하자(Test MultiplicationInDollars).

자바스크립트

Money 클래스는 Dollar 클래스가 할 수 있는 모든 것 이상을 할 수 있다. 이는 Dollar 클래스를 완전히 지울 수 있음을 의미한다.

Dollar 클래스를 지우고 테스트를 실행하면 많이 봤던 오류(ReferenceError: Dollar is not defined)가 발생한다. 첫 번째 테스트가 Money 클래스를 대신 사용하도록 리팩터링 해보자.

```javascript
let fiver = new Money(5, "USD");
let tenner = fiver.times(2);
assert.strictEqual(tenner.amount, 10);
assert.strictEqual(tenner.currency, "USD");
```

테스트는 모두 이제 통과한다.

파이썬

Money 클래스의 기능이 Dollar 클래스의 상위 집합이다. 이는 Dollar 클래스가 필요 없음을 의미한다. Dollar 클래스를 전부 삭제해보자.

이렇게 하고 테스트를 실행하면 친숙한 메시지인 NameError: name 'Dollar' is not defined를 볼 수 있다. 지금까지의 Dollar 대신 Money를 사용해 첫 번째 테스트를 리팩터링해보자.

```python
def testMultiplicationInDollars(self):
    fiver = Money(5, "USD")
    tenner = fiver.times(2)
    self.assertEqual(10, tenner.amount)
    self.assertEqual("USD", tenner.currency)
```

테스트 모두 이제 통과한다. 테스트 이름을 좀 더 알기 쉽게 변경한 것에 주의하자(Test MultiplicationInDollars).

반복하지 말라고 하지 않았나?

Dollar와 Euros 관련된 두 테스트는 매우 비슷하다. 둘 다 통화와 금액은 변하지만 거의 같은 피처를 테스트한다.

코드 반복은 다양한 형태로 나타난다. 때때로 같은 코드 줄(아마도 '복사해서 붙여 넣기' 프로그래밍이 원인)을 갖게 된다. 이때는 공통된 줄의 코드를 함수 또는 메소드로 빼낼 필요가 있다. 같지 않을 때도 있지만 개념적으로 비슷한 코드를 갖게 된다. 이 경우가 앞서 언급된 두 테스트다.

테스트 중 하나를 삭제할 수도 있고 개의치 않고 그냥 내버려 둘 수도 있다. 하지만 코드에 발생될 우연한 리그레션^{regression}을 대비해 보호 장치가 필요하다.[2] 하드코딩 숫자(10 또는 5 * 2)를 사용한 첫 번째 구현을 다시 떠올려보자. 서로 다른 값을 가진 두 가지 별개의 테스트를 실시해 실수로 단순 구현으로 돌아가지 않도록 할 수 있다.

'원시적 또는 덜 개발된 상태로 돌아가는 것'을 뜻하는 리그레션은 소프트웨어 작성에서 공통 주제다. 일련의 테스트를 수행하는 것은 신규 기능을 개발하면서 기존 피처를 깨뜨리지 않게 한다.

우선은 테스트를 둘 다 유지하자. 테스트에서 중복을 제거하고 싶은 사항을 체크리스트 마지막에 추가할 것이다. 나눗셈을 살펴본 뒤 이 항목은 다시 검토하겠다.

피처 목록은 다음과 같다.

~~5 USD × 2 = 10 USD~~
~~10 EUR × 2 = 20 EUR~~
4002 KRW / 4 = 1000.5 KRW
5 USD + 10 EUR = 17 USD
1 USD + 1100 KRW = 2200 KRW
중복된 Money의 곱셈 테스트 제거

분할 정복

다음 요구 사항으로 나눗셈을 살펴보자. 표면적으로 곱셈과 매우 비슷해 보인다. 기초적인 수학 지식으로부터 x로 나누는 것이 1/x를 곱하는 것과 같다는 것을 알고 있다.[3]

이 새로운 피처를 시험해보고 코드가 어떻게 변하는지 살펴보자. 이제 실패하는 테스트의 출발점에 진입하고 있다. 높아지는 자신감의 지표로써 테스트에 새로운 두 가지를 소개한다.

---

2 리그레션은 잘 작동하던 기능에 문제가 생기는 것을 가리킨다. – 옮긴이
3 ∀ x ≠ 0, 즉 x가 0이 아닌 한⋯ 모든 수학 선생에게 감사를 드린다!

1. 새로운 통화: 대한민국 원(KRW)

2. 소수부를 가지는 숫자(예: 1000.5)

Go

나눗셈에 대한 새로운 테스트를 작성해보자.

```go
func TestDivision(t *testing.T) {
    originalMoney := Money{amount: 4002, currency: "KRW"}
    actualMoneyAfterDivision := originalMoney.Divide(4)
    expectedMoneyAfterDivision := Money{amount: 1000.5, currency: "KRW"}
    if expectedMoneyAfterDivision != actualMoneyAfterDivision {
        t.Errorf("Expected %+v Got %+v",
            expectedMoneyAfterDivision, actualMoneyAfterDivision)
    }
}
```

조금 다르게 작성한 테스트에 주의하자. actualMoneyAfterDivision와 expectedMoneyAfter
Division의 두 개의 구조체 변수를 정의한다. 그리고 amount와 currency를 각각 비교하는
대신, 두 개의 구조체를 전체적으로 비교한다. 구조체가 서로 일치하지 않으면 둘 다 출
력한다.

 Go에서 %+v 포맷으로 구조체를 출력하면 구조체의 필드 이름뿐만 아니라 값도 출력한다.

테스트를 실행하면 Money has no field or method Divide 오류가 발생한다. 기존 Times 메
소드에서 힌트를 얻어 누락된 메소드를 정의하자.

```go
func (m Money) Divide(divisor int) Money {
    return Money{amount: m.amount / divisor, currency: m.currency}
}
```

테스트가 새로운 오류로 실패한다(constant 1000.5 truncated to integer.).

Money 구조체의 amount 필드를 변경해서 소수점 값을 가질 수 있도록 해야 한다. float64 데이터 타입이 이 목적으로 적절하다.

```
type Money struct {
    amount float64
    currency string
}
```

테스트를 실행하면 새로운 오류가 발생한다.

```
... invalid operation: m.amount * multiplier (mismatched types float64 and int)
... invalid operation: m.amount / divisor (mismatched types float64 and int)
```

 테스트 실행 없이도 문법 오류와 타입 오류를 표시하기 때문에 IDE 사용이 유용할 수 있다.

모든 피연산자가 같은 데이터 타입을 사용하도록 산술 연산들(곱셈과 나눗셈)을 변경해야 한다. multiplier와 divisor는 정수(주식 수)일 가능성이 높은 반면 amount는 소수점 숫자(특정 주식 트레이딩 가격)일 수 있다. 이를 이용해 multiplier와 divisor를 산술 연산에 사용하기 전에 float64로 변경하자. float64() 함수를 사용해 변경할 수 있다.

```
func (m Money) Times(multiplier int) Money {
    return Money{amount: m.amount * float64(multiplier), currency: m.currency}
}
func (m Money) Divide(divisor int) Money {
    return Money{amount: m.amount / float64(divisor), currency: m.currency}
}
```

이제 다른 wrong type 오류로 실패한다.

```
... Errorf format %d has arg tenner.amount of wrong type float64
... Errorf format %d has arg twentyEuros.amount of wrong type float64
```

오류 메시지를 잘 읽어보면 앞선 테스트에서 amount 필드를 출력하기 위해 잘못된 포맷을 사용했음을 알 수 있다. 가장 새로운 테스트인 TestDivision이 성공적으로 전체 구조체를 비교했으므로, 앞서 만든 두 개의 multiplication 테스트를 비슷하게 리팩터할 수 있다. 이 방법으로, float64 타입에 대한 틀린 포맷이 사용된 이슈 전체를 회피할 수 있다.

어서션 문장 변경 후 TestMultiplicationInDollars는 다음과 같다(다른 테스트인 TestMultiplicationInEuros도 비슷하게 바꾼다).

```
func TestMultiplicationInDollars(t *testing.T) {
    fiver := Money{amount: 5, currency: "USD"}
    actualResult := fiver.Times(2)
    expectedResult := Money{amount: 10, currency: "USD"}
    if expectedResult != actualResult {
        t.Errorf("Expected [%+v], got: [%+v]", expectedResult, actualResult)
    }
}
```

모두 변경하면 모든 테스트가 그린이다.

자바스크립트

test_money.js 마지막에 나눗셈을 위한 새로운 테스트를 작성해보자.

```
let originalMoney = new Money(4002, "KRW")
let actualMoneyAfterDivision = originalMoney.divide(4)
let expectedMoneyAfterDivision = new Money(1000.5, "KRW")
assert.deepStrictEqual(actualMoneyAfterDivision, expectedMoneyAfterDivision)
```

조금 다르게 테스트를 작성한 것에 주의하자. actualMoneyAfterDivision와 expectedMoneyAfterDivision의 두 개의 객체 변수를 정의한다. 금액과 통화를 각각 비교하는 대신, 두 개의 객체를 assert의 deepStrictEqual 메소드를 사용해 즉시 비교한다.

Node.js의 assert 모듈에서 deepStrictEqual 메소드는 자바스크립트의 === 연산자를 사용해 두 개의 객체와 각 객체의 자손 객체가 같은지 비교한다.[4]

테스트를 실행하면 TypeError: originalMoney.divide is not a function 오류가 발생한다. 기존 times 메소드에서 힌트를 얻어 누락된 메소드를 정의해보자.[5]

```
class Money {
...
    divide(divisor) {
        return new Money(this.amount / divisor, this.currency);
    }
}
```

테스트가 모두 그린이다. 자바스크립트의 동적 타입은 정적 타입의 언어보다 이 피처를 쉽게 구현하도록 만든다(https://oreil.ly/3bkGT).

파이썬

TestMoney 클래스에 나눗셈을 위한 새로운 테스트를 작성해보자.

```
def testDivision(self):
    originalMoney = Money(4002, "KRW")
    actualMoneyAfterDivision = originalMoney.divide(4)
    expectedMoneyAfterDivision = Money(1000.5, "KRW")
    self.assertEqual(expectedMoneyAfterDivision.amount,actualMoneyAfterDivision.amount)
    self.assertEqual(expectedMoneyAfterDivision.currency, actualMoneyAfterDivision.currency)
```

조금 다르게 테스트를 작성한 것에 주의하자. actualMoneyAfterDivision와 expectedMoney AfterDivision의 두 개의 객체 변수를 정의한다.

---

4   === 연산자는 비교할 두 개의 객체의 값과 타입이 같은지 검사한다. W3Schools documentation(https://oreil.ly/6fTHI)를 참조하라.

5   ECMAScript 표준 (https://oreil.ly/1wLGp)은 메소드를 '[객체의] 속성의 값인 함수'로써 정의한다.

테스트를 실행하면 AttributeError: 'Money' object has no attribute 'divide' 메시지가
발생한다. 기존 times 메소드에서 힌트를 얻어 누락된 메소드를 정의하자.[6]

```python
def divide(self, divisor):
    return Money(self.amount / divisor, self.currency)
```

테스트가 그린이다. 동적 및 강타입 언어다. 이는 정적 타입 언어보다 이 피처를 구현하
기 쉽게 만든다(https://oreil.ly/72qm9).

마무리하기

테스트는 그린으로 유지하되 정돈을 하면서 2장을 정리한다.

Go

세 개의 단언 블록으로 세 개의 테스트가 있고 각 테스트는 세 줄의 if 블
록으로 구성된다. 각 테스트에서 변수 이름을 제외한 if 블록은 같다. 이런
중복은 assertEqual이라 부를 helper 함수로 빼내 적절히 제거할 수 있다.

 '메소드 추출' 또는 '함수 추출'(https://oreil.ly/UWNWf)은 흔한 리팩터링이다. 공통 코드 블
록을 캡슐화한 신규 함수/메소드의 호출로 기존 공통 코드 블록을 대체한다.

```go
func assertEqual(t *testing.T, expected Money, actual Money) {
    if expected != actual {
        t.Errorf("Expected %+v Got %+v", expected, actual)
    }
}
```

---

6 파이썬 표준(https://oreil.ly/mGhKJ)은 '바운드 함수 객체'로써 메소드를 정의한다. 즉 메소드는 항상 객체에 연관되며 함수는 그렇
   지 않다.

함수 내부 코드는 세 개의 어떤 기존 if 블록과도 같다. 이제 세 개의 테스트 각각에서 이 함수를 호출할 수 있다. TestDivision 함수는 아래와 같다.

```go
func TestDivision(t *testing.T) {
    originalMoney := Money{amount: 4002, currency: "KRW"}
    actualResult := originalMoney.Divide(4)
    expectedResult := Money{amount: 1000.5, currency: "KRW"}
    assertEqual(t, expectedResult, actualResult)
}
```

TestMultiplicationInEuros와 TestMultiplicationInDollars 테스트도 비슷하게 바꿀 수 있다.

자바스크립트

마지막 테스트에 사용된 deepStrictEqual를 사용한 어서션은 우아하다. 이는 두 객체(actual과 expected값)를 한 번에 비교한다. 두 개의 다른 테스트에도 이를 사용할 수 있다.

테스트를 하는 동안, 다음 두 줄의 코드에 있는 미묘한 사항을 해결해볼 수 있다.

```javascript
let tenner = fiver.times(2);
...
let twentyEuros = tenEuros.times(2);
```

테스트 관점에서, 약간 섣불리 5달러나 10유로에 2를 곱하면 10달러 또는 20유로가 될 것이라 가정한다. 실제로 이것이 바로 테스트의 골자다. times 메소드 호출을 인라인화 inlining해 변수 이름에 혼란을 줄일 수 있도록 테스트를 개선할 수 있다.

```javascript
let fiveDollars = new Money(5, "USD");
let tenDollars = new Money(10, "USD");
assert.deepStrictEqual(fiveDollars.times(2), tenDollars);
```

'인라인 변수'(https://oreil.ly/pGbUG)는 이름있는 변수를 직접 해석된(일반적으로 익명의) 변수로 대체하는 리팩터링이다.

유로를 곱하는 테스트도 비슷하게 리팩터링할 수 있다.

파이썬

두 개의 Money 객체를 조금씩 비교하려면 장황하고 꽤 지루하다. 테스트에
서 Money 객체의 amount와 currency 필드가 같은지 계속 검사한다. 한 줄의
코드로 두 개의 Money 객체를 비교할 수 있다면 멋지지 않을까?

파이썬에서 객체 동일성은 궁극적으로 __eq__ 메소드 호출에 의해 해결된다. 기본적으
로 이 메소드는 비교할 두 개의 객체의 레퍼런스가 같은 객체를 가리키면 true를 반환한
다. 이는 매우 엄격한 동일성에 대한 정의다. 이는 두 개의 객체가 같은 상태라 하더라도
한 객체가 다른 객체가 아닌 자신일 때만 같다는 의미다.

파이썬에서 __eq__ 메소드의 기본 구현은 두 개의 객체 레퍼런스가 같은 객체를 가리키
는 것에 한해 동일하다는 것을 의미한다. 즉 동일성은 값이 아닌 레퍼런스에 의해 정해진다
(https://oreil.ly/zLUCO).

필요한 경우에 __eq__ 메소드의 오버라이딩이 다행히 가능하며, 오히려 권장한다.[7] Money
클래스의 정의 내부에 명시적으로 __eq__메소드를 오버라이딩해보자.

```
class Money:
...
    def __eq__(self, other):
        return self.amount == other.amount and self.currency == other.currency
```

__eq__ 메소드를 정의한 후 한 줄로 Money 객체를 비교할 수 있다.

리팩터링을 진행하는 동안 테스트에 몇 가지 변수들의 이름이 지어진 방식에 암시된 미
묘한 사항을 살펴볼 수 있다.

---

7 메소드 오버라이딩(method overriding)은 객체지향 프로그래밍에서 부모 클래스에 의해 제공되는 메소드를 같은 메소드 시그니처로
   정의하고 동작을 구현하는 것을 말한다. – 옮긴이

```
tenner = fiver.times(2)
...
twentyEuros = tenEuros.times(2)
```

테스트 관점에서 5달러 또는 10유로에 2를 곱하면 10달러 또는 20유로가 될 것이라 볼 수는 없다. 사실 테스트가 바로 이런 항목을 검증하기 위해 있는 것이다. 인라인 변수 리팩터링으로 테스트를 개선할 수 있다. 덧붙여 한 줄의 어서션으로 이제 작성할 수 있다.

다음은 완전한 testMultiplicationInDollars다.

```
def testMultiplicationInDollars(self):
    fiveDollars = Money(5, "USD")
    tenDollars = Money(10, "USD")
    self.assertEqual(tenDollars, fiveDollars.times(2))
```

fiveDollars와 tenDollars를 명시적으로 초기화했다. 그리고 fiveDollars에 2를 곱해 생성된 객체가 tenDollars와 일치하는지 검증했다. 또한 한 줄로 수행해 코드 가독성과 단순성을 유지했다.

변경 사항 반영하기

몇 가지 테스트를 작성하고 테스트를 그린으로 만들기 위해 연관 코드를 작성했다. 로컬 깃 저장소에 변경 사항을 반영할 시간이다.

```
git add . ❶
git commit -m "feat: division and multiplication features done" ❷
```

❶ 변경 사항이 있는 모든 파일을 깃 인덱스에 추가한다.

❷ 깃 인덱스를 메시지와 함께 저장소에 반영한다.

이 시점에 깃 저장소는 두 개의 커밋을 가진다. git log 출력을 조사해 검증할 수 있다.

```
commit 1e43b6e6731407a810601d973c83b406249f4d59 (HEAD -> main) ❶
Author: Saleem Siddiqui ...
Date: Sun Mar 7 12:58:47 2021 -0600

    feat: division and multiplication features done ❷

commit bb31b94e90029ddeeee89f3ca0fe099ea7556603 ❸
Author: Saleem Siddiqui ...
Date: Sun Mar 7 12:26:06 2021 -0600

    feat: first green test
```

❶ 깃 저장소의 HEAD를 나타내는 두 번째 커밋의 새로운 SHA 해시다.

❷ 두 번째 커밋에 사용한 메시지다.

❸ 1장에서 반영한 이전 커밋의 SHA 해시다.

중간 점검

2장에서 두 번째 피처인 나눗셈을 개발했고 실수를 다룰 수 있는 설계로 변경했다. 달러와 유로(및 잠재적으로 다른 통화)에 숫자를 곱하는 방법을 통합할 수 있는 Money 엔티티를 도입했다. 몇 가지 테스트를 통과시켰다. 그 과정에서 코드도 정돈했다.

 특정 데이터 타입과 언어에 따라 부동소수점 연산은 오버플로/언더플로 문제를 야기할 수 있다. 필요하다면 RGR 사이클을 사용해서 테스트를 통해 문제를 드러내고 해결할 수 있다. 또한 테스트를 간결하고 생기 있게 코드를 리팩터링할 수 있다.

몇 가지 피처가 목록에서 지워졌고, 다른 통화로 금액을 더할 준비가 됐다. 3장에서 살펴본다.

다음은 피처 목록의 중간 상태다.

~~5 USD × 2 = 10 USD~~
~~10 EUR × 2 = 20 EUR~~
~~4002 KRW / 4 = 1000.5 KRW~~
5 USD + 10 EUR = 17 USD
1 USD + 1100 KRW = 2200 KRW
중복된 Money의 곱셈 테스트 제거

2장의 코드는 깃허브 저장소에 'chap02' 이름의 브랜치에 있다(https://github.com/saleem/tdd-book-code/tree/chap02).

Portfolio

소탐대실

– 사자성어

이제 어떤 통화로도 금액을 숫자로 곱하고 나눌 수 있다. 다중 통화로 금액을 더할 차례다.

~~5 USD x 2 = 10 USD~~
~~10 EUR x 2 = 20 EUR~~
~~4002 KRW / 4 = 1000.5 KRW~~
5 USD + 10 EUR = 17 USD
1 USD + 1100 KRW = 2200 KRW
중복된 **Money**의 곱셈 테스트 제거

3장에서는 통화를 혼합한 덧셈을 다룬다.

다음 테스트 설계하기

다음 피처인 5 USD + 10 EUR = 17 USD를 테스트하려면, 프로그램이 어떻게 전개될 것인지 먼저 밑그림을 그려 살펴보는 것이 좋다. 테스트 주도 개발은 퍼져 있는 미신에 반해 소프트웨어 설계와 잘 어울린다!

피처 목록에 서술하기로 5달러와 10유로의 합이 17달러라는 피처는 1유로가 1.2달러로 교환된다고 가정한다.

그런데 다음과 같은 것도 사실이다.

`1 EUR + 1 EUR = 2.4 USD`

또는 확실하게는 다음과 같다.

`1 EUR + 1 EUR = 2 EUR`

이제 알 것 같다! 두 개의(또는 더 많은) Money 엔티티들을 더한 결과는, 연관된 모든 통화 간 환율을 알 수만 있다면 어떤 통화로도 표현될 수 있다. (예를 들어 각 Money의 통화로부터 결과를 다른 통화로 나타내고 싶을 때) 이는 관련된 모든 통화가 같더라도 사실이며, 이는 많은 사례 중 특정한 하나의 사례일 뿐이다.

 테스트 주도 개발은 각 RGR 사이클 후에 잠깐 멈춰서 코드를 의도대로 설계할 수 있게 한다.

'달러와 달러를 더한 결과는 달러다'라는 말은 지나치게 단순하다. 서로 다른 통화로 Money 엔티티를 더한 결과를 어떤 통화로도 표현할 수 있는 Portfolio로 만드는 것이 일반적인 원칙이다(통화 간 전환에 필요한 환율이 주어진다).

방금 새로운 엔티티 Portfolio가 나왔다. 코드에 우리 도메인의 현실을 반드시 반영해야 한다. 보유 주식 컬렉션을, 정확한 용어로는 Portfolio[1]를 나타내는 코드를 작성한다.

두 개 또는 그 이상의 Money 엔티티들을 더하면 Portfolio를 획득해야 한다. 어떤 특정 currency로도 Portfolio를 평가할 수 있어야 한다는 말로 도메인 모델을 확장할 수 있다. 이런 명사와 동사는 코드에 새로운 추상화의 아이디어를 제공한다. 테스트를 통해 이를 따라갈 것이다.

---

1 'Money' 외 필요한 다른 엔티티가 있을까? 가능하다. 그러나 'Money' 추상화는 현재 요구를 만족한다. 때가 되면 11장에서 엔티티를 하나 더 추가할 것이다.

도메인 문제 분석은 새로운 엔티티, 관계, 함수, 메소드를 발견하는 효과적인 방법이다.

앞서 배운 내용을 바탕으로, 먼저 동일 통화로 두 개의 Money 엔티티를 더하는 간단한 경우를 추가해보자. 다중 통화의 경우는 나중으로 미룬다.

~~5 USD x 2 = 10 USD~~
~~10 EUR x 2 = 20 EUR~~
~~4002 KRW / 4 = 1000.5 KRW~~
5 USD + 10 USD = 15 USD
5 USD + 10 EUR = 17 USD
1 USD + 1100 KRW = 2200 KRW
중복된 Money의 곱셈 테스트 제거

Money 엔티티를 서로 더하는 피처를 만들어보자. 새로운 엔티티인 Portfolio를 사용해 같은 통화의 두 개의 Money 엔티티를 더하는 테스트로 시작할 것이다.

Go

다음 새로운 테스트인 TestAddition는 money_test.go의 기존 테스트들 뒤에 추가한다.

```go
func TestAddition(t *testing.T) {
    var portfolio Portfolio ❶
    var portfolioInDollars Money

    fiveDollars := Money{amount: 5, currency: "USD"}
    tenDollars := Money{amount: 10, currency: "USD"}
    fifteenDollars := Money{amount: 15, currency: "USD"}

    portfolio = portfolio.Add(fiveDollars) ❷
    portfolio = portfolio.Add(tenDollars) ❸
    portfolioInDollars = portfolio.Evaluate("USD") ❹

    assertEqual(t, fifteenDollars, portfolioInDollars) ❺
}
```

❶ 빈 Portfolio 구조체를 선언한다.

❷ Portfolio 구조체에 Money 구조체 하나를 추가한다.

❸ 두 번째 Money 구조체를 추가한다.

❹ Money 구조체를 획득하기 위한 Portfolio 구조체를 평가한다.

❺ 기대하는 Money 구조체와 평가의 결과를 비교한다.

타입을 강조하기 위해 평시적으로 portfolio와 portfolioInDollars 변수를 선언한 것에 주의하라. 작업이 진행될수록 장황한 사항들이 보다 명료해진다.

물론 지금처럼 간단한 경우, 통화는 항상 같아서 환율이 (아직) 문제되진 않는다. 뛰기 전에 일단 걷자!

undefined: Portfolio와 같은 오류에 익숙해졌으리라 생각한다. 속도를 내서 이런 오류를 해결하기 위해 가능한 기본적인 타입의 Portfolio를 구현해보자. money_test.go 마지막에 추가하면 다음과 같다.

```go
type Portfolio []Money

func (p Portfolio) Add(money Money) Portfolio {
    return p
}

func (p Portfolio) Evaluate(currency string) Money {
    return Money{amount: 15, currency: "USD"}
}
```

Money 구조체의 슬라이스를 별칭으로 한 새로운 타입 Portfolio를 선언했다. 다음으로 누락된 두 개의 메소드인 Add와 Evaluate를 정의한다. 이 메소드들의 시그니처는 작성한 실패 테스트에서 제안된다. 구현은 테스트가 통과하기 위해 가능한 최소의 코드이며, 미련하게 하드코딩된 Money와 Evaluate의 반환을 포함한다.

이전 레드-그린-리팩터 단계에서 테스트와 프로덕션 코드에서 미묘한 중복을 인지했고, 이를 이용해 '미련한' 구현을 보다 더 정확하게 바꿨다. 이때 중복은 어디 있을까? 답은 테스트와 프로덕션 코드 모두에 있는 '15'다.

Evaluate 메소드에 하드코딩된 15를 Money 구조체들의 amount를 합하는 코드로 바꿔야 한다.

```
func (p Portfolio) Evaluate(currency string) Money {
    total := 0.0
    for _, m := range p {
        total = total + m.amount
    }
    return Money{amount: total, currency: currency}
}
```

어서션 실패로 TestAddtion이 실패한다.

```
... Expected {amount:15 currency:USD} Got {amount:0 currency:USD}
```

빈 슬라이스를 순회했기 때문이다. Evaluate는 정확히 변경했지만 Add 메소드는 여전히 사소하게 (미련하게) 구현됐다. 마찬가지로 고쳐보자.

```
func (p Portfolio) Add(money Money) Portfolio {
    p = append(p, money)
    return p
}
```

이제 테스트가 그린이다.

Evaluate 메소드의 첫 번째 (유일한) 매개변수에 어떤 값이 전달되더라도 Evaluate가 반환하는 Money 구조체의 currency는 같은 값이다. 이는 명백히 틀린 구현이다. 테스트에서 같은 통화를 갖는 두 Money 구조체를 사용하고, 또한 같은 통화로 Evaluate를 호출하기 때문에 그저 동작할 뿐이다.

코드에서 이런 '미련한' 동작을 지우는 방법을 테스트해야 할까 아니면 '리팩터링'을 사용해서 해결해야 할까?

여기에 만능인 답은 없다. 테스트 주도 개발은 얼마나 빠르게 진행할지 스스로 정의할 수 있게 한다. 이때는, 현재 코드의 '미련한' 동작 수정을 나중으로 미뤄야 한다.

서로 다른 통화의 Money 구조체들로 구성된 Portfolio를 평가^{evaluate}하려면 환율을 사용해야 한다. 아직 환율의 개념은 정의하지 않았다. 또한 해야 할 목록 중 하나인 5 USD + 10 EUR = 17 USD은 이 혼합된 통화 피처를 테스트하게 만든다. 따라서 변경을 잠시 미룰 수 있다. '미련한' 구현은 살아남아서 또 보게 될 것이다. 아마 10분쯤 뒤에?

자바스크립트

다음은 두 개의 Money 객체를 더하는 새로운 테스트를 test_money.js 뒤에 추가한다.

```
let fifteenDollars = new Money(15, "USD");
let portfolio = new Portfolio(); ❶
portfolio.add(fiveDollars, tenDollars); ❷
assert.deepStrictEqual(portfolio.evaluate("USD"), fifteenDollars); ❸
```

❶ 빈 Portfolio 객체를 선언한다.

❷ 이 Portfolio 객체에 동일 통화의 여러 Money 객체를 추가한다.

❸ 같은 통화로 Portfolio를 평가하고 기대하는 Money 객체와 비교한다.

이 테스트의 경우, 전반에 걸쳐 통화가 같아 환율이 아직 문제되지 않는다.

익숙해진 'errors like ReferenceError: Portfolio is not defined' 오류가 난다. 속도를 내서 오류를 해결하기 위해 가능한 기본적인 클래스로 Portfolio를 구현하고 빠르게 테스트를 통과시키자.

```
class Portfolio {
    add(money) {
    }
```

```
    evaluate(currency) {
        return new Money(15, "USD");
    }
}
```

test_money.js에 기존에 있던 Money 클래스 아래에 새로운 Portfolio 클래스를 정의했다. 테스트에서 요구하는 add와 evaluate의 두 개의 메소드를 넣었다. 이 메소드들의 시그니처는 테스트에서도 명백하다. 항상 '15 USD'를 나타내는 Money 객체를 반환하게 해 테스트를 통과시키는 속사포 같은 솔루션을 evaluate에 구현했다.

이전 레드-그린-리팩터 단계에서 테스트와 프로덕션 코드에 미묘한 중복을 인지했고, 이를 이용해 자명한 (미련한) 구현을 보다 더 정확하게 바꿨다. 이때 중복은 테스트와 프로덕션 코드 모두에 있는 '15'에 있다.

테스트가 통과하는 지금, evaluate 메소드에 하드코딩된 15를 Money 객체들의 amount를 실제로 합하는 코드로 바꿔야 한다.

```
evaluate(currency) {
    let total = this.moneys.reduce( (sum, money) => {
        return sum + money.amount;
    }, 0);
    return new Money(total, currency);
}
```

배열에 reduce 함수(https://oreil.ly/sDyXq)를 사용했다. 익명 함수를 선언해 각 Money 객체의 amount를 합했고 this.moneys 배열을 단일 스칼라값으로 축약했다. total과 주어진 currency로 새로운 Money 객체를 생성해 반환했다.

 ES6 배열은 리스트와 유사한 객체(https://oreil.ly/L0BvQ)로 프로토타입은 map, reduce, filter 같은 메소드를 정의해 함수형 프로그래밍 스타일을 가능하게 한다.

---

evaluate 함수는 예상하듯이 오류를 발생시킨다.

```
        let total = this.moneys.reduce( (sum, money) => {
                          ^

TypeError: Cannot read properties of undefined (reading 'reduce')
```

Portfolio 클래스의 새로운 constructor에 누락된 this.moneys 배열을 정의해보자.

```
constructor() {
    this.moneys = [];
}
```

constructor를 추가한 후 흥미로운 어서션 오류가 발생한다.

```
AssertionError [ERR_ASSERTION]: Expected values to be strictly deep-equal:
+ actual - expected

  Money {
+     amount: 0,
-     amount: 15,
      currency: 'USD'
  }
```

비어 있는 배열을 순회했다. evaluate 메소드와 constructor는 올바른데 add 메소드가 미련하게도 비어 있다. 이 실수를 바로잡아보자. rest parameter syntax(https://oreil.ly/yo1hG)를 사용해 여러 Money를 동시에 추가할 것이다.

```
add(...moneys) {
    this.moneys = this.moneys.concat(moneys);
}
```

이제 테스트가 그린이다.

파이썬

다음은 TestMoney 클래스의 늘려가는 테스트 목록에 추가한 두 개의 Money 객체를 더하는 새로운 테스트다.

```
def testAddition(self):
    fiveDollars = Money(5, "USD")
    tenDollars = Money(10, "USD")
    fifteenDollars = Money(15, "USD")
    portfolio = Portfolio() ❶
    portfolio.add(fiveDollars, tenDollars) ❷
    self.assertEqual(fifteenDollars, portfolio.evaluate("USD")) ❸
```

❶ 빈 Portfolio 객체를 선언한다.

❷ 같은 통화의 여러 Money 개체들을 Portfolio 객체에 더한다.

❸ Portfolio를 같은 통화로 평가하고 기대하는 Money 객체와 결과를 비교한다.

이 테스트 케이스에서 통화는 항상 같아서 환율은 아직 문제되지 않는다.

'NameError: name 'Portfolio' is not defined.' 오류가 낯설지 않다. 속도를 내서 가능한 간단한 Portfolio 클래스를 구현해 오류를 해결하고 테스트가 통과시켜보자. test_money.py의 Money 클래스 정의 뒤에 새로운 클래스를 추가한다.

```
class Portfolio:
    def add(self, *moneys):
        pass
    def evaluate(self, currency):
        return Money(15, "USD")
```

Portfolio 클래스는 no-op add 메소드와[2] 항상 '15 USD' 가치의 Money 객체를 반환하는 '미련하게' 구현한 evaluate 메소드를 가진다. 단지 테스트가 통과되기엔 충분한 코드다.

이전 레드-그린-리팩터 단계에서 테스트와 프로덕션 코드에 미묘한 중복을 인지했고, 이를 이용해 자명한 ('미련한') 구현을 보다 더 정확하게 바꿨다. 중복은 테스트와 프로덕션 코드 모두에 있는 '15'에 있다.

evaluate 메소드에 하드코딩된 15를 Money 객체들의 amount를 실제로 합하는 코드로 바꿀 수 있다.

---

2 no-op(no operation) 메소드는 실행될 때 아무 일도 일어나지 않는 pass 문장으로 구성된다. – 옮긴이

```
import functools ❶
import operator ❷
...
class Portfolio:
...
    def evaluate(self, currency):
        total = functools.reduce(
            operator.add, map(lambda m: m.amount, self.moneys))
        return Money(total, currency)
```

❶ functools 패키지는 reduce 함수를 제공한다.

❷ operator 패키지는 add 함수를 제공한다.

이 코드는 파이썬의 함수형 프로그래밍 이디엄을 사용한다. total이 유도된 방법을 이해하는 최선의 방법은 안팎으로 표현식을 풀어보는 것이다.

1. 필요한 패키지들을 가져온다.

2. 람다 표현식을 사용해 self.moneys 배열을 각 Money 객체 amount로만 구성된 map으로 매핑한다.

3. reduce에서 operator.add 연산으로 map을 단일 스칼라값으로 축약한다.

4. 스칼라값을 total로 명명된 변수에 할당한다.

5. 마지막으로 total과 evaluate 메소드의 첫 번째 (유일한) 매개변수로 전달된 currency로 새로운 Money 객체를 생성한다.

휴! 위의 한 줄의 함수형 코드는 확실히 맵다.

파이썬은 functools 패키지의 map, reduce, filter와 사용자 정의 람다 함수를 포함해 함수형 프로그래밍을 풍부히 지원한다(https://oreil.ly/WS1Ul).

아직 끝난 게 아니다. 테스트를 실행하면 발생하는 다음 오류 메시지가 남아있다. error message AttributeError: 'Portfolio' object has no attribute 'moneys'. Portfolio에 누락된 속성^{attribute}을 초기화하는 __init__ 메소드를 추가해보자.

```
def __init__(self):
    self.moneys = []
```

다시 새로운 오류인 'TypeError: reduce() of empty sequence with no initial value.'가 발생한다. 다음 두 가지를 알 수 있다.

1. Portfolio의 add 메소드는 여전히 아무런 동작을 하지 않는다. (no-op) 바로 self.moneys가 빈 배열인 이유다.

2. 위 문제가 있긴 하지만, 코드는 빈 배열에도 동작해야 한다.

Portfolio에 다음 코드 변경으로 두 가지 문제를 고친다.

```
def add(self, *moneys):
    self.moneys.extend(moneys)

def evaluate(self, currency):
    total = functools.reduce(
        operator.add, map(lambda m: m.amount, self.moneys), 0) ❶
    return Money(total, currency)
```

❶ reduce의 마지막 매개변수는 (여기에선 0) 누적되는 결과의 초깃값이다.

add 메소드에 올바른 구현을 적용했다. 이는 self.moneys 배열에 주어진 모든 Money 객체들을 누적시킨다. 그리고 functools.reduce 호출 시 초깃값 0을 추가했다. 이는 코드가 빈 배열에도 잘 동작하도록 한다.

모든 테스트가 이제 그린이다.

변경 사항 반영하기

같은 통화의 Money 엔티티들을 더하는 피처를 구현했다. 다음 커밋에 적절한 메시지로 로컬 깃 저장소에 반영한다.

```
git add .
git commit -m "feat: addition feature for Moneys in the same currency done"
```

이제 깃 저장소에 세 개 커밋이 반영됐다.

중간 점검

3장에서 다른 통화의 Money를 더하는 문제를 짚었다. 새로운 피처는 Portfolio로 명명한 새로운 엔티티를 코드에 도입했다. Money 엔티티들을 더하기 위해 환율도 도입했다. 한 번에 모두 해결하기엔 양이 많기 때문에 분할 정복 전략을 사용해 먼저 두 개의 Money 엔티티들을 더하고 같은 통화의 모든 Portfolio의 값들을 평가했다. 이렇게 해 Portfolio와 Money 엔티티들을 더하는 개념을 부드럽게 소개했다.

이런 분할 정복 전략은 포트폴리오가 아직 완성되지 않았음을 의미한다. Money 엔티티의 통화가 서로 다르거나 평가된 통화가 다를 때 정확히 동작하도록 evaluate를 개선해가야 한다.

또한 테스트와 피처가 점차 강화됨에 따라 소스 코드가 늘어나고 있다는 사실도 알게 된다. 놀랄 일이 아니다! 하지만 한 파일에 모두 넣기엔 너무 길어지고 있다. 코드를 재구성할 필요가 있다. 프로덕션 코드에서 테스트 코드를 분리하는 것으로 시작하는 것이 좋을 것이다.

다음 항목을 고르기 전에, 깊게 숨을 들이쉬고 피처 목록에서 항목이 또 지워졌음을 축하하자.

~~5 USD x 2 = 10 USD~~
~~10 EUR x 2 = 20 EUR~~
~~4002 KRW / 4 = 1000.5 KRW~~

```
5 USD + 10 USD = 15 USD
5 USD + 10 EUR = 17 USD
1 USD + 1100 KRW = 2200 KRW
중복된 Money의 곱셈 테스트 제거
```

 3장의 코드는 깃허브 저장소에 'chap03' 이름의 브랜치에 있다.

2부

모듈화

4장

관심사의 분리

'관심의 분리'란 '어떤 측면에 주의를 집중하기'를 뜻한다. 다른 측면을 무시하는 것이 아니라 이 측면에서 볼 때 다른 측면은 연관이 없다는 사실을 정당화하는 것이다. 이는 한 트랙과 여러 트랙을 동시에 염두에 두는 것이다.

– 에츠허르 비버 데이크스트라[Edsger Wybe Dijkstra], 「On the role of scientific thought」
(https://oreil.ly/BS8Uv)

소스 코드가 늘어났다. 언어에 따라 한 소스 파일이 50라인에서 70라인이다. 이는 여러 모니터에 표시될 수 있는 크기 이상이며 이 책의 한 페이지를 넘는 분량이다.

다음 피처로 넘어가기 전, 코드 리팩터링에 시간을 할애하겠다. 바로 4장부터 7장까지 주제다.

테스트 코드와 프로덕션 코드

지금까지 두 종류의 코드를 작성했다.

1. 돈 문제를 해결하기 위한 코드다. Money와 Portfolio와 모든 관련 동작을 포함한다. 이를 프로덕션 코드라 한다.

2. 문제를 올바르게 해결했는지 검증하는 코드다. 모든 테스트 및 테스트 지원에 필요한 코드를 포함한다. 이를 테스트 코드라 한다.

두 종류의 코드 간에는 비슷한 점이 있다. 같은 언어로, 빠르게 작성했으며(레드-그린-리팩터 사이클을 통해) 코드 저장소에 모두 반영했다. 하지만 두 종류의 코드 사이에는 일부 중요한 차이점이 있다.

단방향 의존성

테스트하는 프로덕션 코드에 한해, 적어도 테스트 코드는 프로덕션 코드에 의존해야 한다. 그러나 반대 방향의 의존성은 없어야 한다.

현재 각 언어의 모든 코드는 그림 4-1과 같이 한 파일에 있다. 그래서 프로덕션 코드에서 테스트 코드로의 실수로 인한 의존성이 없다고 확신하기 어렵다. 테스트 코드에서 프로덕션 코드로의 암시적 의존성이 있으며, 이는 몇 가지를 함축한다.

1. 코드를 작성할 때 프로덕션 코드에서 어떤 테스트 코드라도 실수로 사용하지 않도록 주의 깊게 살펴야 한다.

2. 코드를 읽을 때, 사용 패턴을 인지하고 프로덕션 코드는 어떤 테스트 코드도 호출할 수 없도록 누락 패턴을 신경 써야 한다.

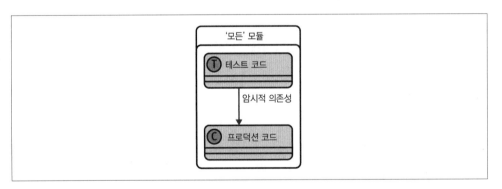

그림 4-1 테스트 코드와 프로덕션 코드가 같은 모듈에 있을 때 테스트 코드에서 프로덕션 코드로의 의존성은 암시적이다.

 테스트 코드는 프로덕션 코드에 의존한다. 하지만 반대 방향의 의존성은 없어야 한다.

프로덕션 코드가 테스트 코드에 의존할 때, 발생 가능한 안 좋은 결과는 무엇일까? 특히 안 좋은 경우에, 테스트된 코드 경로는 '아주 깨끗한 상태'인 반면, 테스트되지 않은 경로는 버그투성이에 빠질 수 있다. 그림 4-2는 자동차 엔진 제어 유닛의 의사코드의 일부다. 코드는 엔진이 배출가스 배출량 준수 여부를 테스트할 때 '실제 세계'에서 사용되는 경우와 다르게 동작한다.

```
1  if isEmissionsTest:
2      setEngineControlUnitParams(LOW_EMISSIONS_MODE)
3  else:
4      setEngineControlUnitParams(HIGH_PERFORMANCE_MODE)
```

그림 4-2 프로덕션 코드가 테스트 코드에 뜻하지 않게 종속되면 테스트되지 않은 방법으로 다르게 동작하는 프로덕션 코드 경로를 만들 수 있다. '테스트에 최선을 다하라'는 뻔한 얘기가 실제로도 일어날 수 있다는 데 회의적이라면, 그림 4-2에 보인 의사코드에서 보이듯이 폭스바겐 배기가스 배출량 스캔들을 살펴보기를 권한다.[1]

단방향 의존성을 갖는 것은 (프로덕션 코드가 어떤 방법으로도 테스트 코드에 의존하지 않아서 테스트 진행 중에 다르게 동작할 것이라 의심할 여지가 없는) 이런 성격의 결함이 (뜻하지 않았든 악의적이든) 생기지 않도록 하는 데 필수적이다.

의존성 주입

의존성 주입은 객체의 생성과 사용을 분리하는 사례다. 이는 코드의 응집력을 높이고 커플링을 줄인다.[2] 의존성 주입은 서로 다른 코드 유닛이 (클래스와 메소드) 서로 독립적이길 요구한다. 테스트 코드와 프로덕션 코드의 분리는 의존성 주입을 가능하게 하는 중요한 전제 조건이다.

11장에서 의존성 주입에 관해 많은 얘기를 하고 코드 설계를 개선하는 데 사용할 것이다.

---

1   폭스바겐의 '디젤게이트' 스캔들에 대해 펠릭스 돔케(Felix Domke)는 많은 일들을 끝마쳤고 백서의 공동 저자이기도 하다(https://oreil.ly/Rhsht). 그는 또한 카오스 컴퓨터 클럽 컨퍼런스에서 키노트를 발표했다(https://oreil.ly/DA7fd).

2   응집력과 커플링은 14장에서 보다 자세히 기술한다.

패키징 및 배포

배포를 위해 애플리케이션 코드를 패키징할 때 테스트 코드는 거의 항상 프로덕션 코드와 분리돼 패키징된다. 이는 프로덕션 코드와 테스트 코드가 독립적으로 배포되게 한다. 보통 프로덕션 환경과 같은 특정 '상위' 환경에 프로덕션 코드가 배포된다. 그림 4-3은 이를 보여준다.

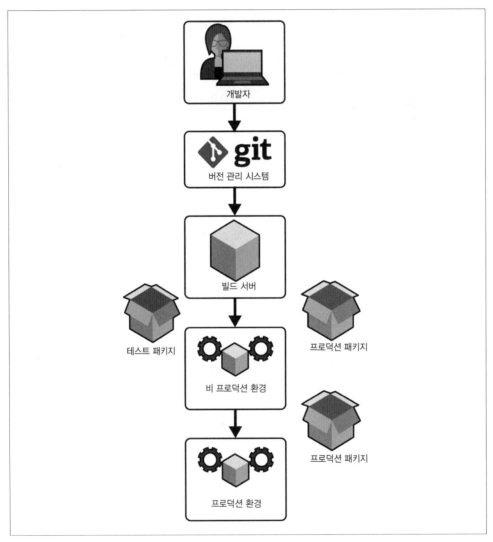

그림 4-3 테스트 코드는 프로덕션 코드와 별도로 패키징돼야 하며, 테스트 코드와 프로덕션 코드는 CI/CD 파이프라인을 통해 독립적으로 배포 가능하다.

13장에서 이 책에서 작성하는 코드에 지속적인 통합 파이프라인을 구축할 때, 배포를 보다 자세히 설명하겠다.

모듈화

첫 번째로 할 일은 프로덕션 코드에서 테스트 코드를 분리하는 것이다. 이는 테스트 코드에 프로덕션 코드를 including, importing, requiring하는 문제의 해결을 요구한다. 그림 4-4에 보이듯 항상 단방향 의존성이 돼야 한다.

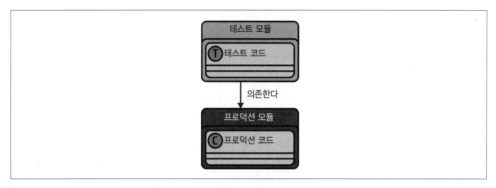

그림 4-4 테스트 코드만이 프로덕션 코드에 의존해야 하며 반대 방향은 없어야 한다.

실제로 코드는 다음을 따라 모듈화돼야 한다.

1. 테스트와 프로덕션 코드는 분리된 소스 파일에 위치해야 한다. 이는 테스트 코드와 프로덕션 코드를 독립적으로 읽기, 수정, 집중할 수 있게 한다.

2. 코드는 어떤 엔티티들이 같이 묶이는지 명백히 식별하기 위해 네임스페이스를 사용해야 한다.

3. 가능하다면 명시적인 코드 지시문이 (import, require 또는 언어에 따라 비슷한 지시문) 한 모듈이 다른 모듈에 의존하는 관계를 가리켜야 한다. 이는 그림 4-4와 같이 의존성을 명시적으로 기술할 수 있게 한다.

또한 코드가 자기 설명적$^{self-describing}$이 될 수 있는 방안을 강구한다. 여기에는 엔티티, 메소드 및 변수의 의도를 더 잘 반영하도록 이름을 변경하거나 순서를 재배치하는 것을 포함한다.

의존성 제거

두 번째로 할일은 테스트에서 의존성을 제거하는 것이다.

지금까지 두 개의 곱셈 테스트를 만들었다. 유로에 대한 하나와 달러에 대한 다른 하나로, 이 테스트들은 같은 기능을 검사한다. 반대로 나눗셈에서는 한 가지 테스트만 있다. 두 곱셈 테스트를 계속 유지해야 할까? 이 질문에 대해서 "네" 또는 "아니오"라고 쉽사리 이의를 제기할 수 없다.

두 테스트가 곱셈을 수행하는 코드에서 실수로 통화를 하드코딩하지 못하도록 방지한다고 주장할 수 있다. 그러나 그런 주장은 나눗셈에 대한 테스트에도 비슷하게 하드코딩된 통화 오류가 나타날 수 있다는 사실에 힘을 잃을 수 있다.

의사결정을 보다 객관적으로 만들기 위한 체크리스트는 다음과 같다.

1. 테스트를 지워도 코드 커버리지는 같은가? 라인 커버리지는 테스트가 수행될 때 실행된 코드 행의 수를 나타내는 척도다. 우리는 곱셈 테스트 중 하나를 지워도 커버리지 손실은 없다.

2. 테스트 중 하나가 중요한 특이 상황을 검증하는가? 가령 테스트 중 하나에서 매우 큰 수를 곱하고, 서로 다른 CPU 및 운영체제상에 오버플로/언더플로가 발생되지 않는 것이 테스트 목적이라면, 이 두 가지 테스트를 모두 유지하는 것을 주장할 수 있다. 하지만 우리의 두 곱셈 테스트는 그런 경우가 아니다.

3. 서로 다른 테스트가 살아있는 문서로써 고유한 가치를 제공하는가? 예를 들어 영문 및 숫자를 혼용한 문자 집합이 아닌 다른 기호를 ($, €, ₩) 통화 기호로 사용한다면, 이런 이질적인 기호를 표시하는 것이 문서로 부가적 가치가 있다고 말할 수 있다. 하지만 현재 통화에 26개의 영어 알파벳 (USD, EUR, KRW)에서 추출한 문자를 사용하고 있으므로 통화 간 차이는 최소한의 문서 가치를 제공한다.

라인(문장) 커버리지, 분기 커버리지, 반복문 커버리지는 주어진 코드 몸체가 얼마나 많이 테스트됐는지 측정하는 서로 다른 측정 기준이다.

중간 점검

4장에서 관심사의 분리와 중복 제거의 중요성을 검토했다. 이는 다음 세 장에서 주의 깊게 살펴야 하는 두 가지 목표다.

다음을 반영하도록 피처 목록을 갱신하자.

~~5 USD × 2 = 10 USD~~
~~10 EUR × 2 = 20 EUR~~
~~4002 KRW / 4 = 1000.5 KRW~~
~~5 USD + 10 USD = 15 USD~~
프로덕션 코드에서 테스트 코드 분리
중복 테스트 제거
5 USD + 10 EUR = 17 USD
1 USD + 1100 KRW = 2200 KRW

목표는 분명하다. 이런 목표를 달성하기 위한 단계는 (특히 관심사를 분리하는 첫 번째 목표) 언어마다 크게 다를 것이다. 그러므로 구현은 다음 세 장으로 나뉜다.

- 5장, Go의 패키지 및 모듈

- 6장, 자바스크립트의 모듈

- 7장, 파이썬의 모듈

가장 적합하다고 생각하는 순서대로 이 장들을 읽기를 권한다. 지침으로 '이 책을 읽는 방법'을 참조하라.

Go의 패키지 및 모듈

Go 프로그램은 패키지들을 한데 연결해 구성한다. Go 패키지는 결과적으로 하나 또는 이상의
소스 파일들로 구성된다.

– Go 프로그래밍 언어 명세(https://oreil.ly/YWhHE)

5장에서 Go 코드를 깔끔히 정리해본다. 0장에서 만든 Go 모듈을 살펴보고 코드 분리
하는 데 Go 모듈의 목적을 알아볼 것이다. 그리고 나서 패키지를 사용해 프로덕션 코
드에서 테스트 코드를 분리해본다. 코드에서 중복되는 부분을 없애 조밀하고 의미 있게
만들면서 정리한다.

코드를 패키지로 분리하기

프로덕션 코드에서 테스트 코드를 분리하는 것으로 시작해보자. 이는 다음 두 가지의
분리 작업을 수반한다.

1. 프로덕션 코드에서 테스트 코드 분리하기

2. 테스트 코드에서 프로덕션 코드로만 의존성 보장하기

money_test.go 파일의 테스트 코드 뒤에 `Money`와 `Portfolio`에 대한 프로덕션 코드가 있
다. money.go와 portfolio.go라는 이름의 새로운 두 파일을 먼저 만들어보자. 두 파일

을 $TDD_PROJECT_ROOT/go 폴더에 넣을 것이다. 다음으로 Money와 Portfolio 관련 클래스의 코드를 적절한 파일로 옮긴다. portfolio.go는 다음과 같다.

```
package main

type Portfolio []Money

func (p Portfolio) Add(money Money) Portfolio {
    p = append(p, money)
    return p
}

func (p Portfolio) Evaluate(currency string) Money {
    total := 0.0
    for _, m := range p {
        total = total + m.amount
    }
    return Money{amount: total, currency: currency}
}
```

본문에는 없지만 money.go 파일도 비슷하게 Money 구조체와 메소드를 포함한다.

이제 테스트를 수행해보면 모두 그린이다. main 패키지에 모든 항목이 있어서 테스트에서 Portfolio와 Money 코드에 접근하기 위해 특별히 할 일이 없다. 특히 testing 모듈을 가져와야 하는 것처럼 어떤 import 문장도 테스트 클래스에 추가하지 않았다.

소스 코드를 별도의 파일로 분리했지만 상위 레벨에서 코드의 구성은 어떤가? Portfolio와 Money를 같은 네임스페이스에 그룹지어 둘 다 '주식' 마켓에 관련되게 가리키고 싶다.

이를 분리하기 전에 Go에서 모듈과 패키지가 어떻게 동작하는지 살펴보자.

Go 모듈

Go 프로그램은 일반적으로 여러 개의 소스 파일로 구성된다. Go 소스 파일은 해당 파일이 속할 패키지를 선언한다. 이런 선언은 파일의 제일 첫 번째 행에 위치한다. 현재까지 작성된 세 개의 소스 파일은 main 패키지에 속한다.

대개 Go 코드 저장소는 정확히 하나의 모듈로 구성된다. 모듈은 다수의 패키지를 포함하며 결과적으로 각 패키지는 몇 개의 파일을 포함한다.

 모듈 지원은 빠르게 진화하는 기능으로 Go에서 큰 관심을 기울이는 주제다. 이 책은 Go v1.13부터 기본(선호되는) 스타일인 모듈 모드(https://oreil.ly/WyyaQ)를 사용한다. GOPATH를 사용하는 예전 스타일은 Go 모듈과 대체로 호환되지 않는다. GOPATH 스타일은 이 책에서 사용하지 않는다.

애플리케이션으로 실행돼야 하는 프로그램은(예: main 함수를 포함한 파일) 반드시 main 패키지에 위치해야 한다. main 패키지에는 또한 구조체, 함수, 타입 등을 포함하는 다른 파일이나, 다른 패키지가 있을 수 있다. 이런 일반적인 Go 프로그램 구조는 그림 5-1에 나타나 있다.

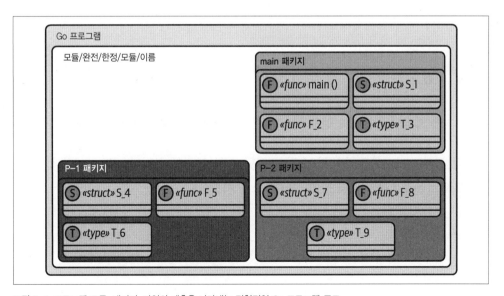

그림 5-1 프로그램 모듈, 패키지, 파일의 계층을 나타내는 전형적인 Go 프로그램 구조

go test . 명령어로 테스트를 실행한다. go run 명령어를 통해 실행할 필요가 없다(go run 명령어로 실행하는 경우 main 패키지에 하나의 main() 메소드가 존재해야 한다). 어디에도 main() 메소드가 없는 이유다.

현재까지 작성된 프로그램은 go 폴더에 다음 파일들로 구성된다.

```
go
├── go.mod
├── money.go
├── money_test.go
└── portfolio.go
```

0장에서 go mod init tdd 명령어를 실행해 go.mod 파일을 생성했다. 다음은 go.mod 파일의 내용이다.

```
module tdd

go 1.17
```

테스트를 수행할 때마다 모듈이 tdd로 명명됐음을 상기한다. 모든 성공적인 테스트 실행의 마지막 두 행은 사실상 같다.

```
PASS
ok tdd ... ❶
```

❶ 여기에 생략되긴 했으나 실제 테스트 실행에 대한 실행 시간 또한 나타난다.

마지막 행의 tdd는 새로 습득한 스킬에 대한 감사 표시가 아니다(그렇게 해석해도 좋지만). 그저 go.mod 파일의 첫 행에 선언된 모듈 이름이다.

tdd 모듈 내부에 모든 코드가 main 패키지에 있다. 모든 항목이 같은 패키지에 있기 때문에 테스트 코드에서 어떤 클래스라도 (Money 또는 Portfolio) 임포트할 필요가 없다. 테스트 코드는 같은 패키지에 있기 때문에 이런 클래스를 '볼' 수 있다. 필요한 import 문장은 testing 패키지에 대한 것뿐이며 이 패키지에 선언된 구조체 T에 접근할 수 있다.

그림 5-2는 코드의 현재 구조를 보여준다.

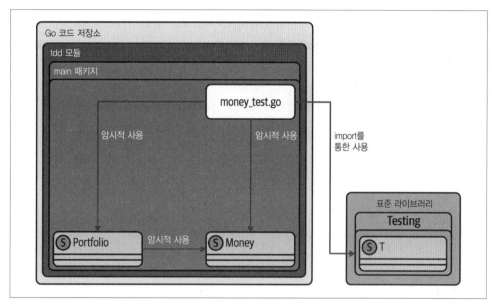

그림 5-2 테스트 코드와 프로덕션 코드는 main 패키지에 있다. 그러므로 서로간 의존성은 암시적이며 import문이 필요 없다.

패키지 생성하기

소스 파일을 분리했으나 모든 코드가 여전히 한 파일에 같은 패키지(main)에 있다. 이제 프로덕션 코드를 새로운 패키지로 분리해보자.

go 폴더 하위에 stocks으로 명명한 하위 폴더를 생성하고 money.go와 portfolio.go 파일을 그 안으로 이동한다. 폴더 구조는 다음과 같다.

```
go
├── go.mod
├── money_test.go
└── stocks
        ├── money.go
        └── portfolio.go
```

stocks 폴더는 모듈에서 하위 폴더이며 또한 패키지이기도 하다. 이는 해당 폴더의 파일들이 stocks이라는 이름의 패키지에 속하게 된다는 것을 말한다. go 폴더에서 테스트를 실행해보면 발생하는 'undefined: Money'와 'undefined: Portfolio errors.' 오류를 통해 증거를 볼 수 있다. 새로운 패키지 구조를 반영해 소스 파일을 변경해야 한다.

portfolio.go와 money.go에 가장 상단에 위치한 package main을 올바른 패키지 이름으로 바꾼다.

```
package stocks
```

money_test.go에 새로 생성한 패키지를 완전 한정 이름(tdd/stocks)을 사용해 import문을 추가한다. test_money의 import 구역은 이제 다음과 같다.

```
import (
  "testing"
  "tdd/stocks"
)
```

 패키지의 완전 한정 이름은 패키지를 포함하는 모듈 이름으로 시작한다.

바로 전에 봤던 오류들이 여전히 있으며, 추가로 imported and not used: "tdd/stocks" 오류가 발생한다. 사실 go test 도구는 한 움큼의 오류들을 출력한 후 마지막에 too many errors라고 공손히 알려주며 더 출력하기를 포기한 것 같다. 주식 시장에서 말하듯 상황이 올바른 방향으로 흘러가고 있지 않다!

힌트를 알게 됐다. 극 초반부터 임포트한 패키지인 testing은 T 구조체 참조 전에 패키지명을 앞에 붙이도록 했다. stocks 폴더의 구조체를 참조하기 위해 똑같이 해야 한다. tdd/stocks이 길고 꽤 불편한 이름이기에 우선 s라고 별칭을 지었다.

```
import (
  "testing"
  s "tdd/stocks" ❶
)
```

❶ tdd/stocks 패키지의 별칭으로 s를 사용한다.

test_money.go 내 Money와 Portfolio의 모든 참조를 s.Money와 s.Portfolio로 변경한다. 예를 들어 다음은 assertEqual 메소드의 시그니처다.

```
func assertEqual(t *testing.T, expected s.Money, actual s.Money) { ❶
...
}
```

❶ 모든 Money와 Portfolio에 접두사 s를 붙인다(패키지 이름 별칭).

모두 끝났는지 테스트를 수행하고 살펴보자.

이런! amount와 currency가 더 이상 접근 가능하지 않다고 반복되며 too many errors가 다시 발생했다.

```
... cannot refer to unexported field 'amount'
     in struct literal of type stocks.Money
... cannot refer to unexported field 'currency'
     in struct literal of type stocks.Money
...
... too many errors
```

Money 구조체를 별도의 패키지로 이동시킨 것이 참조 오류를 발생시킨 것처럼 보인다. Money의 필드가 더 이상 범위에 없기 때문이다. 어떻게 해야 할까?

캡슐화

캡슐화encapsulation가 바로 우리가 원하던 바다! 이전에는 모든 코드가 같은 (main) 패키지에 있었고 모두가 다른 모두에게 자유로이 접근 가능했기 때문이다. Money와 Portfolio를 stocks 패키지로 묶음으로써 캡슐화를 생각하게 됐다.

구조체를 만들 때 Money 구조체의 amount와 currency 필드를 한 번만 지정하고 이후로는 변경되지 않게 하려 한다. 소프트웨어 어법으로 Money 구조체를 불변immutable로 만들려 한다. 이렇게 하는 방법으로 Money에 일부 부가적인 행동을 제공한다.

~~amount와 currency는 Money 구조체 안에서만 접근 가능하고 외부에서는 접근되지 않도록 만들기~~
Money 구조체를 초기화하는 새로운 퍼블릭 함수 생성하기

이 목록의 첫 번째 항목을 이미(어느 정도 무심코) 달성했다. 다른 하나를 해보자.

 '불변성(Immutability)'은 (엔티티를 생성할 때) 정확히 한 번만 정의되고 이후로는 바뀌지 않는 엔티티 상태를 요구하는 설계 격언이다. 함수형 프로그래밍의 초석이며 프로그래밍 언어를 아우르는 유용한 이디엄이다.

---

money.go에 NewMoney라는 이름의 함수를 추가해보자. 이 함수는 amount와 currency의 두 값을 받아 Money 구조체를 생성하고 이를 반환한다.

```
func NewMoney(amount float64, currency string) Money {
    return Money{amount, currency}
}
```

NewMoney에서 Money 구조체의 필드에 접근할 수 있음을 주목하라. 왜냐하면 이 함수는 Money와 같은 패키지에 위치하기 때문이다.

money_test.go에 Money를 생성하는 모든 곳에 대신 NewMoney를 호출하도록 변경해보자.

```
fiveDollars := s.NewMoney(5, "USD")
```

같은 매개변수값들이 NewMoney 호출에 유지되도록 각별히 신경 써서 모두 바꿨다.

모든 부분을 올바로 변경한 후 다시 테스트가 모두 그린으로 돌아왔다. 매우 좋다!

모두 괜찮은데 좀 궁금한 동작이 있다. stocks 패키지 외부에서는 Money 구조체의 필드에 접근할 수 없는데 assertEqual 메소드에서 서로 다른 Money 구조체를 어떻게 성공적으로 비교할 수 있었을까?

정답은 Go가 == 와 != 연산자로 두 개의 서로 다른 구조체를 비교하는 방법에 있다. 두 구조체는 모든 필드가 같다면 동일하다.[1] 따라서 구조체가 정의된 패키지 외부에서 해당 필드에 대해 직접적인 접근 없이 Money 구조체를 비교할 수 있다.

---

 slices, maps, 함수와 같은 일부 Go 타입은 본질적으로 비교가 가능하지 않으며 이런 타입을 필드로 포함하는 Go 구조체를 비교하는 경우에는 컴파일 오류가 발생한다.

테스트에서 중복 제거하기

곱셈에 대한 두 가지 테스트와 나눗셈 및 덧셈 각각에 하나씩 테스트를 만들었다.

4장에서 주어진 기준으로 TestMultiplicationInDollars를 지워보자. 이런 방법으로 서로 다른 통화에 대해 각 하나씩, 세 개의 테스트가 남는다. 남은 곱셈 테스트를 TestMultiplication으로 이름을 변경한다.

변경 사항 반영하기

코드를 추가하고 파일을 이동시켰다. 깃 저장소에 변경 사항을 반영하는 것은 특히 중요하다.

---

1 필드의 타입, 값뿐만 아니라 순서도 같아야 한다. – 옮긴이

```
git add .
git commit -m "refactor: moved Money and Portfolio to stocks Go package"
```

출력문에 세 개의 파일이 변경됐음이 확인돼야 한다.

```
[main b67ab66] refactor: moved Money and Portfolio to stocks Go package
3 files changed, 75 insertions(+), 71 deletions(-)
rewrite go/money_test.go (69%) ❶
create mode 100644 go/stocks/money.go
create mode 100644 go/stocks/portfolio.go
```

❶ 69%는 유사도 인덱스다. 파일의 변경되지 않은 비율이다.

중간 점검

0장에서 생성한 tdd 모듈을 다시 살펴봤다. stocks라는 이름의 새로운 패키지를 생성하고 모든 프로덕션 코드를 이 패키지로 이동시켰다. 코드를 나누는 이 방법은 테스트 코드에서 프로덕션 코드로의 의존성을 명시적으로 가리키게 하고 반대 방향의 의존성이 없게 만든다. 또한 많은 특별한 가치가 없는 테스트 하나를 삭제했다.

그림 5-3은 코드의 결과 구조를 보여준다.

5장의 코드는 깃허브 저장소에 'chap05'라는 이름의 브랜치에 있다(https://github.com/saleem/tdd-book-code/tree/chap05).

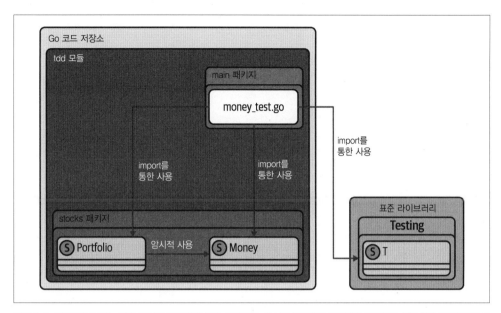

그림 5-3 프로덕션 코드는 이제 자신의 패키지에 있다. 그러므로 테스트 코드에서 프로덕션 코드로의 의존성이 명시적으로 선언됐다.

자바스크립트의 모듈

모듈은 인터페이스를 나타내는 함수 또는 객체며 그 상태와 구현을 숨긴다.

— 더글라스 크락포드^{Douglas Crockford}, 『더글라스 크락포드의 자바스크립트 핵심 가이드』(한빛미디어, 2008)

6장에서 자바스크립트 코드를 깨끗이 정돈하고 개선해본다. 자바스크립트 모듈로 프로덕션 코드에서 테스트 코드를 분리할 것이다. 자바스크립트에서 모듈을 작성하는 몇 가지 방법이 있으며 네 가지 다른 스타일과 코드에 적용 가능한지 살펴본다. 테스트 코드가 어떻게 구성됐는지에 주의를 돌려 테스트 코드가 어떻게 실행돼 출력을 만들어내는지 개선하는 작업을 해본다. 끝으로 테스트에서 일부 중복을 제거한다. 할 일이 많으니어서 시작해보자.

코드를 모듈로 나누기

테스트 코드에서 Money와 Portfolio 클래스를 분리해보자. test_money.js와 같은 폴더에 money.js와 portfolio.js라는 이름의 새로운 두 개의 파일을 만들고 관련 코드를 이동해보자. 다음은 새로운 폴더 구조다.

```
js
├── money.js
├── portfolio.js
└── test_money.js
```

다음은 portfolio.js 내용이다.

```
class Portfolio {
    constructor() {
        this.moneys = [];
    }
  add(...moneys) {
    this.moneys = this.moneys.concat(moneys);
  }

  evaluate(currency) {
    let total = this.moneys.reduce((sum, money) => {
        return sum + money.amount;
      }, 0);
      return new Money(total, currency);
  }
}
```

money.js는 여기 나타나 있지 않지만 비슷하게 Money 클래스와 메소드를 포함한다.

TDD_PROJECT_ROOT 폴더에서 node js/test_money.js를 실행해 테스트를 실행하면 오랜 친구인 ReferenceError가 발생한다.

```
ReferenceError: Money is not defined
```

지금은 Money 클래스와 Portfolio 클래스가 각자의 파일로 옮겨져 테스트 코드에서 더 이상 접근 가능하지 않다. 뭘 해야 할까?

테스트 코드에서 힌트를 얻는다. assert 라이브러리에 접근하려고 require문을 사용했다. Money와 Portfolio 모두 require로 해결할 수 있을까?

그렇다, 할 수 있다! 그러나 그렇게 하기 전에 먼저 각 파일에서 클래스들을 내보내기해야 한다.

money.js의 맨 마지막에 Money 클래스를 내보내기하는 행을 추가해보자.

```
module.exports = Money;
```

비슷하게 portfolio.js 파일의 마지막에 module.export문을 추가한다.

```
module.exports = Portfolio;
```

test_money 상단에 다음 두 require문을 추가해보자.

```
const Money = require('./money');
const Portfolio = require('./portfolio');
```

테스트를 실행하면 무슨 일이 벌어질까? 또 ReferenceError 오류가 발생한다.

```
.../portfolio.js:14
        return new Money(total, currency);
        ^

ReferenceError: Money is not defined
```

잠깐! 오류는 portfolio.js 파일에서 보고되고 있다. 당연하다! Portfolio는 Money에 의존하기 때문에 portfolio.js 파일 상단에 마찬가지로 이런 의존성을 기술해야 한다.

```
const Money = require('./money');
```

모두 변경한 후 테스트는 다시 통과된다.

모듈로 코드를 분리하는 것은 코드의 의존성 트리를 보다 분명하게 한다. 그림 6-1은 그러한 의존성을 보여준다.

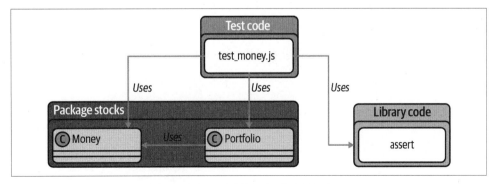

그림 6-1 자바스크립트 코드를 세 개의 소스 파일로 분리한 후의 의존성 다이어그램

자바스크립트 모듈로 넘어가기

재사용을 촉진하는 단위로 패키징된 코드의 구성 요소인 모듈은 프로그래밍 언어에서 잘 알려진 개념이다. 자바스크립트도 다르지 않다. 아마도 여러 방법으로 모듈을 기술하고 (재)사용할 수 있다는 점을 제외한다면 자바스크립트도 거의 같다고 보면 된다.

ES5와 ECMAScript의 이전 버전은 모듈을 정의하지 않았다. 하지만 코드를 모듈화해야 하는 필요성은 매우 시급했고 현실적이었다. 따라서 시간이 지나면서 서로 다른 종류의 모듈이 등장했다.

CommonJS

CommonJS(https://oreil.ly/XxydR)는 Node.js에서 선호하는 스타일이다. 또한 6장에서 보이는 자바스크립트 코드에 사용되는 스타일이기도 하다.

CommonJS는 다른 모듈이 필요로 하는 객체를 (클래스, 함수 또는 상수가 될 수 있음) 포함하는 각 소스 파일(예: 모듈)에 `module.exports`문을 사용한다. 그후 다른 모듈들은 의존하는 객체를 사용하기 전에 `require`문을 사용한다. `require`문을 첫 번째 의존성 사용 전 어디에도 넣을 수 있지만 파일의 상단에 그룹지어 모든 `require`문들을 넣는 것이 관례다.

비동기 모듈 정의

비동기 모듈 정의^{AMD, Asynchronous Module Definition} 명세(https://oreil.ly/wvpS9)는 이름에서 암시하듯이 다수의 모듈을 비동기적으로 로딩할 수 있게 한다. 즉 모듈들을 순서대로 (차례대로) 로딩하는 대신 따로따로 (가능한 많이 한 번에) 로딩할 수 있다. 비동기 로딩은 자바스크립트 코드가 웹 브라우저에서 실행될 때 웹 페이지와 웹 사이트의 반응을 현저히 개선할 수 있어 매우 바람직하다. 그림 6-2에 이를 나타냈다.

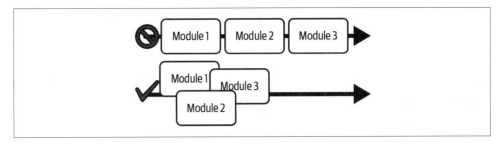

그림 6-2 비동기 모듈 정의를 통해 모듈들을 따로 그리고 동시에 로딩할 수 있다(출처: 위키피디어).

AMD는 Node.js에서 바로 지원되지 않는다. AMD의 인기있는 구현으로 RequireJS (https://requirejs.org)와 Dojo Toolkit(https://oreil.ly/t0kYT)이 있다. RequireJS는 Node.js에서 사용 가능한 반면 Dojo Toolkit은 Bower(https://bower.io)를 통해 설치할 수 있다. Bower는 Node.js와 비슷한 다른 패키지 관리 시스템이다.

앞 단락을 보면, Node.js 앱 위에 AMD를 접목하는 것은 상당한 작업이라 보일 수 있다. 이는 Node.js와 AMD 설계자들이 각각 스타일에 취한 몇 가지 근본적인 결정 때문이다.

- 서버-사이드 모듈 관리(정확함에 최적화): Node.js는 런타임이 웹 브라우저[1]의 테두리 밖에서 서버-사이드 앱들을 만들기 위해 설계됐으며 모듈 의존성을 정의하는 CommonJS 스타일을 매우 선호한다. CommonJS는 모듈의 결정론적 로딩을 보장하며 이는 모듈이 다른 모듈에서 로딩될 때까지 기다릴 수 있음을 의미한다. Node.js의 CommonJS 구현은 심지어 순환^{cyclical} 의존성을 (보통은 나쁜 선택) 예측해 해결할 수 있도록 보장하는 방식으로 가장 잘 설명된다. 이런 대기 시간은 서버에서 걱정이 적은데 애플리케이션 성능을 개선할 다른 메커니즘들이 있기 때문이다(예: 상태 없는 수평적 스케일링).

- 클라이언트-사이트 모듈 관리(속도에 최적화): 브라우저에서 사용하도록 최적화된 AMD는 비동기 로딩이라는 아이디어를 (바로 이름에 있다!) 기반으로 제작됐다. 가능한 빠르게 모듈을 로딩하는 것이 웹 브라우저에서 실행되는 자바스크립트 코드

---

1 Node.js의 "Hello World" 예제는 백엔드 앱에 대한 기본 설정을 저버리는 HTTP 서버다(https://oreil.ly/fddE8).

에는 필수적이다. 느린 로딩에 따른 어떤 지연도 사람인 사용자에게는 지극히 괴롭기 때문이다.

자바스크립트를 서버상에서 실행하는 것과 웹 브라우저에서 실행하는 것의 요구가 뚜렷하게 대조되기 때문에 두 개의 모듈 정의 스타일(CommonJS와 AMD)은 서로 다른 방식으로 최적화됐다.

유니버설 모듈 정의

유니버설 모듈 정의^{UMD, Universal Module Definition}는 디자인 패턴으로 공식적인 사양은 아니다. 법이 아닌(아일랜드에서는 도로의 왼쪽으로 운전한다 같은), 사회적 관습(오른손으로 악수하기 같은)이라 생각하자. UMD 패턴은 즉시 호출되는 함수 표현식^{IIFE, Immediately Invoked Function Expression}과 모듈을 생성하는 익명 함수의 두 부분으로 구성된다. 서로 다른 라이브러리를(AMD나 CommonJS) 고려해 그에 맞춰 내보내는 형태가 UMD의 강력한 구현 모델이다. 이런 폴백^{fallback} 기능이 있는 AMD를 구현하면 보통 더 많은 코드를 생산한다. 다음의 코드 조각은 UMD를 사용해 Money 클래스를 내보내고 가져오는 방법을 보여준다.[2]

```
// -----------------------------------
// money.js (entire file)
// -----------------------------------
(function (root, factory) {
    if (typeof define === "function" && define.amd) {
        define("Money", [], factory);
    } else {
        root.Money = factory();
    }
}(this, function () {
    class Money {
        constructor(amount, currency) {
            this.amount = amount
            this.currency = currency
        }
        times(multiplier) {
```

---

2   UMD 패턴은 이 코드 샘플(https://oreil.ly/ZQfRI)에서 영감을 받았다.

```
            return new Money(this.amount * multiplier, this.currency)
        }
        divide(divisor) {
            return new Money(this.amount / divisor, this.currency)
        }
    };

    return Money;
}));

// -----------------------------------
// test_money.js (사용 예)
// -----------------------------------
const m = require('./money');
let fiveDollars = new m.Money(5, "USD")
```

UMD 패턴은 비교적 장황해서 책에서는 사용하지 않는다.

ESModules

이름에서 암시하듯이 ESModules(https://oreil.ly/qNbsc)는 ECMAScript에 의해 표준으로 승격됐다. 일부 차이를 제외하고 구문론적으로 CommonJS과 유사하다. export 키워드로 모듈의 클래스, 변수, 함수 등을 내보낼 때 사용한다. require 대신 import 문장으로 의존 모듈을 가져오거나 필요한 다른 모듈을 사용한다.

Node.js는 일부 버전에서 ESModules를 지원했다. 이 책에서 참조하는 버전 v14와 v16은 완벽히 ESModules를 지원한다. 기본인 CommonJS 대신 ESModules를 사용하려면 다음 단계를 수행해야 한다.

1. .js 대신 .mjs로 끝나도록 소스 파일명을 바꾸거나 소스 폴더에 { "type" : "module" }를 포함하는 package.json 파일을 추가한다.

2. export class Money와 같은 지시문을 사용해 모듈을 선언하고 내보낸다.

3. import {Money} from './money.mjs;'와 같은 지시문을 사용해 모듈을 가져온다.

다음 코드 조각은 ESModules 사용법을 보여준다. .mjs로 끝나도록 파일 이름을 바꿨다.
package.json 파일을 만들지 않으므로 보다 더 간단하다.

```
// -----------------------------------
// portfolio.mjs (entire file)
// -----------------------------------
import {Money} from './money.mjs';

export class Portfolio {
    constructor() {
        this.moneys = [];
    }
    add() {
        this.moneys = this.moneys.concat(Array.prototype.slice.call(arguments));
    }
    evaluate(currency) {
        let total = this.moneys.reduce( (sum, money) => {
            return sum + money.amount;
        }, 0);
        return new Money(total, currency);
    }
}

// -----------------------------------
// test_money.mjs (사용 예)
// -----------------------------------
import * as assert from 'assert';
import {Money} from './money.mjs';
import {Portfolio} from './portfolio.mjs';

let fifteenDollars = new Money(15, "USD");
let portfolio = new Portfolio();
portfolio.add(fiveDollars, tenDollars);
assert.deepStrictEqual(portfolio.evaluate("USD"), fifteenDollars);
```

테스트 개선하기

현재까지 작성한 테스트를 괴롭히는 분명한 문제는 느슨하고 거의 우발적으로 작성된 구조를 갖고 있는 데서 비롯된다. 테스트 함수에 체계성도 없는 데다 각 테스트에 사용되는 데이터는 캡슐화되지 않았다. 자바스크립트 파일 하나에 대략 스무 줄 문장이 있고 그중에 메소드 네 개는 assert 메소드를 호출한다. 그게 전부다.

또한 곱셈에 두 개의 테스트, 나눗셈과 덧셈에 각 하나씩 테스트가 있다는 점도 문제다. 곱셈에 대한 두 개의 테스트는 통화가 다르긴 하지만 같은 피처를 테스트한다.

자바스크립트에는 테스트 라이브러리와 프레임워크가 있다. 부록 B에 일부를 소개한다. 0장에서 언급했듯이 이런 모든 것은 피하고 Node 내부의 assert 패키지를 사용하기로 정했다. 라이브러리나 프레임워크에 강제되는 구조 없이, 어떻게 코드에 구조를 추가해 모듈화할 수 있을까?

특히 표 6-1에 나열된 항목을 요구한다.

표 6-1 테스트 개선 목록

항목	설명
1	두 개의 곱셈 테스트 중 하나를 삭제
2	각 테스트의 의도를 반영하는 이름의 테스트 메소드로 구성되는 클래스로 테스트를 조직화
3	앞으로 작성할 테스트를 포함해 모든 테스트 메소드가 자동으로 실행
4	테스트가 성공적으로 실행되면 간결한 출력을 생성(테스트가 실패했을 때 얻는 장황한 메시지는 유지한 채)
5	먼저 실행되는 테스트가 AssertionError으로 실패하더라도 뒤따른 모든 테스트를 실행

시간을 들여 테스트 코드를 다음과 같이 개선해보자. 한술 더 떠서 앞서 말한 목표를 달성하기 위해 테스트 주도 개발을 사용한다(테스트 주도 개발에 관한 책을 거의 절반 읽었으니 놀랄 일도 아니다!).

테스트에서 중복 제거하기

Portfolio 테스트에 필요한 fiveDollars와 tenDollars 이름의 변수는 삭제하지 않도록 주의하며 달러로 곱셈하는 메소드를 검사하는[assert] 코드를 먼저 지워본다. 이제 빈 줄로 구분된 세 개의 테스트가 남았다.

```
const assert = require('assert');
const Money = require('./money');
const Portfolio = require('./portfolio');

let tenEuros = new Money(10, "EUR");
let twentyEuros = new Money(20, "EUR");
assert.deepStrictEqual(tenEuros.times(2), twentyEuros);

let originalMoney = new Money(4002, "KRW");
let actualMoneyAfterDivision = originalMoney.divide(4);
let expectedMoneyAfterDivision = new Money(1000.5, "KRW");
assert.deepStrictEqual(actualMoneyAfterDivision, expectedMoneyAfterDivision);

let fiveDollars = new Money(5, "USD");
let tenDollars = new Money(10, "USD");
let fifteenDollars = new Money(15, "USD");
let portfolio = new Portfolio();
portfolio.add(fiveDollars, tenDollars);
assert.deepStrictEqual(portfolio.evaluate("USD"), fifteenDollars);
```

구조화해보기에 적절한 시점이다.

테스트 클래스 및 테스트 메소드 추가하기

테스트 주도 개발 원칙을 사용해 테스트 코드를 어떻게 변경해야 할까?

한 가지 방법이 있다. 지금 당장은 테스트가 그린이다. 테스트를 자주 실행하는 한 테스트 주도 개발을 사용해 프로덕션 코드나 테스트 코드를 리팩터할 수 있다. 테스트의 현재 동작에서 어떤 출력도 없다면 다음 시나리오 중 하나를 가리킨다.

- 모든 테스트가 성공적으로 수행됐다.

또는

- 하나 이상의 깨진 테스트가 실행되지 않았다.

바로 표 6-1의 세 번째 항목이 중요한 이유다.

아무런 출력이 없는 침묵을 보고 테스트가 성공했다고 할 수 없기에 표 6-2와 같이 상황에 맞는 테스트 주도 개발 전략을 채택한다.

표 6-2 테스트 동작 개선을 위한 수정된 RGR 전략

단계	설명	RGR 단계
1	어떤 변경도 하기 전에 먼저 테스트를 실행하고 모든 테스트가 통과됨을 검증하라.	그린
2	모든 변경을 최소로 유지하며 테스트를 개선하라. 실패가 발생되는지 확인하며 테스트를 다시 실행하라.	리팩터
3	실패가 없으면 assert문을 수정해 한 번에 하나씩 테스트를 의도적으로 깨뜨린다. 세 번째로 테스트를 실행해 출력에 기내 오류 메시지가 있음을 확인한다.	레드
4	깨진 테스트가 출력을 만들어내는 데 만족했다면, 의도적으로 만든 오류를 되돌린다. 이는 모든 테스트가 다시 동과했음을 보장한다. RGR 사이클을 재개할 준비가 됐다.	그린

세 단계의 RGR이 여전히 같은 순서로 일어나는 데 주목하라. 유일한 차이점은, 테스트가 통과할 때 현재 아무런 출력이 없기 때문에, 진행시키기 위해 레드 단계로 테스트를 의도적으로 깨뜨릴 것이라는 점이다.

테스트를 의도적으로 깨뜨리는 세 번째 단계가 이상해보일 수 있다. 소프트웨어 엔지니어링 기법에서 데이크스트라도 지적한, 테스트의 목적을 기억해야 한다(https://oreil.ly/PsRDt).

테스팅은 버그의 부재가 아닌 실재를 보여준다.

임시적으로 프로덕션 코드를 바꿔 의도적으로 단위 테스트를 깨뜨리는 기법도 좋은 방법이다. 테스트가 테스트 스위트의 일부로 확실히 수행되며 실제로 프로덕션 코드의 특정 라인(들)을 실행하는 것을 보증한다. 코드를 되돌려 테스트를 그린으로 만드는 것을 기억해두자.

표 6-2에 나열된 단계를 표 6-1의 모든 나머지 항목을 달성할 때까지 반복할 것이다.

test_money.js에 `MoneyTest`라는 클래스를 추가해보자. 또한 세 개의 코드 블록을 각각 `testMultiplication`, `testDivision`, `testAddtion`라는 이름의 세 가지 메소드에 옮겨보자. 다음은 새롭게 만든 클래스의 모습이다.

```
const assert = require('assert');
const Money = require('./money');
const Portfolio = require('./portfolio');

class MoneyTest {
    testMultiplication() {
        let tenEuros = new Money(10, "EUR");
        let twentyEuros = new Money(20, "EUR");
        assert.deepStrictEqual(tenEuros.times(2), twentyEuros);
    }
    testDivision() {
        let originalMoney = new Money(4002, "KRW")
        let expectedMoneyAfterDivision = new Money(1000.5, "KRW")
        assert.deepStrictEqual(originalMoney.divide(4), expectedMoneyAfterDivision)
    }
    testAddition() {
        let fiveDollars = new Money(5, "USD");
        let tenDollars = new Money(10, "USD");
        let fifteenDollars = new Money(15, "USD");
        let portfolio = new Portfolio();
        portfolio.add(fiveDollars, tenDollars);
        assert.deepStrictEqual(portfolio.evaluate("USD"), fifteenDollars);
    }
}
```

앞의 코드는 아무런 출력 없이 실행돼 대체 실행되고 있는지 모르겠다. 표 6-2
에 기술한 수정된 RGR 사이클을 따라 의도적으로 어서션 중 하나를 깨뜨려보자.
testMultiplication에서 2를 2000으로 바꾼다.

```
assert.deepStrictEqual(tenEuros.times(2000), twentyEuros);
```

여전히 아무런 출력이 없다. 이는 어떤 테스트도 실행하지 않았음을 입증한다.
MoneyTest 클래스에 runAllTests() 메소드를 추가하고 클래스 밖에서 호출해보자.

```
class MoneyTest {
    testMultiplication() {
...
    }
```

```
    testDivision() {
...
    }
    testAddition() {
...
    }

    runAllTests() {
       this.testMultiplication();
       this.testDivision();
       this.testAddition();
    }
}

new MoneyTest().runAllTests();
```

이제 의도적으로 깨뜨린 테스트에서 예상된 오류가 발생했다.

```
AssertionError [ERR_ASSERTION]: Expected values to be strictly deep-equal:
+ actual - expected

  Money {
+   amount: 20000,
-   amount: 20,
    currency: 'EUR'
  }
```

의도적으로 깨뜨린 테스트를 올바르게 다시 돌려보자.

클래스를 실행해보면 테스트가 실행된다. 표 6-1의 두 번째 항목을 완수했다.

자동으로 테스트를 찾고 실행하기

자동으로 모든 테스트를 찾고 실행할 수 있는 메커니즘을 만들려 한다. 메커니즘은 다음 두 부분으로 나눌 수 있다.

1. MoneyTest 클래스의 모든 테스트 메소드의 이름을 찾기(네이밍 규칙을 생각해보면 test로 시작하는 메소드)

2. 찾은 메소드들을 하나씩 실행하기

먼저 두 번째 항목을 다뤄보자. 한 배열에 모든 테스트 메소드 이름이 있으면 표준 라이브러리의 Reflect 객체로 테스트 메소드들을 실행할 수 있다.

 ES6의 Reflect 객체(https://oreil.ly/qrYw7)는 리플렉션 기능(https://oreil.ly/wM6P3)을 제공한다. 이를 통해 코드 자체를 검사, 실행 및 수정할 수 있는 코드를 작성할 수 있다.

간단하게 string 배열을 반환하는 새로운 메소드를 MoneyTest에 추가해보자. 이 배열의 각 원소는 테스트 메소드 이름이다.

```
getAllTestMethods() {
    let testMethods = ['testMultiplication', 'testDivision', 'testAddition'];
    return testMethods;
}
```

그렇다, 이 방식이 첫 번째 항목에서 말한 '모든 테스트 메소드의 이름을 찾기'는 아니다. 첫 번째 항목에 대해서는 곧 다루겠다.

테스트 메소드를 연속으로 호출하기 위해 runAllTests에 Reflect.get과 Reflect.apply를 호출할 수 있다.

```
runAllTests() {
    let testMethods = this.getAllTestMethods(); ❶
    testMethods.forEach(m => {
      let method = Reflect.get(this, m); ❷
      Reflect.apply(method, this, []); ❸
    });
}
```

❶ 모든 메소드의 이름을 가져온다.

❷ 리플렉션을 통해 각 테스트 메소드 이름에 대한 method 객체를 가져온다.

❸ 인자 없이 this 객체로 테스트 메소드를 호출한다.

먼저 getAllTestsMethods를 호출해 테스트 메소드 이름을 얻었다. 각 이름에 대해 Reflect. get 호출을 통해 method 객체를 얻었다. Reflect.apply 호출을 통해 이 method를 호출했다. Reflect.apply의 두 번째 매개변수는 method가 호출될 객체로, TestMoney의 this 인스턴스다. Reflect.apply의 마지막 매개변수는 method가 호출될 때 전달돼야 하는 매개변수들의 배열로, 어떤 테스트 메소드도 매개변수를 갖지 않기 때문에 항상 빈 배열이다.

테스트를 실행하면 여전히 실행된다. 테스트를 하나씩 의도적으로 깨뜨려 보면(표 6-2 에 설명한 전략에 따라) 예상 오류 메시지가 출력된다.

첫 번째 항목을 살펴본다. 리플렉션을 사용해 테스트 메소드들을 실행하고 있지만 자동 으로 테스트 메소드 이름을 찾지는 않는다. test로 시작하는 이름의 모든 메소드를 찾도 록 getAllTestMethods 메소드를 개선해보자.

```javascript
getAllTestMethods() {
    let moneyPrototype = MoneyTest.prototype; ❶
    let allProps = Object.getOwnPropertyNames(moneyPrototype); ❷
    let testMethods = allProps.filter(p => {
        return typeof moneyPrototype[p] === 'function' && p.startsWith("test"); ❸
    });
    return testMethods;
}
```

❶ MoneyTest 객체의 프로토타입을 가져온다.

❷ MoneyTest 프로토타입에 정의된 모든 속성을 가져온다(상속된 항목은 제외).

❸ test로 시작하는 이름의 함수들만 유지하고 나머지는 모두 필터링한다.

Object.getOwnPropertyNames(https://oreil.ly/LAAsj) 메소드는 주어진 객체에서 직접 찾은 모든 속성들을(메소드 포함) 배열로 반환한다. 상속된 속성(https://oreil.ly/vN029)은 반환하지 않는다.

MoneyTest.prototype에 대해 정의된 모든 속성을 가져오기 위해 Object.getOwnPropertyNames를 호출한다. 단순히 MoneyTest가 아니라 프로토타입인 이유는 무엇일까? 왜냐하면 자바스크립트는 (또한 ES6) 프로토타입 기반의 상속을 갖기 때문인데, 많은 다른 언어가 클래스 기반 상속인 것과는 다르다. MoneyTest에 정의된 메소드들이 사실은 MoneyTest의 프로토타입 속성을 통해 접근 가능한 객체에 붙어 있다.

ECMAScript는 프로토타입 기반 상속(https://oreil.ly/Hxdrj)을 갖는 언어다.

다음으로 MoneyTest의 모든 속성을 확인한 후 타입이 함수이고 test로 시작하는 모든 속성을 선택한다. 우리가 사용하는 네이밍 규칙 때문에 이런 속성이 테스트 메소드다. 테스트 메소드 이름으로 구성된 배열을 반환한다.

테스트를 실행해 모든 테스트가 실제로 여전히 실행되는지 확인한다. 각 테스트를 의도적으로 깨뜨려 나타나는 어서션 실패를 관찰해 이를 확인한다. 표 6-1의 상위 세 개 항목을 완수했다.

테스트가 성공적으로 실행되면 출력 생성하기

이 절 전반에 걸쳐 표 6-1의 항목을 처리하면서 test_moeny.js를 변경할 때 테스트가 여전히 실행 중인지 의도적으로 테스트를 깨뜨려야 했다. 이는 표 6-2에 기술한 수정된 RGR 사이클이다. 지금처럼 테스트가 그린일 때 아무런 출력도 하지 않는 대신, 성공하면 간략한 출력을 만들 수 있다면 정말 좋을 것이다.

여기 어딘가 소일렌트 그린$^{Soylent\ Green}$ 농담이 있다![3]

테스트 실행 전에 각 테스트의 이름을 출력하도록 runAllTests에 간단한 출력문을 추가해보자.

```
runAllTests() {
    let testMethods = this.getAllTestMethods();
    testMethods.forEach(m => {
        console.log("Running: %s()", m); ❶
        let method = Reflect.get(this, m);
        Reflect.apply(method, this, []);
    });
}
```

❶ 테스트 메소드 호출 전에 메소드의 이름을 출력한다.

테스트를 실행해보면 테스트가 그린일 때도 짧지만 의미 있는 다음 메시지를 볼 수 있다.

```
Running: testMultiplication()
Running: testDivision()
Running: testAddition()
```

앞서 실행된 테스트가 어서션에서 실패해도 모든 테스트를 실행하기

표 6-2에 기술된 수정된 RGR 사이클을 따라 처음으로 실행되는 테스트를 의도적으로 깨뜨렸을 때(예: TestMultiplication), 뒤따르는 테스트들은 전혀 실행되지 않는다는 것을 알게 됐다. 첫 번째 실패한 테스트가 유일하게 실패한 테스트가 아닐 수 있으므로, 테스트 실행 결과 해석이 틀릴 수 있다. 테스트 주도의 코드를 작성할 때 나타나는 첫 번째 문제만 바라보게 하는 근시안적인 관점이 아니라, 어떤 변경에서 오는 광범위한 영향을 반드시 알아차려야 한다.

---

3 「소일렌트 그린(Soylent Green)」은 1973년 개봉한 미국 영화로 암울한 미래를 보여주는 디스토피아물이다. 살아있지만(테스트가 실행되지만) 아무 말 못하는(어떤 출력도 하지 않는) 디스토피아적인 상황에 대한 농담으로 원문에 인용됐다. – 옮긴이

하나 이상이 실패하더라도 모든 테스트를 실행하는 테스트 클래스를 작성하려 한다.

첫 번째 어서션 실패가 테스트 실행을 멈추게 하는 이유는 예외로 던져진 Assertion Errors를 처리하지 않았기 때문이다. AssertionErrors 예외를 잡아 콘솔에 로그로 출력할 수 있다. 이렇게 하기 위해 runAllTests 메소드에 Reflect.apply를 감싸는 try … catch 블록을 추가해보자.

```
runAllTests() {
    let testMethods = this.getAllTestMethods();
    testMethods.forEach(m => {
        console.log("Running: %s()", m);
        let method = Reflect.get(this, m);
        try { ❶
            Reflect.apply(method, this, []);
        } catch (e) {
          if (e instanceof assert.AssertionError) { ❷
              console.log(e);
          } else {
            throw e; ❸
          }
        }
    });
}
```

❶ try … catch 블록으로 메소드 호출을 감싸준다.

❷ AssertionErrors만 로그로 출력한다.

❸ 모든 다른 오류는 다시 예외로 던진다.

모든 오류를 잡는다. 하지만 AssertionErros 오류만 콘솔로 출력하고 나머지는 다시 예외로 던진다(이전의 TypeErrors와 ReferenceErrors와 같은 다른 오류들에 부주의하게 간섭하길 원치 않는다).

이렇게 바꾸면 MoneyTest를 실행할 때마다 모든 테스트가 실행된다. 예컨대 test Multiplication을 의도적으로 깨뜨려도, 다른 테스트(testDivision과 testAddition)가 어서션 오류 출력 후에 성공적으로 실행된다.

표 6-1의 모든 항목을 완수했다.

변경 사항 반영하기

새로운 파일들을 추가하고 코드를 이 파일들에 재배치했다. 특히  로컬 깃 저장소에 변경 사항을 커밋하기에 지금이 적절하다.

```
git add .
git commit -m "refactor: created Money and Portfolio modules; improved tests"
```

다음 출력문은 변경 사항을 검증한다.

```
[main 5781251] refactor: created Money and Portfolio modules; improved tests
3 files changed, 84 insertions(+), 50 deletions(-)
create mode 100644 js/money.js
create mode 100644 js/portfolio.js
rewrite js/test_money.js (95%) ❶
```

❶ 95%는 파일의 변경되지 않은 비율, 즉 유사도 인덱스다.

중간 점검

6장에서 Money와 Portfolio에 대한 모듈을 생성해 코드를 분리했다. 분리는 의존성을 명시적으로 기술하고 프로덕션 코드에서 테스트 코드로의 의존성이 없음을 보장하게 한다.

자바스크립트에서 사용 가능한 몇 가지의 모듈 정의 스타일과 표준에서 NodeJS 앱에 기본으로 사용하는 CommonJS 스타일을 선택했다. 앞으로 이 책의 나머지 내용의 모듈 정의에 이 스타일을 유지할 것이다.

또한 어떻게 코드에 UMD 및 ESModules 스타일을 적용하는지 살펴봤다.

테스트 클래스, 테스트 메소드, 모든 테스트를 자동으로 실행하는 메커니즘을 도입해 테스트 구조를 개선했다. 테스트가 통과할 때(간단 명료하게), 테스트가 실패할 때(장황하게) 테스트에 모두 출력을 생성한다. 또한 어서션 오류로 인해 일부 테스트가 앞서 실패할 때도 모든 테스트가 실행되는 것을 보장한다. 마지막으로 중복된 곱셈 테스트를 제거해 코드를 정돈했다.

 6장의 코드는 깃허브 저장소에 'chap06' 이름의 브랜치에 있다(https://github.com/saleem/tdd-book-code/tree/chap06).

7장

파이썬의 모듈

모듈은 파이썬 정의와 문장을 담고 있는 파일이다.

– 파이썬 튜토리얼(https://oreil.ly/NiHEn)

파이썬 코드의 구조를 일부 개선한다. 모듈로 프로덕션 코드에서 테스트 코드를 분리한다. 파이썬의 범위^{scope}와 가져오기^{import} 규칙이 어떻게 코드 내 의존성을 올바르게 보장하는지 살펴본다. 코드에서 중복 테스트를 제거해 조밀하고 의미 있게 만들어보며 마무리한다.

모듈로 코드를 분리하기

한 파일의 테스트 코드 바로 뒤에 Money와 Portfolio의 프로덕션 코드가 있다. 이 코드를 개별 소스 파일로 분리할 필요가 있다.

먼저 test_money.py와 같은 폴더에 money.py와 portfolio.py라는 이름으로 두 개의 새 파일을 만들어보자. 폴더 구조는 다음과 같다.

```
py
├── money.py
├── portfolio.py
└── test_money.py
```

Money와 Portfolio 클래스의 코드를 각각 money.py와 portfolio.py로 옮긴다. 다음 코드 조각은 코드 재배치 후의 portfolio.py의 전체 내용이다.

```python
import functools
import operator

class Portfolio:
    def __init__(self):
        self.moneys = []

    def add(self, *moneys):
        self.moneys.extend(moneys)

    def evaluate(self, currency):
        total = functools.reduce(operator.add,
                                 map(lambda m: m.amount, self.moneys), 0)
        return Money(total, currency)
```

Portfolio 클래스가 functools와 operator를 사용하므로, Portfolio 클래스 코드와 함께 두 개의 임포트 문장을 옮긴 것에 주의해야 한다.

본문에는 없지만 money.py 파일도 비슷하게 Money 클래스와 메소드들을 포함한다.

이제 테스트를 수행해보면 오랜 친구인 NameError가 발생한다.

```
ERROR: testAddition (__main__.TestMoney)
----------------------------------------------------------------------
Traceback (most recent call last):
    File "test_money.py", line 22, in testAddition
        fiveDollars = Money(5, "USD")
NameError: name 'Money' is not defined
```

테스트 클래스가 Money와 Portfolio에 둘 다 의존하고 있어, test_money.py 상단에 두 클래스에 대한 가져오기 문장을 추가한다.

```
from money import Money
from portfolio import Portfolio
```

Portfolio에 'NameError: name 'Money' is not defined.' 오류가 발생했다. portfolio.py를 살펴보면 역시 Money에 의존하고 있음을 볼 수 있다. 따라서 portfolio.py의 상단에 from money import Money를 추가하면 모든 테스트가 그린이 된다.

코드를 적절히 옮기고 가져오기 문장을 추가하면 코드의 의존성 트리가 보다 명확해진다. 그림 7-1는 코드의 의존성 다이어그램을 나타낸다.

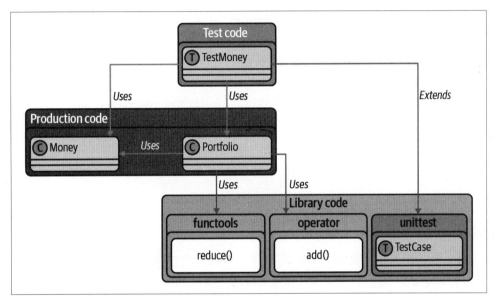

그림 7-1 세 개의 소스 파일로 분리한 파이썬 코드의 의존성 다이어그램

테스트에서 중복 제거하기

지금까지 곱셈에 대한 두 가지 테스트와 나눗셈 및 덧셈 각각에 하나씩 테스트를 만들었다. 곱셈의 두 가지 테스트는 Money 클래스의 같은 기능을 검사한다. 이는 제외할 수 있는 일종의 중복이다. testMultiplicationInDollars를 삭제하고 다른 테스트의 이름을

testMultiplication로 줄여보자. 세 가지 피처(곱셈, 나눗셈, 덧셈)에 각각 서로 다른 통화(유로, 원, 달러)를 사용하는 세 가지 테스트는 대칭적 결과로, 조밀하고 우아하다.

변경 사항 반영하기

두 개의 파일을 추가해 코드를 나눴다. 지금, 로컬 깃 저장소에 변경 사항을 커밋하기에 적절하다.

```
git add .
git commit -m "refactor: moved Money and Portfolio classes their own Python files"
```

두 명령어의 출력문은 변경 사항을 검증한다.

```
[main c917e7c] refactor: moved Money and Portfolio classes their own Python files
3 files changed, 30 insertions(+), 33 deletions(-)
create mode 100644 py/money.py
create mode 100644 py/portfolio.py
```

중간 점검

6장에서는 파이썬에서 모듈을 만드는 방식인 Money와 Portfolio의 각자의 소스 파일로 분리했다. 분리는 테스트 코드에서 프로덕션 코드로의 의존성이 명시적이고 반대 방향의 의존성이 없음을 보장한다.

또한 불필요한 테스트를 제거해 코드를 단순화했다.

 7장의 코드는 깃허브 저장소에 'chap07' 브랜치에 있다(https://github.com/saleem/tdd-book-code/tree/chap07).

3부

피처와 재설계

8장

포트폴리오 평가하기

돈 자체는 잃는 것도 만드는 것도 아니야.

다만 한 개념에서 다른 개념으로 옮겨가는 거지.

마법처럼.

— 고든 게코^{Gordon Gekko}, 영화 「월 스트리트」

Portfolio의 여러 Money 엔티티를 단일 통화로 변환하는 방법을 여러모로 알아봤다. 여기에 머물지 말고 더 나아가 보자!

피처 목록 중 다음 항목은 혼합된 통화를 다룬다.

~~5 USD × 2 = 10 USD~~
~~10 EUR × 2 = 20 EUR~~
~~4002 KRW / 4 = 1000.5 KRW~~
~~5 USD + 10 USD = 15 USD~~
~~프로덕션 코드에서 테스트 코드 분리~~
~~중복 테스트 제거~~
5 USD + 10 EUR = 17 USD
1 USD + 1100 KRW = 2200 KRW

돈 섞기

다양한 통화를 조합하려면 코드에 '한 통화에서 다른 통화로 변환'이라는 새로운 추상화 생성이 필요하다. 이를 위해 문제 영역에서 도출한 환전에 대한 몇 가지 기본 원칙을 세워야 한다.

환전은 항상 한 쌍의 통화와 연관된다

이는 모든 환전이 독립적이길 원하므로 중요하다. 실제로 여러 통화가 하나의 단일 통화에 '고정'돼 있는데, 특정 환율이 법률적으로(de jure[1]) 고정돼 있다는 의미다. 그런 경우에도 각 고정된 관계를 별개의 쌍으로 반드시 취급해야 한다.

환전은 명확한 환율로써 한 통화에서 다른 통화로의 전환이다

환율('환전 전' 통화의 한 유닛에서 얻는 '환전 후' 통화의 유닛 수)은 환전의 핵심 구성 요소다. 환율은 분수로 표현된다.

한 쌍의 통화 간 두 환율은 서로 산술적 역수일 수도, 아닐 수도 있다

가령 EUR에서 USD로의 환율은 USD에서 EUR로의 환율에 수학적 역수($1/x$)일 수도, 아닐 수도 있다.

한 통화에서 다른 통화로의 환율이 정의되지 않을 수도 있다

두 개의 통화 중 하나는 환전이 불가능한 통화일 수 있기 때문이다.[2]

환전에 상기 모든 고려 사항들이 수반된다는 점을 생각할 때 어떻게 구현해야 할까? 답은 테스트 주도 시나리오를 한 번에 하나씩 진행한다!

피처 목록의 다음 항목(EUR에서 USD로 환전)에 나열된 시나리오를 테스트 주도로 시작한다. 이는 convert 메소드와 EUR에서 USD로의 단일 환율에 대한 발판을 마련하는 데 도움이 된다. 환율이 단방향이기 때문에, 이를 특별히 'EUR->USD'라고 표현한다.

---

1 통화 고정에 대한 경제적 논의는 인베스토피아를 참조하라(https://oreil.ly/MLoWf).
2 통화는 경제, 정치, 군사적 등의 다양한 이유로 환전하지 못하기도 한다(https://oreil.ly/1IKvM).

앞서 소개한 하나의 시나리오로 시작해 피처 목록에 더 많은 항목을 추가할 가능성이 높다. 속도를 조절해 진행을 제어하면 되므로 괜찮다!

Go

달러와 유로의 덧셈을 위해 money_test.go에 새로운 테스트를 작성해 본다.

```go
func TestAdditionOfDollarsAndEuros(t *testing.T) {
    var portfolio s.Portfolio

    fiveDollars := s.NewMoney(5, "USD")
    tenEuros := s.NewMoney(10, "EUR")
    portfolio = portfolio.Add(fiveDollars)
    portfolio = portfolio.Add(tenEuros)

    expectedValue := s.NewMoney(17, "USD") ❶
    actualValue := portfolio.Evaluate("USD")
    assertEqual(t, expectedValue, actualValue)
}
```

❶ 기댓값 17 USD는 1유로당 1.2달러를 가정한다.

테스트는 5 USD와 10 EUR를 나타내는 두 Money 구조체를 각각 생성한다. 두 구조체는 새로 생성된 Portfolio 구조체에 추가된다. Portfolio를 달러로 평가한 actualValue는 17 USD의 expectedValue 구조체와 비교된다.

예상했듯 테스트는 실패한다.

```
... Expected {amount:17 currency:USD} Got {amount:15 currency:USD}
```

아는 바와 같이 연관된 통화(테스트에선 USD와 EUR)에 관계없이 evaluate 메소드는 Money 구조체의 모든 금액(테스트에선 5와 10)을 단순히 더하는 것을 검증한다.

우선 각 Money의 금액을 목표하는 통화로 변환한 후 더해야 한다.

```
for _, m := range p {  ❶
    total = total + convert(m, currency)
}
```

❶ Evaluate 메소드 내

convert 메소드를 어떻게 작성해야 할까? 통화가 일치하면 amount를 반환하고 다른 경우에는 변환 비율에 따라 임의로 곱하는 방법이 가장 간단하다.

```
func convert(money Money, currency string) float64 {  ❶
    if money.currency == currency {
        return money.amount
    }
    return money.amount * 1.2  ❷
}
```

❶ portfolio.go 파일의 신규 함수

❷ 하드코딩된 환율

테스트는 다시 그린으로 바뀌었지만 뭔가 코드가 잘못된 것 같다! 구체적으로 살펴본다.

1. 환율이 하드코딩됐다. 환율은 변수로 선언돼야 한다.

2. 환율은 한 통화에 의존하지 않는다. 환율은 관련된 두 통화를 기반으로 조회돼야 한다.

3. 환율은 변경 가능해야 한다.

첫 번째 항목을 살펴보고 나머지 두 개는 피처 목록에 추가해보자. convert 메소드에 eurToUsd라는 이름의 변수를 정의하고 사용한다.

```
func convert(money Money, currency string) float64 {
    eurToUsd := 1.2  ❶
    if money.currency == currency {
        return money.amount
    }
```

```
    return money.amount * eurToUsd ❷
}
```

❶ 환율이 적절하게 이름을 가진 변수로 정의됐다.

❷ 환율 변수가 통화 변환에 사용됐다.

테스트는 여전히 그린이다.

자바스크립트

달러와 유로 덧셈을 테스트하기 위해 MoneyTest에 새로운 테스트를 추가하
는 것으로 시작해보자.

```
testAdditionOfDollarsAndEuros() {
    let fiveDollars = new Money(5, "USD");
    let tenEuros = new Money(10, "EUR");
    let portfolio = new Portfolio();
    portfolio.add(fiveDollars, tenEuros);
    let expectedValue = new Money(17, "USD"); ❶
    assert.deepStrictEqual(portfolio.evaluate("USD"), expectedValue);
}
```

❶ 기댓값 17 USD는 1유로당 1.2달러를 가정한다.

테스트는 각 5 USD와 10 EUR를 나타내는 두 Money 객체를 생성한다. 이 객체들은 한
Portfolio 객체에 추가된다. USD로 평가한 Portfolio 값은 17 USD를 나타내는 Money 객
체와 비교된다.

예상했듯 테스트는 실패한다.

```
AssertionError [ERR_ASSERTION]: Expected values to be strictly deep-equal:
+ actual - expected

  Money {
```

```
+    amount: 15,
-    amount: 17,
     currency: 'USD'
 }
```

evaluate 메소드의 현재 구현은 통화에 관계없이 모든 Money 객체의 amount 속성을 단순히 더했기 때문에 예상된 실패다.

우선 각 Money의 금액을 목표하는 통화로 변환한 후 더해야 한다.

```
evaluate(currency) {
    let total = this.moneys.reduce((sum, money) => {
        return sum + this.convert(money, currency);
    }, 0);
    return new Money(total, currency);
}
```

convert 메소드는 어떻게 동작해야 할까? 우선, 통화가 일치하면 amount를 반환하는 하나와 다른 경우에는 테스트에서 요구하는 변환 비율을 amount에 곱하는 방법이 가장 간단하다.

```
convert(money, currency) { ❶
    if (money.currency === currency) {
      return money.amount;
    }
    return money.amount * 1.2; ❷
}
```

❶ Portfolio 클래스의 신규 메소드

❷ 하드코딩된 환율

테스트는 이제 그린이다. 진척은 있지만 모든 게 좋지는 않다. 다음을 살펴보자.

1. 환율이 하드코딩됐다. 환율은 변수로 선언돼야 한다.

2. 환율은 한 통화에 의존하지 않는다. 환율은 관련된 두 통화를 기반으로 조회돼야 한다.

3. 환율은 바꿀 수 있어야 한다.

바로 첫 번째 항목을 살펴보고 나머지는 피처 목록에 추가해보자.

convert 메소드에 eurToUsd라는 이름의 변수를 정의하고 사용한다.

```
convert(money, currency) {
    let eurToUsd = 1.2; ❶
    if (money.currency === currency) {
      return money.amount;
    }
    return money.amount * eurToUsd; ❷
}
```

❶ 환율이 적절하게 이름을 가진 변수로 정의됐다.

❷ 환율 변수가 통화 변환에 사용됐다.

모든 테스트가 그린이다.

파이썬

달러를 유로에 더하는 것을 검증하는 새로운 테스트를 test_money.py에 작성해보자.

```
def testAdditionOfDollarsAndEuros(self):
    fiveDollars = Money(5, "USD")
    tenEuros = Money(10, "EUR")
    portfolio = Portfolio()
    portfolio.add(fiveDollars, tenEuros)
    expectedValue = Money(17, "USD") ❶
```

```
        actualValue = portfolio.evaluate("USD")
        self.assertEqual(expectedValue, actualValue)
```

❶ 기댓값 17 USD는 1유로당 1.2달러를 가정한다.

테스트는 5 USD와 10 EUR를 나타내는 두 Money 객체를 각각 생성한다. 두 객체는 새로
생성한 Portfolio 객체에 추가된다. 달러로 평가한 Portfolio의 actualValue는 새롭게 17
USD로 만든 expectedValue와 비교된다.

RGR 사이클의 레드 단계에 있어서 테스트가 물론 실패할 것이라 예상했다. 하지만 어
서션 실패의 오류 메시지는 약간 수수께끼 같다.

```
AssertionError:
    <money.Money object at 0x10f3c3280> != <money.Money object at 0x10f3c33a0>
```

이해하기 힘든 메모리 주소에 어떤 도깨비 같은 녀석이 살지 누가 알겠는가!

지금이 그린으로 가기 전에 속도를 줄이고 더 나은 실패 테스트를 작성해야 하는 시기
중 하나다. 어서션 구문이 보다 더 도움되는 오류 메시지를 출력하도록 만들 수 있을까?

assertEqual 메소드(unittest 패키지 대부분의 다른 어서션 메소드와 같이)는 커스텀 오류 메
시지인 세 번째 매개변수를 선택적으로 취한다. expectedValue와 actualValue가 문자로 변
환된 표현을 보여주는 포맷화된 문자열을 제공해보자.

```
self.assertEqual(
    expectedValue, actualValue, "%s != %s" % (expectedValue, actualValue)
) ❶
```

❶ testAdditionOfDollarsAndEuros 테스트 메소드 마지막 줄

그럼에도, 이해하기 힘든 메모리 주소가 단순히 두 번이나 출력된다.

```
AssertionError:
    <money.Money object at 0x1081111f0> != <money.Money object at 0x108111310> :
    <money.Money object at 0x1081111f0> != <money.Money object at 0x108111310>
```

이때 Money 클래스에 __str__ 메소드를 오버라이드하고 'USD 17.00'과 같이 보다 더 사람이 읽을 수 있는 표현을 반환하도록 만드는 것이 필요하다.

```
def __str__(self): ❶
    return f"{self.currency} {self.amount:0.2f}"
```

❶ Money 클래스 내

Money의 currency와 amount 필드의 포맷을 지정했다. amount 필드는 소수점 두 자리까지 출력한다.

__str__ 메소드를 추가한 후 테스트 스윗을 다시 실행해보자.

```
AssertionError: ... USD 17.00 != USD 15.00
```

훨씬 낫다! 17달러는 분명히 15달러와 같지 않다!

 파이썬의 F-strings 삽입법(F-strings interpolation)은 고정된 문자와 변수를 혼합해 문자열에 포맷을 지정하는 간결하고 정돈된 방법이다. F-strings은 PEP-498(https://oreil.ly/2n7xJ)에 정의됐으며 3.6 버전부터 파이썬의 일부가 됐다.

이는 현재 구현된 evaluate 메소드가 통화에 관계없이(테스트에서 각각 USD와 EUR) 결과를 얻기 위해 모든 Money 객체(테스트에서 5와 10)의 금액을 분별없이 더한다는 믿음을 검증한다.

evaluate 메소드를 자세히 살펴보면 람다식에 무분별함이 숨어 있다. 람다식은 모든 Money 객체를 통화에 관계없이 해당 객체의 amount에 매핑한다. 이후 add 연산자를 사용한 reduce 함수에 의해 amount들이 합산된다.

람다식이 모든 Money 객체를 변환된 값으로 매핑한다면 어떨까? 변환하려는 대상 통화는 Portfolio가 평가될 통화일 것이다.

```
total = functools.reduce(
    operator.add, map(lambda m: self.__convert(m, currency), self.moneys), 0
) ❶
```

❶ Portfolio.evaluate 메소드 내

 파이썬은 변수나 함수에 엄밀히 '프라이빗(private)' 범위를 갖지 않는다. 네이밍 규칙과 '네임 맹글링'으로 두 개의 밑줄('__')을 앞에 붙인 이름을 프라이빗으로 취급하게 한다(https://oreil.ly/SSu9D).[3]

어떻게 __convert 메소드를 구현해야 할까? Money의 통화를 같은 통화로 변환하는 것은 사소하며, 이때 Money의 금액은 변경되지 않는다. 다른 통화로 변환할 때 Money의 금액에 USD와 EUR 간 (우선) 하드코딩된 환율을 곱한다.

```
def __convert(self, aMoney, aCurrency): ❶
    if aMoney.currency == aCurrency:
        return aMoney.amount
    else:
        return aMoney.amount * 1.2 ❷
```

❶ Portfolio 클래스의 신규 메소드

❷ 하드코딩된 환율

테스트는 그린이다. 어?...흠! 이 코드에서 추한 면을 제거하기 위해 리팩터링을 해야 한다. 그런 문제 몇 가지는 다음과 같다.

---

3   네임 맹글링(Name mangling)은 컴파일러가 변수나 함수의 이름에 특정 규칙을 적용해 내부적으로 바꾸는 것을 의미한다. – 옮긴이

1. 환율이 하드코딩됐다. 환율은 변수로 선언돼야 한다.

2. 환율은 한 통화에 의존하지 않는다. 환율은 관련된 두 통화를 기반으로 조회돼야 한다.

3. 환율은 바꿀 수 있어야 한다.

리팩터링 단계에서 위 세 항목 중 첫 번째를 보고 나머지 두 항목은 피처 목록에 추가해본다.

__init__ 메소드에 _eur_to_usd라는 이름의 프라이빗 변수를 정의하고 __convert 메소드의 하드코딩값 대신 사용한다.

```
class Portfolio:
    def __init__(self):
        self.moneys = []
        self._eur_to_usd = 1.2 ❶
...
    def __convert(self, aMoney, aCurrency):
        if aMoney.currency == aCurrency:
            return aMoney.amount
        else:
            return aMoney.amount * self._eur_to_usd ❷
```

❶ 환율이 적절하게 이름을 가진 변수로 정의됐다.

❷ 환율 변수가 통화 변환에 사용됐다.

모든 테스트가 그린이다.

변경 사항 반영하기

두 가지 다른 통화(구체적으로 USD -> EUR) 간 환전을 처음 구현했다. 변경 사항을 로컬 저장소에 반영해보자.

```
git add .
git commit -m "feat: conversion of Money from EUR to USD"
```

중간 점검

USD를 EUR로 변환하는 시나리오에 서로 다른 통화의 Money 엔티티 변환을 해결했다. 하지만 그렇게 하면서 일부 모퉁이를 잘라냈다. 변환은 한 가지 특정한 경우(USD->EUR)에만 동작한다. 게다가 환율을 추가하거나 변경할 방법도 없다.

피처 목록에서 해결한 항목을 취소선 표시하고 새로운 항목을 추가해보자.

~~5 USD × 2 = 10 USD~~
~~10 EUR × 2 = 20 EUR~~
~~4002 KRW / 4 = 1000.5 KRW~~
~~5 USD + 10 USD = 15 USD~~
~~프로덕션 코드에서 테스트 코드 분리~~
~~중복 테스트 제거~~
~~5 USD + 10 EUR = 17 USD~~
1 USD + 1100 KRW = 2200 KRW
연관된 통화에 기반한 환율 결정(환전 전 → 환전 후)
환율 수정 허용

 8장의 코드는 깃허브 저장소에 'chap08' 브랜치에 있다(https://github.com/saleem/tdd-book-code/tree/chap08).

172
```
```

9장

여기도 통화, 저기도 통화

작은 변화, 작은 기적 – 이것이 내 인내의 가치이자 내 삶의 원동력이다.

— 바버라 킹솔버[Barbara Kingsolver]

Portfolio의 Money 엔티티에 대한 평가[evaluate] 피처의 현재 상태는 다음과 같다.

1. Money의 통화를 같은 통화로 변경하는 경우, Money의 amount를 반환한다. 이는 올바른 동작이다. 어떤 통화라도 그 자신에 대한 환율은 1이다.

2. 다른 모든 경우에서 Money의 amount는 고정된 숫자(1.2)에 의해 곱해진다. 이는 아주 제한된 의미에서 올바르다. 이 비율은 USD에서 EUR로의 전환만을 보장한다. 이 환율을 수정하거나 다른 비율로 기술할 수 없다.

우리의 환전 코드는 하나는 제대로 다른 하나는 거의 올바르게 수행한다. 두 경우 모두 완전히 동작하도록 만들 때가 됐다. 9장에서는 통화별 환율을 사용해 한 통화에서 다른 통화로 환전하는 방법을 소개한다.

해시맵 만들기

'환전 전' 통화와 '환전 후' 통화로 주어진 환율을 조회할 수 있는 해시맵이 필요하다. 해시맵은 표 9-1과 같이 은행이나 공항의 환전소에서 자주 볼 수 있는 환율표를 나타낸다.

표 9-1 환율표

환전 전	환전 후	환율
EUR	USD	1.2
USD	EUR	0.82
USD	KRW	1100
KRW	USD	0.00090
EUR	KRW	1344
KRW	EUR	0.00073

다음 패턴을 사용해 표 9-1을 읽는다. '환전 전' 통화로 주어진 금액에 '환율'을 곱해 '환전 후' 통화로 동등한 금액을 얻는다.

8장에 언급했듯이, 모든 통화 쌍에 대해 상호간 환율은 서로 산술적 역수가 아니다.[1] 이 점을 예시로 알아본다.

표 9-1에 주어진 환율을 기반으로, 100 EUR를 USD로 변환한 후 다시 EUR로 변환하면 98.4 EUR가 되며, 환전하기 전 원래의 100 EUR과 차이가 발생한다. 이는 환율표에서 흔히 볼 수 있는 일로, 은행이 돈을 버는 한 방법이다![2]

피처 목록의 다음 두 가지 항목은 코드에서 환율표의 구현을 구축할 수 있는 기회를 제공한다. 이를 수행하기 위해 새로운 통화를 도입할 것이다.

~~5 USD × 2 = 10 USD~~
~~10 EUR × 2 = 20 EUR~~
~~4002 KRW / 4 = 1000.5 KRW~~
~~5 USD + 10 USD = 15 USD~~
~~프로덕션 코드에서 테스트 코드 분리~~
~~중복 테스트 제거~~
~~5 USD + 10 EUR = 17 USD~~

1　a와 b가 모두 0이 아닐 때, 분수 a/b의 산술적 역수는 분수 b/a이다. 예를 들어 6/5(즉 1.2)의 산술적 역수는 5/6(약 0.833)이다.

2　고전 영화 「오피스 스페이스(Office Space)」에서 세 주인공이 돈을 벌기 위해 사용하는 '페니 반올림 서브루틴'보다 더 합법적이라 볼 수 있다. 페니는 영어권 국가에서 최소 단위의 동전을 뜻한다. 오래 전, 페니보다 더 작은 단위의 금액으로 거래가 발생할 때 소수점 이하는 버림하는 시스템의 허점을 악용해 버려지는 금액을 자신의 계좌로 모으는 소프트웨어를 몰래 설치해 금전적 이득을 취한 사기 수법을 뜻한다. - 옮긴이

```
1 USD + 1100 KRW = 2200 KRW
```
연관된 통화에 기반한 환율 결정 (환전 전 -> 환전 후)
환율 수정 허용

추가 통화를 도입함에 따라 우선순위 전제 행위 변환[TPP, Transformation Priority Premise]이 실행되는 것을 볼 수 있다.[3] 즉, 바벨탑 스타일의 `if-else` 체인에 더 많은 조건부 코드를 추가하는 대신, 환율 조회를 위한 새로운 자료 구조를 도입할 것이다.[4]

 우선순위 전제 행위 변환은 테스트가 구체화될수록 프로덕션 코드는 일련의 변환을 통해 보다 일반화될 것이라 말한다.

Go

새로운 테스트를 작성해보자. 이 테스트는 지난번과 마찬가지로 여러 통화를 포함한다. 테스트 이름은 이 사례에 사용된 두 통화의 이름을 따서 지정한다.

```go
func TestAdditionOfDollarsAndWons(t *testing.T) {
    var portfolio s.Portfolio

    oneDollar := s.NewMoney(1, "USD")
    elevenHundredWon := s.NewMoney(1100, "KRW")

    portfolio = portfolio.Add(oneDollar)
    portfolio = portfolio.Add(elevenHundredWon)
```

---

3   TPP(Transformation Priority Premise)에서 'transformation'은 구조의 변경 없이 행위를 변경하는 것으로, 행위의 변경 없이 구조를 변경하는 리팩터링에 대응(counterpart)된다. 수월한 테스트 주도 개발을 위해 실패하는 테스트를 성공시킬 수 있는 가장 간단한 코드를 넣고, 차후 바꿔야 하는 작업들의 우선순위를 매겨 목록화한다. 우선순위에 따라 하나씩 문제 해결을 위해 구체화하는 방법으로, 『클린 코드(Clean Code)』(인사이트, 2013)의 저자인 로버트 C. 마틴이 제안했다. 번역 작업을 진행하는 시점(2022년)에, TPP 용어의 번역에 대한 다른 참고문헌 용례를 찾을 수 없었으며, 로버트 C. 마틴이 해당 용어를 통해 제안하려 했던 바인 우선순위 목록을 기반한 점진적 코드의 행위 변경을 적절히 나타낼 수 있도록 '우선순위 전제 행위 변환'으로 옮겼다. – 옮긴이

4   프레더릭 브룩스(Fred Brooks)는 『맨먼스 미신』(케이엔피 IT, 2007)에서 한 개 장(Chapter)에 걸쳐 성경의 바벨탑 이야기를 분석한 결과 명확한 의사소통과 조직의 부족으로 바벨탑 프로젝트가 실패했다고 말했다. 이 두 가지는 if-else 구문의 긴 체인에서 또한 누락된다.

```
    expectedValue := s.NewMoney(2200, "KRW") ❶
    actualValue := portfolio.Evaluate("KRW")

    assertEqual(t, expectedValue, actualValue)
}
```

❶ 기댓값 2,200 KRW는 1달러당 1,100원을 가정한다.

물론 테스트는 실패한다. 오류 메시지가 흥미롭다.

```
... Expected {amount:2200 currency:KRW} Got {amount:1101.2 currency:KRW}
```

아직 올바른 환율을 선택하는 메커니즘이 없기 때문에, convert 메소드는 잘못된 eurToUsd 환율을 선택해 1101.2 KRW의 이상한 결과를 만든다.

환율을 나타내는 map[string]float64를 도입해보자. 이 맵을 테스트에 필요한 두 환율 (EUR-)USD: 1.2, USD-)KRW: 1100)로 초기화한다. 우선 convert 메소드 지역 변수로 맵을 유지하자.

```
exchangeRates := map[string]float64{ ❶
    "EUR->USD": 1.2,
    "USD->KRW": 1100,
}
```

❶ convert 메소드 내 최상단

항상 convert에서 eurToUsd(값은 1.2)로 money.amount를 곱하는 대신, 키 생성을 위해 '환전 전' 및 '환전 후' 통화를 사용해 환율을 조회할 수 있다. eurToUsd 변수를 정의한 줄을 삭제하고 마지막 return문을 조회 및 계산으로 바꾼다.

```
key := money.currency + "->" + currency ❶
return money.amount * exchangeRates[key]
```

❶ convert 메소드 내 최하단

convert 메소드를 이렇게 변경해 모든 테스트가 통과한다.

잠깐! 관련된 환율이 명시되지 않은 통화로 Portfolio를 평가하려 하면 무슨 일이 벌어질까? exchangeRates 맵의 두 항목 모두 잠시 주석 처리해보자.

```
exchangeRates := map[string]float64{ ❶
  // "EUR->USD": 1.2,
  // "USD->KRW": 1100,
}
```

❶ 실험적으로 exchangeRates의 모든 항목을 임시로 주석 처리한다.

이제 테스트를 실행하면 덧셈 테스트 모두 어서션 오류가 발생한다.

```
=== RUN TestAdditionOfDollarsAndEuros
    ... Expected {amount:17 currency:USD} Got {amount:5 currency:USD} ❶
--- FAIL: TestAdditionOfDollarsAndEuros (0.00s)
=== RUN TestAdditionOfDollarsAndWons
    ... Expected {amount:2200 currency:KRW} Got {amount:1100 currency:KRW} ❶
--- FAIL: TestAdditionOfDollarsAndWons (0.00s)
```

❶ exchangeRates에 어떤 항목도 없으면 convert 메소드 호출 시 0 값이 사용된다.

실제값(Got 이후 출력)을 보면, 맵에서 항목을 찾지 못했을 때 환율 0이 사용돼, 효과적으로 돈을 잿더미로 만든다!

Go에서 맵에 존재하지 않는 키로 값을 얻으려는 시도는 '기본 0(default zero)' 값을 반환한다(https://oreil.ly/ePwNY). int는 0, float는 0.0, boolean은 false, string은 "" 등을 예로 들 수 있다.

더 나은 오류 처리 방법이 필요해 보인다. 이를 피처 목록에 추가하자(주석 처리한 코드 두 줄의 복구를 잊지 말자!).

자바스크립트

달러를 원화로 환전하는 새로운 시나리오에 대해 test_money.js에 테스트를 작성해보자.

```
testAdditionOfDollarsAndWons() {
    let oneDollar = new Money(1, "USD");
    let elevenHundredWon = new Money(1100, "KRW");
    let portfolio = new Portfolio();
    portfolio.add(oneDollar, elevenHundredWon);
    let expectedValue = new Money(2200, "KRW"); ❶
    assert.deepStrictEqual(portfolio.evaluate("KRW"), expectedValue);
}
```

❶ 기댓값 2,200 KRW는 1달러당 1,100원을 가정한다.

테스트는 흥미로운 오류 메시지와 함께 실패한다.

```
Running: testAdditionOfDollarsAndWons()
AssertionError [ERR_ASSERTION]: Expected values to be strictly deep-equal:
+ actual - expected

 Money {
+ amount: 1101.2,
- amount: 2200,
  currency: 'KRW'
 }
```

테스트에 유로도 없음에도 convert 메소드는 잘못된 eurToUsd 환율을 사용한다. 이렇게 해 1101.2라는 괴상한 금액을 얻게 됐다.

환율을 나타내는 맵을 도입해보자. 맵에 정의하는 두 항목은 테스트에 필요한 항목이다 (EUR-〉USD: 1.2, USD-〉KRW: 1100). 우선 convert 메소드 내부에 이 맵을 유지하자.

```
let exchangeRates = new Map(); ❶
exchangeRates.set("EUR->USD", 1.2);
exchangeRates.set("USD->KRW", 1100);
```

❶ convert 메소드 내 최상단

이제 eurToUsd 변수를 선언한 라인을 삭제하고 대신 exchangeRates를 사용할 수 있다. 키 생성을 위해 '환전 전' 및 '환전 후' 통화를 사용해 환율을 조회한다. convert 메소드의 마지막 두 라인은 이 로직을 포함한다.

```
let key = money.currency + "->" + currency; ❶
return money.amount * exchangeRates.get(key);
```

❶ convert 메소드 내 최하단

이 사항을 개선해 모든 테스트가 다시 그린이 됐다.

관련된 환율이 명시되지 않은 통화로 Portfolio를 평가하려고 하면 어떻게 될까? exchange Rates 맵의 두 항목 모두 잠시 주석 처리해보자.

```
// exchangeRates.set("EUR->USD", 1.2); ❶
// exchangeRates.set("USD->KRW", 1100);
```

❶ 실험적으로 exchangeRates의 모든 항목을 임시로 주석 처리한다.

다음 어서션 오류와 함께 덧셈 테스트가 모두 실패한다.

```
Running: testAdditionOfDollarsAndEuros()
AssertionError [ERR_ASSERTION]: Expected values to be strictly deep-equal:
+ actual - expected

 Money {
+ amount: NaN,
- amount: 17,
currency: 'USD'
 }
...
Running: testAdditionOfDollarsAndWons()
AssertionError [ERR_ASSERTION]: Expected values to be strictly deep-equal:
+ actual - expected
```

```
 Money {
+ amount: NaN,
- amount: 2200,
  currency: 'KRW'
 }
```

맵에서 항목을 찾지 못했을 때, exchangeRates의 조회값은 undefined다. 숫자(money.amount)를 undefined로 곱한 산술 연산은 '숫자가 아님(Not a number)'이 된다(즉 NaN).

 자바스크립트에서 맵에 존재하지 않는 키로 값을 얻으려는 시도는 항상 값을 undefined (https://oreil.ly/B9p4K)로 반환한다.

주석 처리한 코드 두 줄을 복구해서 다시 테스트 스위트를 그린으로 돌리자. 피처 목록에 더 나은 오류 처리의 필요성을 추가할 것이다.

파이썬

달러를 원화로 환전하는 새로운 피처를 반영하기 위해 test_money.py에 테스트를 작성해보자.

```python
def testAdditionOfDollarsAndWons(self):
    oneDollar = Money(1, "USD")
    elevenHundredWon = Money(1100, "KRW")
    portfolio = Portfolio()
    portfolio.add(oneDollar, elevenHundredWon)
    expectedValue = Money(2200, "KRW") ❶
    actualValue = portfolio.evaluate("KRW")
    self.assertEqual(
        expectedValue, actualValue, "%s != %s" % (expectedValue, actualValue)
    )
```

❶ 기댓값 2,200 KRW는 1달러당 1,100원을 가정한다.

테스트는 예측대로 실패한다. 오류 메시지는 뭐가 잘못됐는지에 대한 통찰력을 제공한다.

```
AssertionError: ... KRW 2200.00 != KRW 1101.20
```

__convert 메소드는 이 사례에 올바르지 않은 eurToUsd 환율을 사용한다. 110.120의 이상한 금액이 만들어진 이유다.

환율을 저장하는 딕셔너리^{dictionary}를 도입해보자. 필요한 두 항목을 추가한다. (EUR->USD: 1.2, USD->KRW: 1100) 이 딕셔너리를 __convert 메소드의 시작 부분에 유지한다.

```
exchangeRates = {'EUR->USD': 1.2, 'USD->KRW': 1100} ❶
```

❶ __convert 메소드 내 상단

self.eur_to_usd 변수를 삭제하고 대신 딕셔너리의 값들을 사용할 수 있다. '환전 전' 및 '환전 후' 통화를 사용해 키를 생성하고 환율을 조회한다. __convert 내 else: 블록을 다음 코드처럼 바꾼다.

```
else:
    key = aMoney.currency + '->' + aCurrency ❶
    return aMoney.amount * exchangeRates[key]
```

❶ __convert 메소드 내 하단

이 변경으로 모든 테스트가 다시 그린으로 바뀌었다.

필요한 환율이 명시되지 않은 통화로 Portfolio를 평가하려면 어떻게 될까? convert 메소드 내 exchangeRates 맵의 모든 항목을 임시로 제거해서 비어 있게 만들어보자.

```
exchangeRates = {} ❶
```

❶ 실험적으로 exchangeRates의 모든 항목을 임시로 제거한다.

테스트를 실행하면 두 덧셈 테스트 모두 KeyErrors를 발생시키며 실패한다.

```
ERROR: testAdditionOfDollarsAndEuros (__main__.TestMoney)
...
KeyError: 'EUR->USD'
...
ERROR: testAdditionOfDollarsAndWons (__main__.TestMoney)
...
KeyError: 'USD->KRW'
```

파이썬에선 딕셔너리에 없는 키로 조회를 수행할 때 KeyError가 발생한다.

 파이썬에서 존재하지 않는 키로 키 조회 연산자 []를 통해 딕셔너리값을 얻으려는 시도는 항상 KeyError를 발생시킨다(https://oreil.ly/P6fHs).

코드에서 오류 처리를 개선해야 한다. 이를 피처 목록에 추가한다(exchangeRates 딕셔너리에 두 값 복구를 잊지 말자!).

변경 사항 반영하기

여러 환율을 정의할 수 있으며 이에 맞춰 임의의 통화 간 변환을 할 수 있게 됐다. 깃 커밋 메시지는 이 새로운 피처를 반영해야 한다.

```
git add .
git commit -m "feat: conversion between currencies with defined exchange rates"
```

중간 점검

우리 코드는 필요한 환율이 알려져 있는 한, 상이한 Money 엔티티의 Portfolio를 유지하고 여러 통화로 이를 평가할 수 있는 수준으로 발전했다. 비웃을 일은 없다!

또한 보다 많은 강건한 오류 처리(특히 환율이 명시되지 않은 경우)의 필요성을 식별했다. 이를 목록에 추가하고 10장에서 살펴보겠다.

~~5 USD × 2 = 10 USD~~
~~10 EUR × 2 = 20 EUR~~
~~4002 KRW / 4 = 1000.5 KRW~~
~~5 USD + 10 USD = 15 USD~~
~~프로덕션 코드에서 테스트 코드 분리~~
~~중복 테스트 제거~~
~~5 USD + 10 EUR = 17 USD~~
~~1 USD + 1100 KRW = 2200 KRW~~
~~연관된 통화에 기반한 환율 결정 (환전 전 → 환전 후)~~
환율이 명시되지 않은 경우 오류 처리 개선
환율 수정 허용

9장의 코드는 깃허브 저장소에 'chap09' 브랜치에 있다(https://github.com/saleem/tdd-book-code/tree/chap09).

10장

오류 처리

어떤 실수가 우리의 눈과 귀를 멀게 하는가?

— 윌리엄 셰익스피어^{William Shakespeare}, 「시라쿠사의 안티폴루스^{Antipholus of Syracuse}」

실수는 인생의 일부분이다. 테스트 주도 개발을 채택하는 이유는 코드에 버그를 최소화하면서 탈없이 가능한 빠르게 개발하기 위함이다.

피처 목록의 다음 항목은 오류 처리 개선이다.

~~5 USD × 2 = 10 USD~~
~~10 EUR × 2 = 20 EUR~~
~~4002 KRW / 4 = 1000.5 KRW~~
~~5 USD + 10 USD = 15 USD~~
~~프로덕션 코드에서 테스트 코드 분리~~
~~중복 테스트 제거~~
~~5 USD + 10 EUR = 17 USD~~
~~1 USD + 1100 KRW = 2200 KRW~~
~~연관된 통화에 기반한 환율 결정 (환전 전 → 환전 후)~~
환율이 명시되지 않은 경우 오류 처리 개선
환율 수정 허용

오류 위시리스트

현재 코드에서 누락된 환율을 처리하는 방식에는 버그가 있다. 이 결함을 해결해보자.
표 10-1은 누락된 환율로 인해 발생하는 오류의 처리에 대한 위시리스트wish list를 보여
준다.

표 10-1 누락된 환율로 인한 오류 처리 위시리스트

항목	설명
1	하나 이상 필요한 환율이 누락됐을 때 Evaluate 메소드는 명시적 오류를 표시해야 한다.
2	오류 메시지는 '탐욕적(greedy)'이어야 한다. 즉 첫 번째 누락 환율만이 아닌 Portfolio의 평가를 방해하는 모든 누락 환율을 표시해야 한다.
3	호출자(caller)가 오류를 무시하지 않도록, 누락 환율로 인해 오류가 발생할 때 유효한 Money가 반환돼서는 안 된다.

예컨대 어떤 환율도 정의되지 않은 '칼가니드Kalganid'[1] 통화로 포트폴리오를 평가하려 한
다면, 모든 누락된 환율을 나열한 상세 오류 메시지를 획득해야 한다.

Go

환율이 누락됐을 때 convert와 Evaluate 메소드의 시그니처를 바꿔야 한다.
현재는 해당 메소드에서 단일값만 반환한다. 오류를 표시하기 위해(부합되
는 환율을 찾을 수 없음) 두 번째 반환값이 필요하다.

 Go에서 실패를 표시하는 관용적인 방법은 호출자가 검사할 수 있도록 함수나 메소드의 마지
막 반환값(https://oreil.ly/aJgeV)으로 error를 반환하는 것이다.

---

1 칼가니드란 아이작 아시모프(Issac Asimov)의 소설, 「파운데이션」 시리즈에 등장하는 허구의 통화다.

다음은 Go의 이디엄을 사용해 Evaluate와 convert가 협력해 동작하는 의사코드다.

```
Evaluate:
  각 Money 구조체 순회
    목표 통화로 Money 변환 시도 및 총 금액에 더하기
      변환 시 오류가 반환되면:
        '환전 전' 및 '환전 후' 통화를 '실패'에 캡처
  실패가 발생하지 않았다면:
    총 금액 및 목표 통화와 함께 Money 구조체 반환;
      error에는 nil을 반환
  그 외에는:
    비어 있는 Money 구조체 반환; 모든 실패를 포함한 오류 메시지 반환
```

스케치한 의사코드로 money_test.go에 실패하는 테스트를 작성해보자. 이 테스트는 기본 테스트와는 약간 다르다. 오류가 반환되길 기대하고, 오류 메시지와 예상하는 메시지를 비교한다.

```go
func TestAdditionWithMultipleMissingExchangeRates(t *testing.T) {
    var portfolio s.Portfolio

    oneDollar := s.NewMoney(1, "USD")
    oneEuro := s.NewMoney(1, "EUR")
    oneWon := s.NewMoney(1, "KRW")

    portfolio = portfolio.Add(oneDollar)
    portfolio = portfolio.Add(oneEuro)
    portfolio = portfolio.Add(oneWon)

    expectedErrorMessage := ❶
        "Missing exchange rate(s):[USD->Kalganid,EUR->Kalganid,KRW->Kalganid,]"
    _, actualError := portfolio.Evaluate("Kalganid") ❷

    if expectedErrorMessage != actualError.Error() {
        t.Errorf("Expected %s Got %s",
            expectedErrorMessage, actualError.Error())
    }
}
```

❶ 예상하는 오류 메시지는 각 누락된 환율을 나열해야 한다. 끝에 콤마(,)를 넣어야 한다.

❷ 첫 번째 반환값은 신경 쓰지 않기 때문에 빈 식별자^{blank identifier}에 할당한다.

Go의 암시적 세미콜론 규칙은 복합 리터럴에서 후행 콤마(trailing comma)가 필요하다 (https://oreil.ly/7VQWS). 오류 메시지에서 마지막 환율 뒤에 오는 후행 콤마는 이런 Go의 구문 선호도를 반영한다.

위 테스트는 덧셈에 대한 기존 두 테스트와 유사하다. Evaluate 메소드의 두 번째 반환값으로 상세 메시지를 포함한 오류를 기대한다. 첫 번째 반환값을 빈 식별자에 할당해 무시한다.

테스트에서 예상하는 오류 메시지와 실제 오류 메시지를 비교한다. 기존 assertEqual 함수는 Money 구조체만을 비교할 수 있기 때문에 사용할 수 없다. 따라서 assertEqual 함수 개선이 필요하다. 이에 대해선 리팩터 단계에서 다루겠다.

Go에서는 함수의 어떤 반환값이라도 밑줄 문자(_)로 표현되는 '빈 식별자'에 할당할 수 있다 (https://oreil.ly/zC6pg). 즉 '이 값에 신경 쓰지 않겠다'를 의미한다.

이 코드는 컴파일 되지 않는다. 실행하려고 하면 money_test.go에 다음의 오류가 발생한다.

```
... assignment mismatch: 2 variables but portfolio.Evaluate returns 1 values
```

테스트를 통과시키려면, 먼저 Evaluate 메소드의 시그니처를 두 개의 값을 반환하도록 변경해야 하며, 두 번째 값이 error다. Evaluate 메소드는 error를 반환해야 하는지 어떻게 알 수 있을까? 하나 (또는 이상의) convert 메소드 호출이 실패하면 알 수 있다. 누락된 환율이 감지되는 위치가 바로 convert 메소드이기 때문이다. 즉 convert 메소드의 시그니처 역시 바꿔야 한다.

먼저 convert 메소드를 재설계해 환율이 발견됐는지 여부를 나타내는 부울값을 반환해 보자.

```go
func convert(money Money, currency string) (float64, bool) { ❶
    exchangeRates := map[string]float64{
        "EUR->USD": 1.2,
        "USD->KRW": 1100,
    }
    if money.currency == currency {
        return money.amount, true
    }
    key := money.currency + "->" + currency
    rate, ok := exchangeRates[key]
    return money.amount * rate, ok
}
```

❶ 두 개의 값을 반환하도록 메소드 시그니처가 변경됐다.

convert 시그니처를 변경해 두 번째 반환 타입(bool)을 추가했다. '환전 전'과 '환전 후' 통화가 같으면, 이전과 같이 환전은 특별할 것이 없다. 변경 없는 money.amount와 성공을 나타내는 두 번째 반환값 true를 반환한다. '환전 전'과 '환전 후' 통화가 다르다면, 맵에서 환율을 조회한다. 조회의 성공이나 실패는 ok 변수에 캡처 돼 convert 메소드의 두 번째 반환값으로 사용한다.

 Go에서는 맵에서 어떤 키를 찾을 때, 두 번째 반환값에 키를 찾은 경우에 true 그 외에는 false가 반환된다. 관습적으로 두 번째 반환값은 ok로 명명된 변수에 할당한다. 따라서 이 이디엄의 이름은 '콤마, ok'다(https://oreil.ly/AajSQ).

---

convert 시그너처는 변경했고 Evaluate 또한 재설계가 필요하다.

```go
import "errors" ❶
...
func (p Portfolio) Evaluate(currency string) (Money, error) { ❷
    total := 0.0
```

```
    failedConversions := make([]string, 0)
  for _, m := range p {
    if convertedAmount, ok := convert(m, currency); ok {
      total = total + convertedAmount
    } else {
      failedConversions = append(failedConversions,
        m.currency+"->"+currency)
    }
  }
  if len(failedConversions) == 0 { ❸
    return NewMoney(total, currency), nil
  }
  failures := "["
  for _, f := range failedConversions {
    failures = failures + f + ","
  }
  failures = failures + "]"
  return NewMoney(0, ""),
    errors.New("Missing exchange rate(s):" + failures) ❹
}
```

❶ errors 패키지는 error 생성에 필요하다.

❷ 메소드 시그니처가 두 값을 반환하도록 변경됐다.

❸ 실패한 환전이 없으면 두 번째 값 error는 nil로 반환된다.

❹ 실패한 환전이 있으면 모든 환전 실패를 나열한 error가 두 번째 값으로 반환된다.

여러 새로운 코드 라인이 있지만, 앞서 스케치한 의사코드를 충실히 표현한 것이다. failedConversions 슬라이스에서 오류 메시지를 만들기 위해 두 번째 for loop이 필요하지만 개념적으로 간단하다.

이 변경 사항으로 덧셈에 대한 다른 세 개의 테스트에서 컴파일 오류가 발생한다. 다음 오류 메시지가 3회 출력된다.

```
... assignment mismatch: 1 variable but portfolio.Evaluate returns 2 values
```

두 개의 값을 반환하도록 Evaluate 메소드 시그니처를 변경했기 때문에, Evaluate 메소드를 호출하는 기존 코드도 빈 식별자에 할당하더라도 두 번째 값을 받도록 변경해야 한다. 다음은 그 예를 살펴보자.

```
actualValue, _ := portfolio.Evaluate("USD") ❶
```

❶ 두 번째 반환값을 빈 식별자에 할당해 오류를 신경 쓰지 않음을 나타낸다.

이 변경 사항으로 이제 모든 테스트가 통과한다.

리팩터 차례다. 새로운 테스트의 어서션인 if 블록을 살펴보자. assertEqual 메소드를 호출해 사용하고 싶지만, 현재 assertEqual 메소드의 시그니처는 두 개의 Money 객체를 필요로 하는 반면, 우리는 두 개의 문자열을 비교하려 한다. assertEqual 메소드의 내부 코드는 지금 구현한 대로도 괜찮다. 주어진 두 인자를 비교하고 서로 같지 않다면 형식화된 오류 메시지를 출력한다.

더 일반적인 방식으로 assertEqual에 두 매개변수를 선언할 수 있는 방법이 있을까?

물론 방법이 있다. Go에서는 구조체로 하나 이상의 인터페이스를 구현할 수 있다. 이 구현의 메커니즘은 다소 극단적이다. 어떤 구조체가 한 인터페이스에 정의된 모든 메소드에 receiver를 가진다면, 자동으로 해당 인터페이스를 구현한 셈이 된다. 코드에는 "여기! 이 구조체는 이에 의해 이런 인터페이스를 구현한다."와 같이 명시적으로 선언하는 것이 없다(이런 안내 방송의 프로그램화된 버전도 없다). Go의 인터페이스는 정적 타입 검사static type-checking와 동적 디스패칭dynamic dispatching의 재밌는 조합이다.

Go의 인터페이스(https://oreil.ly/Pclu0)는 인터페이스의 모든 메소드를 구현하는 모든 것(사용자 정의 구조체나 내장 타입 등)에 의해 구현된다.

특히 흥미로운 것은 아무 메소드도 없는 빈 인터페이스다. 빈 인터페이스는 어떤 메소드도 갖지 않기 때문에 모든 타입에 구현된다.

Go에서 빈 인터페이스인 interface{}는 모든 타입에 의해 구현된다.[2]

빈 인터페이스는 모든 타입에서 구현돼 있기 때문에, assertEqual 메소드의 시그니처를 바꿔 expected값과 actual값의 타입이 둘 다 interface{} 타입으로 받도록 할 수 있다. 그런 다음에 필요에 따라 두 문자열 또는 두 Money 객체를 전달할 수 있다.

```go
func assertEqual(t *testing.T, expected interface{}, actual interface{}) { ❶
    if expected != actual {
        t.Errorf("Expected %+v Got %+v", expected, actual)
    }
}
```

❶ 이 메소드의 시그니처는 두 Money 대신 두 interface{}를 받도록 변경됐다.

이제 TestAdditionWithMultipleMissingExchangeRates의 if 블록을 변경된 assertEqual 메소드 호출로 교체할 수 있다.

```go
func TestAdditionWithMultipleMissingExchangeRates(t *testing.T) {
...
    assertEqual(t, expectedErrorMessage, actualError.Error())
}
```

깔끔하다! 테스트는 여전히 그린이고 더 적은 코드 라인을 가진다. 표 10-1에 나열된 세 가지 항목을 달성했다.

convert와 Evaluate에 키를 만드는 코드 조각에 아직 중복이 남아있다. 코드를 간소화할 필요가 있으며, 피처 목록에 이를 추가한다.

---

2 Go의 빈 인터페이스를 테스트하려면 브라우저에서 이 예제를 열어보자(https://go.dev/tour/methods/14).

자바스크립트

하나 이상의 환율이 발견되지 않았을 때, evaluate에서 상세 메시지를 포함한 오류를 발생^{throw}시키고 싶다. 이런 예외를 포함하도록 상세 메시지를 기술한 테스트를 test_money.js에 작성해보자.

```
testAdditionWithMultipleMissingExchangeRates() {
    let oneDollar = new Money(1, "USD");
    let oneEuro = new Money(1, "EUR");
    let oneWon = new Money(1, "KRW");
    let portfolio = new Portfolio();
    portfolio.add(oneDollar, oneEuro, oneWon);
    let expectedError = new Error( ❶
        "Missing exchange rate(s):[USD->Kalganid,EUR->Kalganid,KRW->Kalganid]");
    assert.throws(function() {portfolio.evaluate("Kalganid")}, expectedError);
}
```

❶ 기대 오류 메시지는 각 누락 환율을 나열해야 한다.

이 테스트는 덧셈에 대한 기존 테스트와 유사하다. 눈에 띄는 차이점은 '칼가니드'로 Portfolio를 평가하려는 것이다. assert.throws는 evaluate 함수를 호출하는 익명 함수의 참조를 첫 번째 매개변수로, expectedError를 두 번째 매개변수로 취한다.

자바스크립트에서는 예외 발생이 예상될 때 assert.throws의 일부로써 테스트 대상이 되는 메소드를 호출하지 않는다. 그렇지 않으면 assert 구문 자체가 성공적으로 실행되지 않을 것이다. 대신, 테스트 대상이 되는 메소드를 호출하는 익명 함수 객체를 첫 번째 매개변수로 전달한다.

---

evaluate 메소드가 현재 기대하는 예외를 발생시키지 않아 위 테스트는 실패한다.

```
AssertionError [ERR_ASSERTION]: Missing expected exception (Error).
...
    code: 'ERR_ASSERTION',
    actual: undefined,
    expected: Error:
        Missing exchange rate(s):[USD->Kalganid,EUR->Kalganid,KRW->Kalganid]
```

자명한(미련한) 조건문을 evaluate 메소드 상단에 작성해 테스트를 통과시킬 수 있다. 그런 다음에 자명하지 않은 (더 나은) 구현을 강제하는 또 다른 테스트를 작성할 수 있다.

```
evaluate(currency) {
    /////////////////////////////////////
    // We *could* do this; but let's not!
    /////////////////////////////////////
    if (currency === "Kalganid") {
        throw new Error(
            "Missing exchange rate(s):[USD->Kalganid,EUR->Kalganid,KRW->Kalganid]");
    }
...
}
```

곧바로 자명하지 않은 구현을 향해 속도를 낼 수 있는지 보자.

9장에서 존재하지 않는 키를 자바스크립트의 Map에 조회할 때 undefined값이 반환되는 것을 봤다. 비슷한 방법으로 convert를 구현할 수 있다. 환율이 찾아지면 변환된 금액, 그렇지 않으면 undefined를 반환한다.

```
convert(money, currency) {
    let exchangeRates = new Map();
    exchangeRates.set("EUR->USD", 1.2);
    exchangeRates.set("USD->KRW", 1100);
    if (money.currency === currency) {
      return money.amount; ❶
    }
    let key = money.currency + "->" + currency;
    let rate = exchangeRates.get(key);
    if (rate === undefined) {
        return undefined; ❷
```

```
        }
        return money.amount * rate; ❸
    }
```

❶ Money를 같은 통화로 변환할 때는 간단히 amount를 결과로 반환한다.

❷ 환율을 찾지 못했을 때, undefined를 결과로 반환한다.

❸ 환율이 존재하면, 해당 환율을 사용해 변환된 금액을 계산한다.

evaluate에서 money 배열을 순회할 때 convert 호출 각각을 검사할 수 있다. 어떤 환전의 결과가 undefined값이라면 배열에서 누락된 환전 키(즉 '환전 전'과 '환전 후' 통화)를 기록한다. 마지막으로 모든 환전 작업이 끝났을 때 이전과 마찬가지로 새로운 Money 객체를 반환하거나 실패가 발생했다면 누락된 환전 키를 메시지에 담은 오류를 발생시킨다.

```
evaluate(currency) {
    let failures = [];
    let total = this.moneys.reduce( (sum, money) => {
        let convertedAmount = this.convert(money, currency);
        if (convertedAmount === undefined) {
            failures.push(money.currency + "->" + currency);
            return sum;
        }
        return sum + convertedAmount;
    }, 0);
    if (!failures.length) { ❶
        return new Money(total, currency); ❷
    }
    throw new Error("Missing exchange rate(s):[" + failures.join() + "]"); ❸
}
```

❶ 실패가 없는지 검사한다.

❷ 실패가 없으면 올바른 금액을 담은 새로운 Money 객체와 통화를 반환한다.

❸ 환전 실패가 있으면, 실패한 모든 환전을 열거하는 오류를 반환한다.

테스트는 모두 그린이고 표 10-1에 항목들을 달성했다.

그러나 코드에 미묘하게 불편한 악취가 있다. convert와 evaluate 둘 다 환전 키를 만드는 곳에 있는 중복이 이 악취의 근원지다. 이 정리 항목을 피처 목록에 추가한다.

파이썬

누락된 환율로 인해 evaluate가 실패할 때 예외를 발생시키려 한다. 예외 메시지는 모든 누락된 환율 키('환전 전'과 '환전 후' 통화)를 서술해야 한다. 해당 동작을 검증하는 테스트로 시작해보자.

파이썬은 예외, 오류, 경고에 대해 정제된 클래스 계층을 가진다(https://oreil.ly/TFi6D). 모든 사용자 정의 예외는 Exception을 상속(extend)해야 한다.

```python
def testAdditionWithMultipleMissingExchangeRates(self):
    oneDollar = Money(1, "USD")
    oneEuro = Money(1, "EUR")
    oneWon = Money(1, "KRW")
    portfolio = Portfolio()
    portfolio.add(oneDollar, oneEuro, oneWon)
    with self.assertRaisesRegex(
        Exception,
        "Missing exchange rate\(s\):\[USD\->Kalganid,EUR->Kalganid,KRW->Kalganid]",
    ):
        portfolio.evaluate("Kalganid")
```

이 테스트는 몇 가지 차이점을 제외하면 덧셈에 대한 기존 테스트와 비슷하다. 첫째, 환율이 존재하지 않는 '칼가니드'로 Portfolio를 평가하려 한다. 둘째, evaluate 메소드가 특정 오류 메시지를 발생(raise) 시키길 기대한다. 이 오류 메시지는 assertRaisesRegex 구문에서 검증한다.

assertRaisesRegex는 파이썬의 TestCase 클래스에 정의된 많은 유용한 assertion 메소드 (https://oreil.ly/Sg5Kl) 중 하나다. 상기 코드에서 예외 문자열이 정규 표현식(https://oreil. ly/qtnQl)에서 특별한 의미를 갖는 문자들을 갖고 있기 때문에 백슬래시 문자로 그 문자를 탈출시킨다.

테스트는 두 가지 예외로 실패한다. 첫째, 칼가니드 통화를 포함하는 환율 키가 없없어서 예상되는 KeyError가 있다. 두 번째 오류는 유도했던 어서션 실패다.

```
FAIL: testAdditionWithMultipleMissingExchangeRates (__main__.TestMoney)
------------------------------------------------------------------------
KeyError: 'USD->Kalganid'

During handling of the above exception, another exception occurred:

...
AssertionError:
"Missing exchange rate\(s\):\[USD\->Kalganid,EUR->Kalganid,KRW->Kalganid]"
    does not match "'USD->Kalganid'"
```

이는 테스트가 예외를 발생시키고 있음을 드러낸다. 하지만 예외의 메시지는 테스트가 요구하는 것에 부합되지 않는다. 발생된 예외 메시지는 'USD-〉Kalganid'(바라는 오류 메시지에서 최소한 한 부분)라는 점에 주목하라. 유리한 출발선에 있다!

'USD-〉Kalganid' 메시지는 exchangeRates 딕셔너리에 누락된 키를 찾을 때 발생하는 KeyError 예외에 있는 메시지다. evaluate에서 그런 모든 메시지를 잡아채서 깔끔히 손질된 메시지를 담은 예외를 발생시킬 수 있을까?

evaluate 메소드에서 __convert 호출 시 발생하는 예외에 응답하도록 evaluate 메소드를 바꿔야 한다. 람다 함수를 반복문으로 펼치고 try … except 블록을 추가해 실패를 잡아채 보자. 실패가 발생하지 않으면 이전과 같이 새로운 Money 객체를 반환한다. 실패가 발생하면, 잡아챈 KeyError 예외의 문자열을 목록내 콤마로 구분한 메시지를 담은 예외를 발생시킨다.

```python
def evaluate(self, currency):
    total = 0.0
    failures = []
    for m in self.moneys:
        try:
            total += self.__convert(m, currency)
        except KeyError as ke:
            failures.append(ke)

    if len(failures) == 0:
        return Money(total, currency) ❶

    failureMessage = ",".join(str(f) for f in failures)
    raise Exception("Missing exchange rate(s):[" + failureMessage + "]") ❷
```

❶ 실패가 없으면, 올바른 금액을 담은 새로운 Money 객체와 통화를 반환한다.

❷ 환전 실패가 있으면, 모든 실패된 환전을 열거한 예외를 반환한다.

이제 테스트를 실행해보면, 다음 AssertionError가 발생한다.

```
AssertionError:
    "Missing exchange rate\(s\):\[USD->Kalganid,EUR->Kalganid,KRW->Kalganid\]"
        does not match
    "Missing exchange rate(s):['USD->Kalganid','EUR->Kalganid','KRW->Kalganid']" ❶
```

❶ 실제값과 예상값이 단일 인용 부호(') 유무에 의한 차이가 발생한다.

문자화된 KeyError가 단일 인용 부호를 포함하고 있으며, 이는 바라는 메시지에 누락됐다는 차이점이 있다.

거의 다 왔다! 테스트를 바꿔 각 누락된 환율 키 주위에 단일 인용 부호를 추가하고 싶다. 그렇게 해야 할까?

변경 사항이 과도하지 않거나 피처가 그다지 중요하지 않다면, 경우에 따라 결과에 부합하도록 요구 사항을 바꿔야 하는 타당한 이유가 있기도 하다. 이때 evaluate 메소드의 추가 변경 사항에 두 가지 모두 수용할 수 있다.

하지만 경기 시작 후 골대를 옮기는 것은 뭔가 불편하다. 그리고 거의 다 왔다! Key Error의 문서를 빠르게 살펴보면 BaseException의 모든 하위 클래스와 같이, 예외 객체가 생성될 때 제공되는 args 속성은 문자열 인수의 목록을 포함하며 KeyError가 args 속성을 갖는 것을 알 수 있다. 이 목록의 첫 번째 메시지(인덱스 0)가 우리가 찾는 메시지다. failureMessage를 조합하는 간단한 변경 방법으로 문제를 해결할 수 있다.

```
failureMessage = ",".join(f.args[0] for f in failures) ❶
```

❶ str(f) 대신 f.args[0]을 사용해 단일 인용 부호를 제거한다.

모든 테스트가 그린이고 표 10-1의 항목에서 해야 하는 일들을 달성했다. 하지만 어딘가 멋지지 않은, 다소 불편한 느낌(동작하는 간결한 코드가 아니라는)이 여전히 있다. 간결한 람다 표현식을 장황한 반복문으로 펼쳐 놓은 점이 불편하다.[3] 또한 오류 메시지를 손보기 위해 내장 Exception 클래스의 깊은 곳까지 접근한 점도 꼽을 수 있다.

환율을 다루는 코드 일부를 리팩터하는 항목을 목록에 추가한다.

코드 스멜

'스멜(Smell)' 및 파생형 형용사인 '스멜리(Smelly)'는 예제로 보는 테스트 주도 개발(TDD by Example)에서 켄트 벡이 사용한 단어로, 아마도 정확하진 않지만, 코드의 근본적인 문제에 대한 뚜렷한 지표를 나타낸다. 코드 스멜(code smell)은 근본적인 문제로 이끌 수도 아닐 수도 있는 징후다. 예컨대 코드 중복은 스멜이다. 코드 스멜은 중복을 제거하도록 코드를 리팩터하게 이끌지만, 특별한 이유로 중복을 허용할 때도 있다. 팩토리얼(factorial) 함수를 테스트하는 다음의 두 가지 유형의 의사코드를 고려해보자.

```
assert_that factorial(5) == 5*4*3*2 ❶
...
assert_that factorial(5) == 5 * factorial(4) ❷
```

❶ 테스트에서 논리를 중복해 팩토리얼을 검증한다.

❷ factorial 함수 자체를 사용해 팩토리얼을 검증한다.

---

3 파이썬 람다 내에 예외를 잡아챌 자명한 방법은 없다. 이 피처를 두고 파이썬에 제안된 개선안(PEP 463)이 있는데, 2014년에 거부된 바 있다(https://oreil.ly/6PYuS).

첫 번째 코드 라인은 팩토리얼 계산 방식(테스트의 5!)과 중복된다. 두 번째 테스트는 그런 중복은 없고 n! = n * (n−1)!의 수학적 원리를 사용한다. 대다수의 경우 첫 번째 코드 라인이 내재한 중복이 더 바람직할 수 있는데, 두 번째 코드 라인은 factorial 함수 내 특정한 종류의 버그를 찾을 수 없기 때문이다.

코드 스멜은 보통 발견하기 쉽다. 중복, 미사용 코드, 길이가 긴 이름, 모호한 이름, 다량의 인라인 코멘트, 바깥 스코프의 다른 변수를 '가리는(shadow)', 즉 숨기는 변수, 길이가 긴 메소드 등이 주목할 만한 스멜이다.[4]

변경 사항 반영하기

코드에 추가한 오류 처리는 로컬 깃 저장소에 반영할 가치가 있다. 이를 반영해보자.

```
git add .
git commit -m "feat: improved error handling for missing exchange rates"
```

중간 점검

Portfolio를 평가하는 방법에 오류 처리를 추가했다. 이런 오류 추가가 코드에 가져오는 탄성은 상당한 업적이다. 하지만 그렇게 하면서 지금까지 환율을 모델링한 서툰 방식을 점차 인식하게 됐다. Portfolio 및 Portfolio의 평가에서 구현을 유지함으로써 단순함의 우아함에서 벗어났다.

환율 구현을 개선하는 피처를 목록에 추가하자.

~~5 USD × 2 = 10 USD~~
~~10 EUR × 2 = 20 EUR~~
~~4002 KRW / 4 = 1000.5 KRW~~
~~5 USD + 10 USD = 15 USD~~
~~프로덕션 코드에서 테스트 코드 분리~~

---

4 다른 많은 소프트웨어 용어와 마찬가지로, 마틴 파울러의 웹 사이트는 '코드 스멜'이라는 주제로 유용한 내용을 다룬다(https://oreil. ly/c7imn).

~~중복 테스트 제거~~
~~5 USD + 10 EUR = 17 USD~~
~~1 USD + 1100 KRW = 2200 KRW~~
~~연관된 통화에 기반한 환율 결정 (환전 전 → 환전 후)~~
~~환율이 명시되지 않은 경우 오류 처리 개선~~
환율 구현 개선
환율 수정 허용

10장의 코드는 깃허브 저장소에 'chap10' 브랜치에 있다(https://github.com/saleem/tdd-book-code/tree/chap10).

11장

은행 업무로 재설계

전반적으로 요구 사항이 늘어남에 따라 설계를 혁신할 가치가 있다.

– 마틴 파울러, 『엔터프라이즈 애플리케이션 아키텍처 패턴』(위키북스, 2015)

Portfolio 엔티티는 3장에서 도입했다. Portfolio는 우리 도메인의 핵심 개념을 나타내므로 일정 책임을 지우는 것이 정당하다. 지금은 Portfolio가 너무 많은 작업을 하고 있다. Portfolio의 주요 작업은 Money 엔티티의 저장소 역할이다. 하지만 Portfolio에는 환전이라는 추가 책임도 떠안게 됐다. 이를 위해서 Portfolio는 환율표와 환전을 수행하는 논리를 계속 유지해야만 한다. 이는 Portfolio의 책임으로 보이지 않는다. 화폐의 환전은 김장할 때 들어가는 고춧가루만큼 많은 비즈니스를 Portfolio에 포함시킨다.[1]

소프트웨어 프로그램은 요구 사항에 따라 성장했다. 현재의 설계를 개선하고, 욱여넣는 방식으로 현재 구현된 통화 간 변환보다 더 나은 추상화를 모색할 가치가 있다.

도메인 주도 설계[DDD, Domain-Driven Design]의 원칙은 지속적 학습이다. 도메인에 대해 새로 배운 지식이 있다면, 이를 개선시켜 설계와 소프트웨어에 반영해야 한다.

---

1 원문에는 피자 위에 올리는 땅콩 버터만큼으로 표현했으나 국내 정서상 이해가 쉬운 예인 김치와 고춧가루로 대체했다. – 옮긴이

도메인 주도 설계는 테스트 주도 개발이 능숙하게 지원하는 분야로, 에릭 에반스(Eric Evans)의 『도메인 주도 설계』(위키북스, 2011)(https://oreil.ly/RBXVv)는 해당 주제에 대한 획기적인 작업물이다.

앞서 몇 장에 걸쳐서 환전을 구현함으로써, 프로그램에 대한 새로운 통찰력을 얻었다. 바로 핵심 엔티티가 누락된 것이다. 실제 세계에서 돈을 바꿔주는 기관의 이름이 무엇일까? 은행이나 환전소다. 흔히 도메인은 모델 관점에서 구별할 수 없는 여러 비슷한 엔티티를 가질 수 있다. 도메인 모델링을 익힐 때 핵심적인 차이점과 더불어 중요하지 않은 차이점을 반드시 구별해야 한다.

앞서 언급된 누락된 엔티티를 나타내기 위해 Bank라는 이름을 선택한다. Bank의 책임은 무엇일까? 하나는 환율을 유지해야 하는 것이다. 그리고 환율에 기반해 통화 간 돈을 변환할 수 있어야 한다. Bank는 비대칭 환율을 허용해야 하는데, 실제 세계에 그러한 비대칭 환율이 존재하기 때문이다. 마지막으로 Bank는 환율이 누락돼 한 통화를 다른 통화로 환전할 수 없을 때 명확히 알려줘야 한다(환전의 기본 규칙을 확인하려면 8장의 '돈 섞기'절 참조).

환율을 보유하는 엔티티가 됨으로써 Bank는 또한 코드에서 악취를 없앤다. 불쾌한 냄새 하나는 환율을 저장하기 위한 키 생성(예: USD-)EUR)이 Portfolio 전반에 걸쳐 퍼졌다는 것이다. 이 냄새는 추상화 누수가 있음을 나타내는 믿을 만한 지표다. Bank 내부에 환율 표시(예: 키와 값)를 유지함으로써 Portfolio가 평가를 수행하는 방법을 단순화하려 한다.

 책임이 한 엔티티에서 해당 책임에 속하지 않는 다른 엔티티로 넘쳐 흐를 때 이를 추상화 누수(leaky abstraction)이라 한다. 조엘 스폴스키(Joel Spolsky)는 '모든 자명하지 않은 추상화는 어느 정도 누수가 있다(https://oreil.ly/1T3jZ)'고 말했다. 하지만 크게 갈라진 구멍은 재설계를 통해 메워야 한다.

의존성 주입

Bank라는 새로운 엔티티의 필요를 식별한 후 'Bank와 다른 두 개의 기존 엔티티, 즉 Money와 Portfolio 간 의존성은 어떻게 보여야 할까?'를 해결해야 한다.

분명히 Bank가 동작하려면 Money가 필요하다. Portfolio에는 Money와 Bank 모두 필요하다. 전자의 연관 관계^{association}는 집합 연관^{aggregation}의 하나고, 후자는 인터페이스 의존성이다. Portfolio는 Bank의 convert 메소드를 사용한다.

그림 11-1은 프로그램에서 세 개의 주요 엔티티, 책임, 상호의존성을 보여준다.

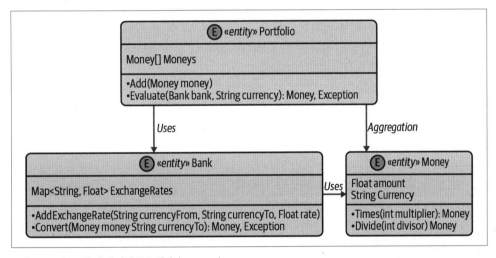

그림 11-1 프로그램 내 세 가지 주요 엔티티

Bank에 대한 Portfolio의 의존성은 최소한으로 유지된다. Bank는 Evaluate 메소드의 매개변수로써 제공된다. 이 유형의 의존성 주입은 메소드 주입이라 불리는데, 의존성을 필요로 하는 메소드에 직접 의존성을 '주입'하기 때문이다.

 의존성 주입(의존 엔티티 사용과 초기화를 분리하는 원칙과 사례)은 느슨하게 결합된 코드를 작성하게 해준다. 의존성 주입에는 생성자 주입, 속성 주입, 메소드 주입 등의 몇 가지 방식이 있다.

모두 합치기

작성한 코드에 큰 수술을 하려 한다. 환자의 건강과 안녕을 어떻게 보장할 것인가?

테스트 주도 개발의 주요 이점으로, 원본 코드를 작성하고 한참 뒤, 리팩터링 및 재설계가 진행되는 동안에 마치 수술 중 마취제를 놓듯 테스트가 안전성을 제공한다.

새로운 단위 테스트 작성(테스트 주도 개발의 핵심이자 지금까지 수행한 작업)과 기존 단위 테스트의 리팩터링을 함께 사용해 안정성에 접근한다. 이때 기존 테스트는 완료된 피처(목록에 취소선이 그어진 모든 항목)가 예상대로 동작하는지 검증해 유용한 보호장치 역할을 한다. 이런 기존 테스트를 계속 실행하며, 테스트 목적은 그대로 유지해 필요에 따라 구현을 변경한다. 새로운 테스트를 작성하고 기존 테스트를 리팩터링하는 두 갈래의 접근 방법은 병에 걸린 코드에 치료가 필요하다는 확신이 들게 할 것이다.

 테스트, 특히 단위 테스트는 재설계 중에 발생할 수 있는 리그레션 실패에 대항하는 방호벽이다.

이론과 설계가 끝났으면 코드를 작성할 차례다.

Go

아직 만들지 않은 Bank를 이용해 한 Money 구조체를 다른 환율을 갖는 구조체로 변환하는 테스트를 money_test.go에 작성해보자.

```go
func TestConversion(t *testing.T) {
    bank := s.NewBank()
    bank.AddExchangeRate("EUR", "USD", 1.2)
    tenEuros := s.NewMoney(10, "EUR")
    actualConvertedMoney, err := bank.Convert(tenEuros, "USD")
    assertNil(t, err) ❶
    assertEqual(t, s.NewMoney(12, "USD"), actualConvertedMoney)
}
```

```
func assertNil(t *testing.T, err error) { ❷
    if err != nil {
    t.Errorf("Expected error to be nil, found: [%s]", err)
    }
}
```

❶ 오류가 없는지 검증한다.

❷ 검증을 수행하는 새로운 도움 함수(Helpfer function)

NewMoney 동작 방식에 영감을 받아 NewBank 함수(미구현)을 호출해 Bank 구조체(미구현)을 생성한다. 특정 환율을 Bank에 추가하기 위해 AddExchangeRate 함수(미구현)을 호출한다. 그리고 나서 Money 구조체를 생성하고 다른 환율의 또 다른 Money 구조체를 획득하기 위해 Convert 메소드(미구현)을 호출한다. 마지막으로 환전 중 오류가 없고 환전 후 Money가 환율에 따른 기댓값에 부합하는지 단언한다. 기존 assertEqual 함수에서 확립된 패턴에 따라 새로운 assertNil 도움 함수로 어서션을 작성했다.

아직 구현되지 않은 개념(구조체 및 메소드)이 많은데, 이는 빠른 진행을 위함이다. 원한다면 이전에 했듯이 속도를 낮추고 더 적은 테스트를 작성할 수도 있다.

 테스트 주도 개발을 사용해, 원한다면 다수의 새로운 개념(빠른 진행이 가능)을 도입한 테스트 작성이 가능하다.

Bank의 Convert 메소드(미구현)은 두 개의 반환값(Money와 error)을 갖는다는 가정 아래 테스트를 작성했다. Portfolio에 있는 float64와 bool을 반환하는 기존 convert 메소드에서 Convert 메소드의 시그니처로 바꾼 이유는 무엇일까? 개념적으로 Bank는 어떤 통화의 Money를 다른 통화의 Money로 환전하기 때문이다.

따라서 첫 번째 반환값은 금액을 표시하는 float64가 아닌 Money다. 두 번째 반환값은 error로, 단순한 부울로는 할 수 없던 실패한 환전에 대한 환율을 가리키는 데 사용할 수 있다.

현재 알고 있는 사항을 바탕으로 충분한 설계를 하고 있다. 추측하지도(과도 설계) 않고 지나친 단순화(과소 설계)도 하지 않는다.

이 테스트를 그린으로 만들려면 '미구현'으로 표시된 모든 항목을 정교히 만들어야 한다. stocks 패키지에 bank.go 이름의 새로운 소스 파일을 만들어보자.

```go
package stocks

import "errors"

type Bank struct {
    exchangeRates map[string]float64
}

func (b Bank) AddExchangeRate(currencyFrom string, currencyTo string,
        rate float64) {
    key := currencyFrom + "->" + currencyTo
    b.exchangeRates[key] = rate
}

func (b Bank) Convert(money Money, currencyTo string) (convertedMoney Money,
    err error) {
    if money.currency == currencyTo {
        return NewMoney(money.amount, money.currency), nil ❶
    }
    key := money.currency + "->" + currencyTo
    rate, ok := b.exchangeRates[key]
    if ok {
        return NewMoney(money.amount*rate, currencyTo), nil ❶
    }
    return NewMoney(0, ""), errors.New("Failed") ❷
}

func NewBank() Bank {
    return Bank{exchangeRates: make(map[string]float64)}
}
```

❶ 환전을 성공하면 Money와 nil(오류 없음)이 반환된다.

❷ 환전이 실패하면 껍데기만 있는 Money와 error가 반환된다.

다음에 누락된 개념을 소개한다.

1. Bank 이름의 타입

2. exchangeRates를 저장하기 위한 맵을 갖는 Bank 구조체

3. Bank 타입의 구조체를 생성하는 NewBank 함수

4. Money 구조체 환전에 필요한 환율을 저장하는 AddExchangeRate 이름의 메소드

5. Portfolio의 기존 convert 메소드와 대체로 비슷한 Convert 이름의 메소드다. 반환값은 Money와 error다. 환전이 성공하면 Money가 반환되며 error는 nil이다. 환율 누락으로 환전 실패 시, 껍데기만 있는 Money 객체와 error가 반환된다.

이런 변경 사항을 세심히 적용하면 새로운 테스트는 통과한다.

Evaluate(유지 필요)의 기존 동작이 누락된 모든 환율을 담은 오류를 반환하는 것을 알고 있다. 이런 누락된 환율은 어디서 흘러 나왔을까? 바로 Convert 메소드이며, Evaluate에서 Convert 메소드가 사용된 직후다. 즉 Convert에서 반환되는 error에 반드시 누락된 환율이 포함돼야 한다.

Convert 메소드에서 쉽게 사용 가능한 key 이름의 변수에 누락된 환율이 있다. 하드 코딩된 'Failed' 오류 메시지를 변수 key로 변경하는 작은 작업이지만, 테스트 주도로 진행해보자. 오류가 발생할 때 껍데기뿐인 Money 구조체가 반환되는 악취 따위를 해결할 수 있기 때문이다. 두 개의 반환값이 대칭이 돼야 좋다. 첫 번째 반환값인 convertedMoney는 err가 nil일 때 환전 결과를 담아야 하며, 두 번째 반환값이 환전 오류를 기술하는 경우 첫 번째 반환값은 nil이다.

Go의 표준 라이브러리는 첫 번째 반환값의 포인터와 두 번째 반환값으로 오류를 반환하는 함수와 메소드(예: os.Open(), http.PostForm(), parse.Parse())들을 가진다. 엄격히 강요되는 언어 규칙은 아니지만, 이는 Go 블로그에 기술된 방식이다(https://oreil.ly/lEIP1).

적절한 오류 메시지와 이런 대칭성을 Convert 메소드에 반영하는 두 번째 테스트를 작성해보자.

```
func TestConversionWithMissingExchangeRate(t *testing.T) {
    bank := s.NewBank()
    tenEuros := s.NewMoney(10, "EUR")
    actualConvertedMoney, err := bank.Convert(tenEuros, "Kalganid") ❶
    if actualConvertedMoney != nil { ❷
        t.Errorf("Expected money to be nil, found: [%+v]", actualConvertedMoney)
    }
    assertEqual(t, "EUR->Kalganid", err.Error()) ❸
}
```

❶ EUR의 Money를 칼가니드로 환전한다.

❷ nil Money 포인터가 반환됨을 단언한다.

❸ 반환된 error에 누락된 환율이 포함됨을 단언한다.

위의 테스트(TestConversionWithMissingExchangeRate)는 유로를 Bank에 정의되지 않은 통화인 칼카니드로 환전을 하려 한다. Convert 메소드의 두 반환값이 nil인 Money 포인터와 누락 환율을 담고 있는 error가 되길 기대한다. 테스트는 타입 불일치로 인해 컴파일에서 실패한다.

```
... invalid operation: actualConvertedMoney != nil
  (mismatched types stocks.Money and nil)
```

이 테스트는 실패한 테스트로 간주된다. Convert에서 반환된 nil 값을 허용하기 위해 첫 번째 반환값의 타입을 포인터로 변경한다.

```go
func (b Bank) Convert(money Money, currencyTo string) (convertedMoney *Money, ❶
    err error) {
    var result Money
    if money.currency == currencyTo {
        result = NewMoney(money.amount, money.currency)
        return &result, nil ❷
    }
    key := money.currency + "->" + currencyTo
    rate, ok := b.exchangeRates[key]
    if ok {
        result = NewMoney(money.amount*rate, currencyTo)
        return &result, nil ❷
    }
    return nil, errors.New("Failed") ❸
}
```

❶ 첫 번째 반환 타입은 이제 Money 포인터다.

❷ 환전 성공 시, Money의 유효한 포인터와 nil error가 반환된다.

❸ 환전 실패 시, nil Money 포인터와 누락 환율을 담은 error가 반환된다.

테스트를 실행해보면 포인터 역참조를 떠올리게 하는 이전 테스트에서(TestConversion) 발생했던 실패 메시지가 출력된다.

```
=== RUN TestConversion
... Expected {amount:12 currency:USD} Got &{amount:12 currency:USD} ❶
```

❶ 기댓값 Money, 실제 획득값 Money 포인터다.

작은 앰퍼센트 &가 엄청난 차이를 만들어낸다. TestConversion의 actualConvertedMoney 변수는 이제 Money의 포인터이며 역참조가 필요하다.

```
assertEqual(t, stocks.NewMoney(12, "USD"), *actualConvertedMoney) ❶
```

❶ * 는 actualConvertedMoney 포인터가 가리키는 구조체를 역참조한다.

이렇게 변경해 잡으려 하는 어서션 실패를 얻는다.

```
=== RUN TestConversionWithMissingExchangeRate
    ... Expected EUR->Kalganid Got Failed
```

Convert 메소드의 'Failed' 문자열을 key로 교체해 테스트를 통과시킨다.

```
return nil, errors.New(key) ❶
```

❶ Convert 메소드의 마지막 라인

우리는 리팩터 단계에 있다. 개선할 수 있는 한 가지는 assertNil 메소드다. error가 nil인지 검증하는 데만 유용하다. assertEqual이 이미 하고 있듯이 assertNil이 어떤 타입의 인자도 받을 수 있다면 assertNil을 사용해 Money 포인터가 nil인지도 단언할 수 있다.

assertEqual 선례에 따라 assertNil을 구현해보자.

```
func TestConversionWithMissingExchangeRate(t *testing.T) {
...
    assertNil(t, actualConvertedMoney) ❶
...
}

func assertNil(t *testing.T, actual interface{}) { ❷
    if actual != nil {
        t.Errorf("Expected to be nil, found: [%+v]", actual) ❸
    }
}
```

❶ nil 포인터 검증에 수정된 assertNil을 사용한다.

❷ (거의) 모든 것을 나타내기 위해 빈 인터페이스 사용한다.

❸ nil이 아닌 값을 출력하기 위해 %+v 동사[verb]를 사용한다.[2]

---

2 Printf 함수와 같이 지정된 포맷으로 자료형의 출력을 지정하는 데 사용되는 변환 문자(정수 %d, 문자열 %s, 부동 소수점 %f 등)는 보통 동사(verb)라 부른다. – 옮긴이

이렇게 구현해 테스트를 실행하면 어딘가 이상한 실패가 발생한다.

```
=== RUN TestConversionWithMissingExchangeRate
    money_test.go:108: Expected to be nil, found: [<nil>]
```

정말 당혹스럽다! nil을 기대했고 <nil>이 발견됐는데, 무엇이 문제일까?

홑화살괄호 <>에서 실마리를 찾을 수 있다. Go에서 인터페이스는 타입 T와 값 V의 두 개의 구성 요소로 구현된다. Go가 인터페이스 내 nil을 저장하는 방식은 V가 nil이고, T는 인터페이스가 나타내는 타입이 뭐든 간에 해낭 타입의 포인터가 된다. 타입 T는 nil이 아니기 때문에 인터페이스 자체도 nil이 아니다.

비유하자면, 인터페이스는 선물을 감싼 포장지와 상자와 같다. 선물이 뭔지 보려면 포장지를 찢고 상자를 열어야 한다. 상자 안에 아무것도(최악의 개그 선물) 없을 수 있지만, 선물을 풀어 꺼내기 전까지는 알 수 없다.

 Go 인터페이스는 내부 포인터 값이 nil인 경우에도 nil이 아니다(https://oreil.ly/lyfG7).[3]

인터페이스를 풀어내고 내부의 값을 조사하는 방법으로 reflect 패키지를 사용한다. reflect 패키지의 ValueOf 함수는 값 V를 반환하며, 역시 reflect 패키지에 정의된 IsNil 함수를 호출해 검사할 수 있다. nil 인터페이스 검사 시 panic 오류를 피하기 위해 주어진 interface{}가 nil인지 또한 반드시 먼저 검사해야 한다.

올바른 assertNil 함수는 다음과 같다.

```
import (
    s "tdd/stocks"
    "testing"
    "reflect" ❶
)
```

---

3   Go의 인터페이스 값은 V와 T 모두 설정되지 않은 경우에만(T=nil, V는 미설정) nil이다. – 옮긴이

```
...
func assertNil(t *testing.T,actual interface{}) {
    if actual != nil && !reflect.ValueOf(actual).IsNil() { ❷
        t.Errorf("Expected to be nil, found: [%+v]", actual)
    }
}
```

❶ 인터페이스 조사를 위한 reflect 패키지가 필요하다.

❷ interface{} 자체나 V의 값 둘 다 nil이 아니면 어서션 오류가 발생한다.

훌륭하다! 테스트는 모두 통과되며 작성하기로 한 대칭적인 Convert 메소드를 만들었다. Portfolio의 Evaluate 메소드 의존성을 Bank에 도입할 준비가 됐다.

Evaluate 메소드에 대한 일련의 테스트가 있으므로 이제 Evaluate 메소드를 당당하게 재설계한다. 발생하는 모든 테스트 실패(많을 것으로 예상)라도 RGR 단계상에 유지된다.

Portfolio 내 Evaluate 메소드의 시그니처를 변경해 첫 번째 매개변수로 Bank를 갖게 한다. 또한 첫 번째 반환값의 타입을 Money 포인터로 변경한다. 메소드 내부 구현은 변경 사항이 거의 없고 명확하다. 곧 퇴출될 로컬 함수인 convert 대신 Bank의 Convert 메소드를 호출한다. Convert 호출이 error를 반환할 때마다, 오류 메시지를 저장한다. Money 구조체를 반환하는 대신 해당 Money 구조체의 포인터를 반환한다. 그리고 오류가 있다면 첫 번째 값이 nil, 두 번째 값으로 error를 반환한다.

```
func (p Portfolio) Evaluate(bank Bank, currency string) (*Money, error) { ❶
    total := 0.0
    failedConversions := make([]string, 0)
    for _, m := range p {
        if convertedCurrency, err := bank.Convert(m, currency); err == nil {
            total = total + convertedCurrency.amount
        } else {
            failedConversions = append(failedConversions, err.Error())
        }
    }
    if len(failedConversions) == 0 {
        totalMoney := NewMoney(total, currency)
        return &totalMoney, nil ❷
```

```
    }
    failures := "["
    for _, f := range failedConversions {
        failures = failures + f + ","
    }
    failures = failures + "]"
    return nil, errors.New("Missing exchange rate(s):" + failures) ❸
}
```

❶ Money 포인터와 error를 반환한다.

❷ Money 포인터가 nil이 아니면 nil error를 반환한다.

❸ 오류가 발생하면 nil Money 포인터가 반환된다.

Evaluate 메소드의 시그니처를 변경됨에 따라 테스트에서 모든 Evaluate 호출에서 컴파일이 실패된다. Bank를 생성해 Evaluate에 전달해야 한다. 각 개별 테스트 메소드에서 만들지 않고 money_test.go에서 한 번만 만들 수 있을까?

물론이다! money_test.go의 전역 변수로 Bank 변수를 선언하고 모든 필요한 환율을 넣어 해당 Bank를 초기화하는 init 함수를 사용하자.

```
var bank s.Bank ❶

func init() { ❷
    bank = s.NewBank()
    bank.AddExchangeRate("EUR", "USD", 1.2)
    bank.AddExchangeRate("USD", "KRW", 1100)
}
```

❶ money_test.go의 모든 테스트 메소드 외부에 선언, 즉 전역 변수로 선언한다.

❷ 새로운 init 함수

Go에 공유 상태를 만드는 방법은 여러 가지다. 각 테스트 파일은 하나 이상의 init() 함수를 가질 수 있으며(https://oreil.ly/qWdAW), 순서대로 실행된다. 모든 init 함수는 같은 시그니처를 가져야 한다. 대안으로, 테스트 파일에 MainStart 함수(https://oreil.ly/bPRAf)를 오버라이드하고, 임의의 시그니처를 갖는 하나(또는 이상)의 setup/teardown 메소드를 호출할 수 있다.

Evaluate 호출은 전역 변수로 선언된 bank를 사용할 수 있다(예: portfolio.Evaluate(bank, "Kalganid")).

Evaluate가 Money 포인터와 error를 반환하기 때문에, 이런 값을 변수에 할당하는 방법과 단언하는 방식을 바꿔야 한다.

필요한 변경이 적용된 후 TestAddition은 다음과 같다.

```go
func TestAddition(t *testing.T) {
    var portfolio s.Portfolio

    fiveDollars := s.NewMoney(5, "USD")
    tenDollars := s.NewMoney(10, "USD")
    fifteenDollars := s.NewMoney(15, "USD")7

    portfolio = portfolio.Add(fiveDollars)
    portfolio = portfolio.Add(tenDollars)
    portfolioInDollars, err := portfolio.Evaluate(bank, "USD") ❶

    assertNil(t, err) ❷
    assertEqual(t, fifteenDollars, *portfolioInDollars) ❸
}
```

❶ Evaluate 메소드에 bank 의존성을 주입한다.

❷ 오류가 없음을 단언한다.

❸ assertEqual 함수의 마지막 매개변수에 Money를 사용하기 전에 Money의 포인터를 역참조한다.

다른 테스트도 비슷하게(Evaluate의 첫 번째 매개변수에 bank를 사용하고 Money의 참조를 얻기 위해 포인터 역참조) 수정한 후 모든 테스트가 통과된다. 이제 Portfolio에서 사용되지 않는 convert 함수를 제거할 준비가 됐다. 사용되지 않는 코드 삭제는 정말 흐뭇하다!

테스트에 다용도로 사용 가능한 탄탄한 assertNil 함수가 있기 때문에 모든 빈 식별자 _ 를 실제 변수로 교체하고 이를 nil인지 검증한다. 가령 TestAdditionWithMultipleMissingExchangeRates에서 Money 포인터가 nil임을 검증할 수 있다.

```
func TestAdditionWithMultipleMissingExchangeRates(t *testing.T) {
...
    expectedErrorMessage :=
      "Missing exchange rate(s):[USD->Kalganid,EUR->Kalganid,KRW->Kalganid,]"
    value, actualError := portfolio.Evaluate(bank, "Kalganid") ❶

    assertNil(t, value) ❷
    assertEqual(t, expectedErrorMessage, actualError.Error())
}
```

❶ 빈 식별자 대신 이름이 있는 매개변수로 첫 번째 반환값(Money 포인터)을 받는다.

❷ nil Money 포인터가 반환됐는지 검증한다.

훨씬 코드 구조가 좋아졌다. Bank, Portfolio, Money에 명확한 책임이 지워졌다. 모든 이런 타입의 동작을 검증하는 탄탄한 테스트를 갖췄다. stocks 패키지의 각 파일이 수십 줄 남짓의 코드로 비슷한 크기라는 점이 개선된 코드의 좋은 지표라고 볼 수 있다(Godoc 코멘트를 작성한다면 굉장히 좋은 일인데 파일이 더 길어진다).

자바스크립트

만들려는 Bank 클래스를 사용해 어떤 Money 객체를 또 다른 Money 객체로 변환하는 새로운 테스트를 test_money.js에 작성해보자.

```
const Bank = require('./bank'); ❶
...
    testConversion() {
```

```
        let bank = new Bank(); ❷
        bank.addExchangeRate("EUR", "USD", 1.2); ❸
        let tenEuros = new Money(10, "EUR");
        assert.deepStrictEqual(
            bank.convert(tenEuros, "USD"), new Money(12, "USD")); ❹
    }
```

❶ bank 모듈(미구현) 가져오기 구문이다.

❷ Bank 생성자(미구현)를 호출한다.

❸ addExchangeRate(미구현)을 호출한다.

❹ convert(미구현)를 호출한다.

가져올 모듈인 Bank 클래스와 Bank 클래스의 메소드인 addExchange와 convert는 아직 존재하지 않는다(미구현).

테스트 실패를 예상해(또는 관찰해), Bank 클래스의 필수 동작을 포함하는 bank.js 이름의 새로운 파일을 생성해보자.

```
const Money = require("./money"); ❶

class Bank {
    constructor() {
        this.exchangeRates = new Map(); ❷
    }

    addExchangeRate(currencyFrom, currencyTo, rate) {
        let key = currencyFrom + "->" + currencyTo; ❸
        this.exchangeRates.set(key, rate);
    }

    convert(money, currency) { ❹
        if (money.currency === currency) {
            return new Money(money.amount, money.currency); ❺
        }
        let key = money.currency + "->" + currency;
        let rate = this.exchangeRates.get(key);
```

```
        if (rate === undefined) {
            throw new Error("Failed"); ❻
        }
        return new Money(money.amount * rate, currency);
    }
}

module.exports = Bank; ❼
```

❶ Bank 클래스는 Money 클래스를 필요로 한다.

❷ 생성자에 나중에 사용할 빈 맵을 생성한다.

❸ 환율을 저장할 키를 형성한다.

❹ 이 convert 메소드는 Portfolio 클래스의 convert 메소드와 닮았다.

❺ 통화가 같으면 새로운 Money 객체를 생성한다.

❻ 환율이 undefined이면 'Failed' 문자열을 담은 오류를 발생시킨다.

❼ 이 모듈 외부에서 사용을 위해 Bank 클래스를 내보내기한다.

addExchangeRate는 '환전 전' 및 '환전 후' 통화로 키를 생성하고 이 키로 환율을 저장한다.

convert 메소드의 동작 대부분은 Portfolio 클래스의 기존 코드에 크게 영향을 받는다. Bank.convert는 성공하면 Money 객체를 반환하고(금액만 반환하는 대신) 실패 시(undefined 를 반환하는 대신) Error를 발생시키는 차이점만 있다. 게다가 Bank.convert 메소드는 '환전 전'과 '환전 후' 통화가 같더라도 항상 새로운 Money 객체를 생성한다. 이는 절대 메소드 첫 번째 매개변수로 넘어온 객체가 아닌, 늘 새 Money 객체를 반환함으로써 우연히 발생하는 부작용을 예방한다.

 자바스크립트 객체(및 배열)는 참조로 전달된다(https://oreil.ly/OFYJP). 값에 의한 전달이 필요하다면(부작용을 줄이는 데 중요) 반드시 명시적으로 새로운 객체를 생성해야 한다.

테스트는 모두 그린이다.

모든 누락된 환율을 포함한 Error를 반환하는 evaluate 기존 동작을 유지해야 한다. evaluate 메소드에서 모든 누락된 환율을 제공하기 위해 새로운 convert 메소드가 필요하다. 그러므로 convert에서 발생된 오류는 반드시 누락된 환율을 포함해야 한다. 누락된 환율은 Bank.convert 메소드의 key 변수에 이미 있다. 작은 변경 사항이긴 하나, 테스트 주도로 진행해보자.

필요한 동작을 검증하기 위해 test_money.js에 새로운 테스트를 추가한다.

```
testConversionWithMissingExchangeRate() {
    let bank = new Bank(); ❶
    let tenEuros = new Money(10, "EUR");
    let expectedError = new Error("EUR->Kalganid"); ❷
    assert.throws(function () { bank.convert(tenEuros, "Kalganid") },
        expectedError); ❸
}
```

❶ 정의된 환율이 없는 새로운 Bank다.

❷ 누락된 환율을 포함하는 error를 기대한다.

❸ assert.throws에 익명 함수로 오류 메시지를 검증한다.

10장에서 testAdditionWithMultipleMissingExchangeRates를 작성했던 익명 함수를 사용하는 같은 assert.throws 이디엄을 사용한다.

예상된 어서션 실패로 테스트는 실패한다.

```
Running: testConversionWithMissingExchangeRate()
AssertionError [ERR_ASSERTION]: Expected values to be strictly deep-equal:
+ actual - expected

  Comparison {
+   message: 'Failed',
-   message: 'EUR->Kalganid',
    name: 'Error'
}
```

이 테스트를 통과시키는 방법은 간단한데, **convert**에서 Error를 발생시킬 때 key를 사용한다.

```
convert(money, currency) {
...
    if (rate === undefined) {
        throw new Error(key); ❶
    }
...
  }
```

❶ key를 사용하면 Error에 누락된 환율을 포함된다.

Bank 클래스에 이런 변경 사항을 적용해 모든 테스트가 통과한다. Portfolio 클래스를 바꿀 준비가 됐다. Portfolio에 대한 테스트 스위트가 있으므로 재설계로 바로 들어간다. 우리의 테스트(그리고 예상되는 실패)를 신뢰해 재설계가 올바르게 수행됨을 보장한다.

evaluate 함수는 Bank 객체를 의존성으로 수용해야 한다. Bank 객체를 evaluate 메소드의 첫 번째 매개변수로 넣을 것이다. 메소드의 나머지는 Bank.convert가 발생시키는 Error와 동작하도록 수정됐다. 오류 메시지는 누락된 환율을 감싸서 모든 누락된 환율의 기록을 유지하고 필요한 경우 evaluate에서 오는 오류 메시지 집합이 포함된 이상 오류를 발생시킬 수 있다.

```
evaluate(bank, currency) {
    let failures = [];
    let total = this.moneys.reduce( (sum, money) => {
        try {
        let convertedMoney = bank.convert(money, currency); ❶
        return sum + convertedMoney.amount;
        }
        catch (error) {
          failures.push(error.message);
          return sum;
        }
    }, 0);

    if (!failures.length) {
```

```
        return new Money(total, currency);
    }
    throw new Error("Missing exchange rate(s):[" + failures.join() + "]");
}
```

① Bank의 convert 메소드를 호출한다.

 자바스크립트는 예외 신호를 보내기 위해 throw 키워드를 사용하고 예외에 응답하기 위해
try … catch와 try … catch … finally 구성 요소를 갖는다(https://oreil.ly/GTr4Q).

---

evaluate의 시그니처를 변경했기 때문에 작성했던 덧셈 테스트 중 어떤 것도 통과하리
란 일말의 기대도 없다. 가볍게 웃자면, 있는 그대로 테스트 스위트를 실행한다. 테스트
를 실행하면 이상해 보이는 오류가 발생한다.

```
Running: testAddition()
...
Error: Missing exchange rate(s):[bank.convert is not a function,
    bank.convert is not a function]
```

이상하다. bank.convert가 어떤 결점을 갖고 있던 간에, bank.convert는 방금 작성했기
때문에 분명히 함수다! 이런 오류 메시지가 나오는 이유는 기존 테스트가 하나의 매
개변수로만 evaluate 함수를 호출했고, 자바스크립트 규칙이 이를 허용하기 때문이다.
그림 11-2와 같이, 통화 문자열이 첫 번째 매개변수에 할당되고 두 번째 매개변수는
undefined로 설정된다.

```
portfolio.evaluate("Kalganid");  [Undefined]
                        ↓            ↓
        evaluate(bank, currency) {
            ...
        }
```

그림 11-2 자바스크립트에서 메소드 호출 시 누락된 모든 매개변수는 undefined로 남는다.

222

자바스크립트는 함수 정의의 상태에 관계없이 함수로 전달되는 매개변수의 개수나 타입에 어떤 규칙(https://oreil.ly/xlnaU)도 강요하지 않는다.

통화 문자열을 bank라는 이름의 매개변수에 할당했어도, 첫 번째 매개변수 값은 문자열에 불과하다. Node.js 런타임은 bank에 convert 메소드가 없다는 말로 정당화한다.

Bank 객체를 만들고 evaluate 메소드의 첫 번째 매개변수로 넘겨보자. 이는 처음부터 끝까지 같은 통화를 사용하는 testAddition에 충분하다(환율 필요 없음).

```
testAddition() {
    let fiveDollars = new Money(5, "USD");
    let tenDollars = new Money(10, "USD");
    let fifteenDollars = new Money(15, "USD");
    let portfolio = new Portfolio();
    portfolio.add(fiveDollars, tenDollars);
    assert.deepStrictEqual(portfolio.evaluate(new Bank(), "USD"),
        fifteenDollars); ❶
}
```

❶ 이 테스트에는 환율이 필요 없으며 Bank 객체만 있으면 된다.

testAddition이 통과된다. 실패 메시지는 테스트 스위트의 다음 테스트로 넘어간다.

환율을 정의하더라도 다른 테스트도 비슷하게 고쳐야 한다. 여러 테스트에서 Bank 객체와 환율이 필요하므로, 테스트에 필요한 모든 환율로 Bank가 한 번만 정의되면 좋다. MoneyTest 생성자에 멤버 변수로 bank를 정의하고 초기화할 수 있다.

```
constructor() {
    this.bank = new Bank();
    this.bank.addExchangeRate("EUR", "USD", 1.2);
    this.bank.addExchangeRate("USD", "KRW", 1100);
}
```

덧셈 테스트의 대부분에서 메서드 내 지역 변수 bank 생성 없이 직접 this.bank를 사용할 수 있다. 예를 들면 다음과 같다.

```
testAdditionOfDollarsAndEuros() {
...
  assert.deepStrictEqual(portfolio.evaluate(this.bank, "USD"),
      expectedValue); ❶
}
```

❶ 생성자에 생성된 bank 객체는 테스트에서 this.bank로 접근 가능하다.

this.bank를 사용하는 데 한 가지 예외는 testAdditionWithMultipleMissingExchangeRates으로, 여기서는 의도적으로 오류를 발생시키려 한다. 이 테스트에서 assert 구문의 매개변수가 익명 함수 객체여서 this.bank의 참조는 실패한다. 바로 this가 변경됐기 때문이다!

이전 단락을 뜯어보자. 자바스크립트에서 ABC라는 객체를 만들 때, ABC 내 모든 코드는 ABC를 참조하기 위해 this를 사용할 수 있다. ABC 외부에 있는 모든 객체는 this를 사용해 접근할 수 없다.

 자바스크립트에서 this는 익명 객체를 포함한 가장 가까이에 에워싸는 객체를 참조한다. this 를 둘러싼 다른 모든 객체는 참조하지 않는다.

---

bank에 대한 로컬 참조를 얻을 수 있고 testAdditionWithMultipleMissingExchangeRates 내부의 어서션에서 해당 로컬 참조를 사용할 수 있다.

```
///////////////////////////////////
// 이렇게 "할 수" 있지만 하지 않는다!
///////////////////////////////////
let bank = this.bank; ❶
assert.throws(function() {portfolio.evaluate(bank, "Kalganid")},
    expectedError); ❷
```

❶ 로컬 변수에 this.bank 참조를 저장한다.

❷ 익명 함수 내부에 this.bank 사용되지 않도록 로컬 변수 bank를 사용한다.

위 코드는 맞긴 하지만 어색하다. 보다 간결하고 로컬 변수에 this.bank 저장이 필요 없는, 화살표 함수를 사용하는 대체 문법이 있다.

```
assert.throws(() => portfolio.evaluate(this.bank, "Kalganid"), expectedError); ❶
```

❶ 인자로 직접 this.bank를 사용하는 portfolio.evaluate()를 호출하는 화살표 함수를 쓴다.

테스트가 다시 그린이다! Portfolio에서 사용되지 않는 convert 함수를 제거할 준비가 됐다. 사용되지 않는 코드를 없앨 때 정말 즐겁다.

 ES6에서 자바스크립트에 도입된 화살표 함수 선언(https://oreil.ly/396SH)은 구문적으로 더 짧은 함수를 작성하게 한다.

이제 코드가 잘 조직화됐다. Bank, Portfolio, Money는 명확한 책임이 있다. 각 파일의 크기가 이제 비슷하다는 점은 좋은 지표다.

파이썬

첫 번째 목표로, 아직 정의되지 않은 Bank 추상화를 사용해 한 Money 객체를 다른 Money 객체로 변환하는 테스트를 작성한다.

```python
from bank import Bank ❶
...
    def testConversion(self):
        bank = Bank() ❷
        bank.addExchangeRate("EUR", "USD", 1.2) ❸
        tenEuros = Money(10, "EUR")
        self.assertEqual(bank.convert(tenEuros, "USD"), Money(12, "USD")) ❹
```

❶ bank 모듈을 가져오는 구문(미구현)이다.

❷ 새로운 Bank(미구현)를 생성한다.

❸ addExchangeRate(미구현)를 호출한다.

❹ convert(미구현)를 호출한다.

아직 존재하지 않는(미구현) 메소드, 즉 bank 모듈, Bank 클래스, Bank 클래스 내 addExchangeRate와 convert를 사용한다.

발생될 테스트 오류(ModuleNotFoundError: No module named 'bank' 등)를 예상(또는 관찰)해 최소의 필요한 동작으로 Bank 클래스를 선언한 bank.py라는 이름의 새로운 파일을 생성해보자.

```python
from money import Money ❶

class Bank:
    def __init__(self):
        self.exchangeRates = {} ❷

    def addExchangeRate(self, currencyFrom, currencyTo, rate):
        key = currencyFrom + "->" + currencyTo ❸
        self.exchangeRates[key] = rate

    def convert(self, aMoney, aCurrency): ❹
        if aMoney.currency == aCurrency:
            return Money(aMoney.amount, aCurrency) ❺

        key = aMoney.currency + "->" + aCurrency
        if key in self.exchangeRates:
            return Money(aMoney.amount * self.exchangeRates[key], aCurrency)
        raise Exception("Failed") ❻
```

❶ Bank는 의존성으로 Money를 필요로 한다.

❷ __init__ 메소드에 빈 딕셔너리를 초기화한다.

❸ 환율을 저장하는 key를 형성한다.

❹ 이 convert 메소드는 Portfolio 클래스의 __convert 메소드와 닮았다.

❺ 통화가 같으면 새로운 Money 객체를 생성한다.

❻ 환전이 실패하면 예외를 발생시킨다.

Bank 클래스(특히 convert 메소드)는 Portfolio의 기존 코드에서 차용한다. 두 가지 중요한 차이점은 Bank.convert의 시그니처에 있다. Bank.convert는 환전이 성공하면 Money(금액 대신)를 반환하고 환전이 실패하면 일반 Exception(KeyError 대신)를 발생시킨다.

새로운 Bank 클래스로 테스트가 통과한다.

모든 누락된 환율이 포함된 Exception을 반환하는 evaluate의 기존 동작을 유지해야 한다. evaluate 메소드는 누락된 환율을 제공하기 위해 convert 메소드가 필요하다. convert에서 발생한 Exception는 누락된 환율(convert의 key 변수에 있는 값)을 반드시 포함해야 한다. 변경은 작지만 테스트 주도로 변경 사항을 진행해보자.

```
def testConversionWithMissingExchangeRate(self):
    bank = Bank() ❶
    tenEuros = Money(10, "EUR")
    with self.assertRaisesRegex(Exception, "EUR->Kalganid"): ❷
        bank.convert(tenEuros, "Kalganid") ❸
```

❶ 정의된 환율이 없는 새로운 Bank다.

❷ 분명한 메시지의 Exception을 기대한다.

❸ 칼카니드 통화로 convert를 호출한다.

예상한 대로 테스트는 실패한다.

```
FAIL: testConversionWithMissingExchangeRate (__main__.TestMoney)
...
Exception: Failed
...
AssertionError: "EUR->Kalganid" does not match "Failed"
```

이를 고치기 위해 key를 사용해 convert에서 발생된 Exception을 생성한다.

```
 def convert(self, aMoney, aCurrency):
...
    raise Exception(key) ❶
```

❶ key를 사용해 Exception에 누락된 환율이 포함되게 한다.

모든 테스트가 그린이다. 새로운 Bank 클래스가 적용됨에 따라 Portfolio의 evaluate 메소드가 Bank 객체를 의존성으로 수용하도록 바꿀 준비가 됐다. evaluate 메소드를 사용하는 Money 객체의 덧셈에 대한 테스트가 최소한 4개는 있다. 이런 테스트는 전적으로 실패할 것으로 예상하며, 이로 인해 RGR 단계를 확고히 유지한다.

의무적으로 둬야 하는 self 뒤에, evaluate 메소드의 두 번째 매개변수로 bank를 배치한다. 메소드의 나머지 부분은 환율이 누락되면 Bank.convert에서 발생되는 Exception을 처리하도록 변경한다.

```
def evaluate(self, bank, currency):
    total = 0.0
    failures = []
    for m in self.moneys:
        try:
            total += bank.convert(m, currency).amount ❶
        except Exception as ex:
            failures.append(ex)

    if len(failures) == 0:
        return Money(total, currency)
    failureMessage = ",".join(f.args[0] for f in failures)
    raise Exception("Missing exchange rate(s):[" + failureMessage + "]")
```

❶ bank.convert 메소드에 위임한다.

evaluate에 이런 변경 사항을 적용하면, 몇몇 테스트에서 어딘가 이상한 오류로 실패한다.

```
TypeError: evaluate() missing 1 required positional argument: 'currency'
```

evaluate 메소드에 전달한 '위치 인자positional argument'는 currency뿐인데 이상하다. 누락된 것은 bank다! 이런 환영의 오류 메시지는 파이썬이 동적 타입 언어여서 발생한다. 파이썬은 evaluate 메소드에 전달한 첫 번째 인자(유일한)가 evaluate 메소드 선언의 첫 번째 위치 인자에 해당한다고 가정한다. 파이썬은 currency에 부합하는 두 번째 위치 인자를 찾지 못했기 때문에 이를 불평한다.

그림 11-3에서 실제 매개변수가 파이썬 메소드 호출에서 형식 매개변수와 어떻게 연관돼 있는지 알 수 있다.

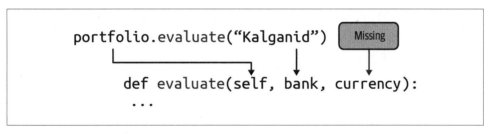

그림 11-3 파이썬에서 매개변수는 타입에 관계 없이 위치상 왼쪽에서 오른쪽으로 할당된다.

모든 덧셈 관련 테스트에서 필요한 사항을 충족시키기 위해 두서너 개의 환율이 포함된 Bank가 필요하다.

초기화 코드를 각 테스트에서 선언하기보다, 한 번만 선언할 수 있으면 좋을 것이다. 이렇게 하는 방법이 있다. 우리 테스트 클래스는 unittest.Test 클래스의 하위 클래스인 덕분에 unittest.Test 클래스의 모든 동작을 상속한다. 이런 상속된 동작의 단적인 한 예는 클래스에 setUp 메소드가 있어 각 테스트가 수행되기 전에 호출된다는 점이다. setUp 메소드에 Bank 객체를 정의할 수 있다.

```
def setUp(self): ❶
    self.bank = Bank() ❷
    self.bank.addExchangeRate("EUR", "USD", 1.2) ❸
    self.bank.addExchangeRate("USD", "KRW", 1100) ❸
```

❶ TestCase 슈퍼클래스의 메소드인 setUp의 오버라이드

❷ 테스트에 필요한 새로운 Bank 객체

❸ 테스트에 필요한 환율

다음의 예제처럼 테스트 메소드는 각 evaluate 호출의 첫 번째 인자에 간단히 self.bank 를 사용할 수 있다.

```
def testAddition(self):
...
    self.assertEqual(fifteenDollars, portfolio.evaluate(self.bank, "USD")) ❶
```

❶ setUp 메소드에 선언된 self.bank를 사용한다.

이런 방법으로 모든 evaluate 호출을 고치면 테스트는 원래대로 그린이 된다. Portfolio 의 기존 __convert 메소드를 예식에 따라 삭제할 준비가 됐다. 코드를 삭제하는 것은 기분 좋은 일이다. 음미하며 코드를 삭제해보자.

변경 사항 반영하기

Bank 도입과 그에 따른 리팩터링에서 상당한 크기의 코드 변경이 있 었다. 작업한 사항을 반영한 메시지와 함께 코드를 로컬 깃 저장소 에 반영해보자.

```
git add .
git commit -m "feat: added Bank; refactored Portfolio to use Bank"
```

중간 점검

코드 내부 구조를 상당히 바꿔 Portfolio에 모호하게 내재된 Bank 엔티티를 우리 도메인 의 일급 객체first-class citizen로 추출했다. 새로운 테스트와 기존 테스트 스위트를 섞어 사

용해 신규 작성 및 코드 개선상에 어떤 피처도 훼손되지 않도록 했다. 또한 테스트 실행 전 한 번만 Bank 변수를 선언하고 관련 테스트에서 해당 인스턴스를 사용하도록 테스트를 정리했다.

이제 목록에 기존 환율을 수정할 수 있는 항목이 하나 더 있다. 해당 항목으로 넘어가지 전에, 코드를 재설계하고 삭제해 얻은 호화로운 즐거움을 만끽하기 위해 목록에서 하나 이상의 항목에 취소선을 그으며 만족감을 더해보자.

~~5 USD × 2 = 10 USD~~
~~10 EUR × 2 = 20 EUR~~
~~4002 KRW / 4 = 1000.5 KRW~~
~~5 USD + 10 USD = 15 USD~~
~~프로덕션 코드에서 테스트 코드 분리~~
~~중복 테스트 제거~~
~~5 USD + 10 EUR = 17 USD~~
~~1 USD + 1100 KRW = 2200 KRW~~
~~연관된 통화에 기반한 환율 결정 (환전 전 → 환전 후)~~
~~환율이 명시되지 않은 경우 오류 처리 개선~~
~~환율 구현 개선~~
환율 수정 허용

 11장의 코드는 깃허브 저장소의 'chap11'의 브랜치에 있다(https://github.com/saleem/tdd-book-code/tree/chap11).

4부

마무리 짓기

12장

테스트 순서

나의 여정은 항상 혼돈과 질서 사이의 균형이었다.

– 필리프 프티^{Philippe Petit}

11장에서 Bank 엔티티를 도입함에 따라 상대적으로 중요한 설계를 변경했다. 새로 작성한 테스트와 기존 테스트 모두 설계 변경의 목표를 달성하는 데 도움이 됐다.

새로운 Bank 엔티티의 피처 하나는 모든 통화쌍 간의 환율을 수용하고 저장할 수 있다. 이를 설계(및 테스트)한 방식(두 통화에서 형성된 키에 값을 환율로 해 해시맵에 저장)을 통해 목록에 다음 피처가 이미 있다고 믿을 수 있다. 해당 피처는 환율 수정을 허용한다.

이 피처가 동작된다는 확신을 얻으려면(추측은 소용이 없음) 테스트 작성을 통한 해당 피처를 증명하면 된다. 피처가 이미 있을 가능성이 있는데 왜 테스트를 작성해야 할까? 즉 개발이 이미 끝났다면 새로운 테스트가 무엇을 어떻게 주도할 수 있을까?

이 질문에 다음의 세 가지 답변이 있다.

1. 반복이다. 새로운 프로덕션 코드가 필요치 않더라도 해당 피처에 대한 확신을 높일 수 있다.

2. 새로운 테스트는 해당 피처의 실행 가능한 문서 역할을 한다.

3. 새로운 테스트는 기존 테스트 간 생각치 못한 상호작용을 노출시킬 수 있어, 이를 해결하도록 유도한다.

코드를 문서화하는 데 테스트는 매우 효과적이다. 테스트에 의미 있는 이름을 사용할 수 있고(그래야 하고), 피처가 하는 일(피처가 어떻게 동작하는지와는 대조적으로)을 자세히 설명해, 테스트는 새로 온 사람들이 코드를 배울 수 있는 훌륭한 방법을 제공한다. 심지어 테스트는 코드의 동작상 미묘하지만 중요한 세부 사항을 잊어버릴 때 해당 코드로 방향을 틀어 이끄는 데 도움이 되기도 한다. 보게 되겠지만, 새로운 테스트를 작성하는 것은 기존 테스트의 문제점을 노출시킬 수 있다. 테스트를 작성해야 하는 이런 명분에서 깨우처, 목록에서 아마도 구현됐지만 아직 테스트되지 않은 피처에 초점을 돌려보자.

~~5 USD × 2 = 10 USD~~
~~10 EUR × 2 = 20 EUR~~
~~4002 KRW / 4 = 1000.5 KRW~~
~~5 USD + 10 USD = 15 USD~~
~~프로덕션 코드에서 테스트 코드 분리~~
~~중복 테스트 제거~~
~~5 USD + 10 EUR = 17 USD~~
~~1 USD + 1100 KRW = 2200 KRW~~
~~연관된 통화에 기반한 환율 결정 (환전 전 → 환전 후)~~
~~환율이 명시되지 않은 경우 오류 처리 개선~~
~~환율 구현 개선~~
환율 수정 허용

환율 변경

환전에 대한 기존 테스트를 변경하는 것부터 시작한다. 이미 두 통화 간 환율(예: EUR-〉 USD)로 환전이 효과가 있음을 알고 있다. 같은 통화쌍에 다른 환율을 추가해 테스트를 추가한다. 뒤이어 수행되는 환전이 새로운 환율을 활용하는지 검증한다. 테스트가 잘 동작한다면 그런 단계를 빠르게 통과했을 것이다. 마지막 단계에서 필요한 리팩터링에 집중한다.

Go

TestConversion의 마지막에 조금 더 코드를 추가해보자. 환율을 1.3으로 수정하고 그 효과를 검증한다. 또한 의도를 반영해 테스트 이름을 변경한다. 전체 테스트는 다음과 같다.

```go
func TestConversion(t *testing.T) {
    tenEuros := s.NewMoney(10, "EUR")
    actualConvertedMoney, err := bank.Convert(tenEuros, "USD")
    assertNil(t, err)
    assertEqual(t, s.NewMoney(12, "USD"), *actualConvertedMoney) ❶
    bank.AddExchangeRate("EUR", "USD", 1.3) ❷
    actualConvertedMoney, err = bank.Convert(tenEuros, "USD") ❸
    assertNil(t, err)
    assertEqual(t, s.NewMoney(13, "USD"), *actualConvertedMoney) ❹
}
```

❶ 이전 테스트의 마지막 코드다.

❷ 동일한 두 통화 간 환율을 갱신한다.

❸ := 연산자 대신 =로 같은 변수를 재사용한다.

❹ 갱신된 환율을 고려한 환전인지 검증한다.

옳거니! 테스트가 첫 번째 시도에서 통과한다.

리팩터링을 통해 테스트의 새로운 의도를 더 잘 반영하도록 테스트 이름을 바꾼다(TestConversionWithDifferentRatesBetweenTwoCurrencies).

잠깐! 이 테스트 이후에 실행되는 테스트에서 EUR과 USD 간 환율이 1.3으로 유지될까? 검증하기는 쉽다. money_test.go 파일의 TestConversionWithDifferentRatesBetweenTwoCurrencies 아래에 새로운 테스트를 작성해보자(테스트는 소스 파일에 기술된 순서대로 실행된다).

```
func TestWhatIsTheConversionRateFromEURToUSD(t *testing.T) {  ❶
    tenEuros := s.NewMoney(10, "EUR")
    actualConvertedMoney, err := bank.Convert(tenEuros, "USD")
    assertNil(t, err)
    assertEqual(t, s.NewMoney(12, "USD"), *actualConvertedMoney)  ❷
}
```

❶ 테스트 이름은 테스트의 탐색적 특성을 반영한다.

❷ 테스트의 몸체는 TestConversionWithDifferentRatesBetweenTwoCurrencies 테스트의 전반부에서 차용한다.

그리고 테스트는 불길한 숫자 13으로 실패한다!

```
=== RUN TestWhatIsTheConversionRateFromEURToUSD
    ... Expected {amount:12 currency:USD} Got {amount:13 currency:USD}
```

미신을 믿을 필요는 없다. 테스트가 실행되는 도중에 init() 함수가 각 테스트 전에 실행되지 않고 한 번만 실행되는 것으로 밝혀진다. 한 테스트에서 수정된 어떤 공유 상태라도 이후 실행되는 테스트에 나타난다. 이로 인해 13달러를 얻었다.

 Go 파일에서 각 init() 함수는 기술된 순서대로 한 번만 실행된다(https://oreil.ly/vnMDR).

테스트를 서로 독립적으로 유지하는 것이 좋다. 한 테스트의 동작이 부작용으로 다른 테스트로 스며드는 것은 좋지 않다.

문제는 다음의 두 가지 사실의 상호 작용에 기반한다.

1. bank는 여러 테스트에서 공유된다.

2. 각 테스트 실행 전 bank의 공유 상태 초기화가 없다.

이런 두 가지 사실 모두 변경해 문제를 해결할 수 있다. 공유된 bank를 제거하거나 각 테스트 수행 전 모든 공유 상태를 적절히 초기화하도록 할 수 있다.

공유된 bank를 유지하는 것이 유용하다. 필요로 하는 어떤 테스트에서 직접 bank를 참조할 수 있다. bank의 초기화를 각 테스트 전에 수행되도록 옮겨보자.

이때 init의 이름을 initExchangeRates으로 변경하고 미리 환율이 채워진 bank를 필요로 하는 각 테스트가 수행되기 전에 명시적으로 initExchangeRates를 호출하는 방법이 가장 간단하다.

```
func initExchangeRates() { ❶
    bank = s.NewBank()
    bank.AddExchangeRate("EUR", "USD", 1.2)
    bank.AddExchangeRate("USD", "KRW", 1100)
}
...
func TestAdditionOfDollarsAndWons(t *testing.T) {
    initExchangeRates() ❷
... ❸
}
```

❶ 이름이 변경된 예전 init 메소드

❷ bank 구조체가 필요한 테스트에서 initExchangeRates를 명시적으로 호출한다.

❸ 테스트의 나머지 부분은 같다.

앞의 변경으로 모든 테스트가 통과한다.

작성한 탐색적 테스트 TestWhatIsTheConversionRateFromEURToUSD를 유지해야 할까? 이 테스트는 어떤 새로운 피처도 테스트하지 않는다. 했던 일은 테스트에서 특정 취약점(테스트 간에 불필요하고 원치 않는 의존성으로 인해 취약점 발생)을 노출시키는 것이다.

정말 필요한 건 임의의 순서로 테스트를 실행하는 메커니즘으로, 현재와 미래 시점에 테스트 간 잘못된 상호의존성을 찾는다.

Go 1.17 버전의 go test 커맨드에 추가된 —shuffle 플래그(https://oreil.ly/Mj7C6)는 테스트 가 실행되는 순서를 무작위로 바꾼다. 이렇게 하면 테스트 간 어떤 우연한 의존성을 찾는 데 도움된다.

궁금증이 해소됐고 이제 테스트 간에 우연한 결합[coupling]을 발견하는 더 나은 방법이 있음을 알게 돼, TestWhatIsTheConversionRateFromEURToUSD 테스트를 삭제할 수 있다. 해당 테스트는 소임을 다했다.

Go의 testing 패키지는 테스트 사이 공용 상태를 설정하고(Setting up) 해제(Tearing down)하는 다른 메커니즘을 제공한다. 특히, TableDrivenTests(https://oreil.ly/Wae0X)는 테스트를 구성하는 정교한 전략을 제공한다. 그러한 전략에 대한 상세 논의는 흥미롭지만 이 책의 범위 밖이다.

자바스크립트

testConversion의 마지막에 조금 더 코드를 추가한다. EUR과 USD 간 환율을 1.3으로 수정하고 이 변경의 효과를 검증한다. 갱신된 테스트 메소드는 다음과 같다.

```
testConversion() {
    let tenEuros = new Money(10, "EUR");
    assert.deepStrictEqual(this.bank.convert(tenEuros, "USD"),
        new Money(12, "USD")); ❶

    this.bank.addExchangeRate("EUR", "USD", 1.3); ❷
    assert.deepStrictEqual(this.bank.convert(tenEuros, "USD"),
        new Money(13, "USD")); ❸
}
```

❶ 전에 수행했던 테스트

❷ 동일한 두 통화 간 환율을 갱신한다.

❸ 갱신된 환율을 고려한 환전임을 검증한다.

자! 작성한 대로 테스트가 통과된다.

테스트 목적을 더 잘 나타내도록 테스트 이름을 리팩터링한다(testConversionWithDifferentRatesBetweenTwoCurrencies).

그런데 테스트에 미묘한 부작용이 있다. bank는 모든 테스트에서 공유되는 객체이기 때문에 변경한 환율이 실행되는 모든 테스트에 연속해 나타난다. testConversionWithDifferentRatesBetweenTwoCurrencies 뒤에 테스트를 작성해 이를 검증할 수 있다(테스트는 소스 파일에 선언된 순서대로 발견되고 실행된다).

```
testWhatIsTheConversionRateFromEURToUSD() { ❶
    let tenEuros = new Money(10, "EUR");
    assert.deepStrictEqual(this.bank.convert(tenEuros, "USD"),
        new Money(12, "USD")); ❷
}
```

❶ 테스트 이름에 테스트의 탐색적 특성을 반영한다.

❷ 테스트의 몸체는 testConversionWithDifferentRatesBetweenTwoCurrencies 테스트의 전반부에서 차용한다.

그리고 테스트는 다음의 어서션 오류와 함께 실패한다.

```
Running: testWhatIsTheConversionRateFromEURToUSD()
AssertionError [ERR_ASSERTION]: Expected values to be strictly deep-equal:
+ actual - expected
  Money {
+ amount: 13,
- amount: 12,
  currency: 'USD'
}
```

한 테스트에서 또 다른 테스트에 미치는 이런 원치 않는 부작용을 없애는 몇 가지 방법이 있다. 다음 중 하나를 선택해 수행하면 된다.

1. testConversionWithDifferentRatesBetweenTwoCurrencies의 마지막에서 EUR->USD 환율을 생성자에 있는 값 세트로 복원한다.

2. Bank 클래스에 새로운 피처(removeExchangeRate)를 테스트 주도로 진행하고, testConversionWithDifferentRatesBetweenTwoCurrencies의 마지막에서 해당 피처를 사용한다.

3. testConversionWithDifferentRatesBetweenTwoCurrencies에 새로운 로컬 Bank() 객체를 사용해 부작용이 생기지 않는다.

4. 각 테스트 수행 전에 새로운 Bank() 객체를 생성하는 테스트 하네스에 setUp / tearDown 피처를 테스트 주도로 진행한다.

5. 다른 테스트에서 사용하지 않는 다른 환율을 testConversionWithDifferentRatesBetweenTwoCurrencies에 사용한다.

위에서 4번 옵션으로 진행하며 setup 메소드를 생성한다.

테스트가 실패했으므로, 코드 작성을 통해 그린으로 만들 수 있다. 그린으로 가는 최단 거리는 무엇일까? 생성자 이름을 setUp으로 변경하고 runAllTests 메소드의 각 테스트 호출 전에 수동으로 호출할 수 있다.

```
setUp() { ❶
    this.bank = new Bank();
    this.bank.addExchangeRate("EUR", "USD", 1.2);
    this.bank.addExchangeRate("USD", "KRW", 1100);
}
...
runAllTests() { ❷
  let testMethods = this.getAllTestMethods();
  testMethods.forEach(m => {
    console.log("Running: %s()", m);
    let method = Reflect.get(this, m);
    try {
      this.setUp(); ❸
      Reflect.apply(method, this, []);
    } catch (e) {
      if (e instanceof assert.AssertionError) {
        console.log(e);
      } else {
        throw e;
      }
    }
  });
}
```

❶ 생성자가 setUp 메소드로 이름이 변경됐다.

❷ 기존 runAllTests 메소드

❸ 각 테스트 메소드 수행 전, setUp 메소드를 호출한다.

이게 전부다. 테스트 스위트가 통과한다. 각 테스트 메소드 전에 호출되는 setUp 메소드를 갖도록 테스트 하네스를 개선했다. 필요하면 거의 같은 방식으로 tearDown 메소드를 추가할 수 있다. 물론 실패한 테스트를 통해 진행할 수는 있겠지만!

이제 탐색적 목적을 이룬 testWhatIsTheConversionRateFromEURToUSD를 삭제할 수 있다.

파이썬

testConversion의 마지막에 코드 몇 개를 더 추가하는 것으로 시작한다. EUR과 USD 간 환율을 1.3으로 변경하고 이 새로운 환율이 두 통화 간 두 번째 환전에 사용되는지 단언한다. 전체 테스트 메소드는 다음과 같다.

```
def testConversion(self):
    tenEuros = Money(10, "EUR")
    self.assertEqual(self.bank.convert(tenEuros, "USD"), Money(12, "USD"))  ❶
    self.bank.addExchangeRate("EUR", "USD", 1.3)  ❷
    self.assertEqual(self.bank.convert(tenEuros, "USD"), Money(13, "USD"))  ❸
```

---

1   w3doc 코드에서 영감을 받음(https://oreil.ly/y13Uw)

❶ 전에 수행했던 테스트.

❷ 동일한 두 통화 간 환율을 갱신한다.

❸ 갱신된 환율을 고려한 환전임을 검증한다.

성공! 첫 시도에 테스트가 통과한다.

테스트 이름을 testConversionWithDifferentRatesBetweenTwoCurrencies으로 바꾼다. 이는 테스트의 새로운 의도를 보다 완전하게 포착한다.

그런데 testConversionWithDifferentRatesBetweenTwoCurrencies에서 갱신된 EUR-〉USD 환율이 다른 테스트에도 나타날까? 이를 검증하기 위해 다른 모든 테스트가 실행된 후에 수행되는 테스트를 작성할 수 있다.

 기본적으로 파이썬에서 테스트는 테스트 메소드 이름이 알파벳 순서로 실행된다(https://oreil.ly/Auwug).

```
def testWhatIsTheConversionRateFromEURToUSD(self): ❶
    tenEuros = Money(10, "EUR")
    self.assertEqual(self.bank.convert(tenEuros, "USD"), Money(12, "USD")) ❷
```

❶ 테스트의 탐색적 특성을 테스트 이름에 반영한다.

❷ 테스트의 몸체는 testConversionWithDifferentRatesBetweenTwoCurrencies 테스트의 전반부에서 차용한다.

그리고 이 테스트도 통과한다. 훌륭하다! 파이썬의 테스트 프레임워크는 한 테스트에서 다른 테스트로 미치는 부작용이 없음을 보장한다. 각 테스트가 수행되기 전에 setUp 메소드를 실행하기 때문이다.

파이썬의 unittest 패키지를 사용해 TestCase 클래스의 서브 클래스를 만들고, setUp 메소드를 오버라이딩하면 테스트 격리가 촉진된다. setUp 메소드는 각 테스트 수행 전에 실행돼 공용 객체가 새롭게 생성됨을 보장한다.

테스트 의존성에 대한 궁금증을 가라앉히고, testWhatIsTheConversionRateFromEURToUSD를 삭제한다. 해당 메소드는 짧은 생의 목적을 다했다.

RGR 사이클을 빠르게 한바퀴 돌며, 환율 수정 허용에 대한 피처를 끝냈다.

파이썬 테스트에서 실행 순서를 임의로 바꾸기

python3 test_money.py로 Python 테스트를 실행할 때, 테스트는 이름의 알파벳 순서로 실행된다. 테스트 간에 숨어있는 다른 사악한 상호의존성을 노출하기 위해 테스트 실행 순서를 무작위로 바꿀 수 있을까?

pytest-testing 프레임워크(https://docs.pytest.org)의 pytest-random-order 플러그인은 실행 순서를 무작위로 섞는다. 이 책에서는 여태까지 어떤 테스팅 프레임워크도 사용하지 않았다. 부록 B에서 작성했던 파이썬 테스트와 호환되는 PyTest를 소개한다.

pytest-random-order 플러그인과 함께 Pytest를 사용하면 다음 명령어 실행으로 테스트를 쉽게 무작위로 섞을 수 있다.

```
pytest -v --random-order ❶
```

❶ pytest-random-order 플러그인을 사용한 파이썬 테스트를 실행한다.

추측하듯이 이 명령어는 무작위 순서로 테스트를 실행한다. 정확한 실행 순서는 매번 달라지므로, 이로 인해 테스트 간의 부작용이 실패를 통해 드러날 가능성이 높아진다.

변경 사항 반영하기

기존 피처를 보여주기 위해 테스트를 추가했다. 깃 커밋 메시지에 이를 강조해보자.

```
git add .
git commit -m "test: verified behavior when modifying an existing exchange rate"
```

중간 점검

12장에서 기존 피처를 문서화하기 위해 테스트를 추가했고 테스트 의존성을 배웠다. 의도되지 않은 부작용을 노출하기 위해 테스트가 실행되는 순서를 무작위로 섞는 방법을 살펴봤다. 이런 방식으로 전체 테스트 스위트가 보다 견고해진다.

 테스트(특히 단위 테스트)는 각각 서로가 독립적이어야 한다. 한 테스트는 또 다른 테스트에서 유발한 성공, 실패, 부작용에도 의존해선 안 된다.

목록의 모든 피처를 완료했다.

코드에 도움이 되는 중요한 점이 하나 남았다. 앞서 여러 장에서 추가했던 것과 같이 프로덕션 코드에 나타나는 피처는 아니다. 12장에서 했던 것처럼 더 많은 확신을 주는 테스트도 아니다. 바로 지속적으로 코드를 검증해 가치를 더해주는 것이다.

 12장의 코드는 깃허브 저장소에 'chap12' 브랜치에 있다(https://github.com/saleem/tdd-book-code/tree/chap12).

13장
지속적 통합

지속적 통합의 원칙은 테스트에도 적용되며, 테스트 또한 개발 프로세스가 진행되는 중에 지속적 활동이어야 한다.

> – 그래디 부치[Grady Booch] 외, 『UML을 활용한 객체지향 분석 설계』(에이콘, 2013)

지속적 통합을 통해 소프트웨어는 모든 새로운 변경 사항에 작동됨을 보여주며(충분히 포괄적인 자동화 테스트 세트를 가정), 소프트웨어가 깨지는 순간을 알고 즉시 고칠 수 있다.

> – 제즈 험블[Jez Humble]과 데이비드 팔리[David Farley], 『Continuous Delivery』(에이콘, 2013)

소프트웨어 엔트로피는 열역학과 마찬가지로 시스템의 무질서한 정도가 시간이 지남에 따라 증가하는 경향이 있다는 원리다. 물리학에서 엔트로피는 역전될 수 없으며, 열역학 제2법칙에서 이를 설명한다. 소프트웨어의 엔트로피 증가를 막을 방법은 없을까?

코드 혼돈의 파괴적 영향에 대한 현재 최선의 방어책은 지속적 전달다. 이 용어는 '가치 있는 소프트웨어의 빠르고 지속적인 전달'를 통해 고객 만족을 최우선으로 하는 애자일 선언문(https://agilemanifesto.org/principles.html)의 첫 번째 원칙에서 유래했다.

애자일 선언문보다 약 10년 앞선 관련 용어는 그래디 부치가 만들고, 켄트 벡, 마틴 파울러, 제즈 험블, 데이비드 팔리 등이 다듬은 지속적 통합이다. 한 명 이상의 개발자로 구성된 팀에서 믿을 수 있는 코드 통합은 더욱 중요하며 자주 수행돼야 한다.[1]

지속적 통합이 존재하려면 반드시 자동화된 테스트가 있어야 한다. 그렇지 않으면 새로운 변경 사항이 기존 코드에 '통합'됐음을 어떻게 알 수 있을까? 수작업으로는 소프트웨어가 성장함에 따라 '지속적으로' 테스트할 방법이 없는데, 재차 강조돼도 더할 나위 없이 중요하다.

 자동화 테스트 없이는 지속적 통합도 없다.

이제까지 작성한 단위 테스트에서 더 많은 가치를 얻기 위해, 단위 테스트를 지속적 통합 빌드 프로세스의 일부분으로 실행할 수 있다. 이는 매우 다양한 도구를 사용해서 수행될 수 있다. 13장에서는 깃허브 액션을 사용해 지속적 통합 서버를 구축한다.

핵심 개념

지속적 통합은 지속적 배포로 발전해 지속적 전달로 이어지는 소프트웨어 성숙도 연속체의 첫 단계다. 즉 CI는 지속적 전달로 가는 첫 번째 점진적 단계다.

그림 13-1은 지속적 통합, 배포 및 전달(CI/CD)의 전반적인 개요를 나타낸다.

---

1   마틴 파울러는 지속적 통합(https://oreil.ly/vS6k1)을 '팀으로 구성된 멤버들이 자신들의 작업을 자주 통합하는 소프트웨어 개발의 실천으로, 일반적으로 각 구성원이 최소한 매일 통합해 하루에 여러 번의 통합이 수행됨'이라 정의한다.

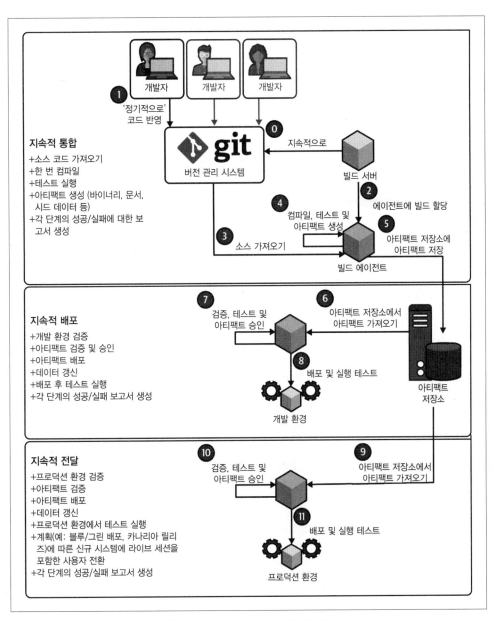

지속적 통합
+소스 코드 가져오기
+한 번 컴파일
+테스트 실행
+아티팩트 생성 (바이너리, 문서, 시드 데이터 등)
+각 단계의 성공/실패에 대한 보고서 생성

지속적 배포
+개발 환경 검증
+아티팩트 검증 및 승인
+아티팩트 배포
+데이터 갱신
+배포 후 테스트 실행
+각 단계의 성공/실패 보고서 생성

지속적 전달
+프로덕션 환경 검증
+아티팩트 검증
+아티팩트 배포
+데이터 갱신
+프로덕션 환경에서 테스트 실행
+계획(예: 블루/그린 배포, 카나리아 릴리즈)에 따른 신규 시스템에 라이브 세션을 포함한 사용자 전환
+각 단계의 성공/실패 보고서 생성

그림 13-1 지속적 통합과 지속적 배포는 지속적 전달로 가는 발전 단계상의 전조다.

버전 관리

지속적 통합을 위해서는 소프트웨어 빌드에 필요한 모든 코드가 버전 관리 시스템에 저장돼야 한다.

버전 관리 시스템은 최소한 다음 기능을 제공해야 한다.

1. 임의의 구조와 깊이에 파일 및 폴더의 현재(최신) 리비전을 저장한다.

2. 이런 파일 및 폴더를 단순히 서로 전혀 다른 요소로 취급하지 않고 통합된 '저장소'에 저장한다.

3. 이후에 삭제, 이름 변경, 이동, 수정된 사항을 포함해 파일 및 폴더의 이전(기록) 리비전을 저장한다.

4. 이런 모든 파일 및 폴더의 모든 리비전(현재 리비전까지 포함)을 시간 경과에 따라 쉽고 명확하게 이력을 추적할 수 있도록 시간 순서대로 구분된 개별 버전을 생성한다.

5. 결정적인 방식으로 코드 저장소에 변경 사항을 푸시(커밋)하는 기능(푸시는 명확한 규칙에 따라 수용 또는 거부돼야 한다)이다.

6. 코드 저장소에 조회해 신규 변경 사항을 감지하는 기능이다.

7. '코드 반영하기', '코드 가져오기', '변경 사항 조회하기' 기능에 대한 CLI를 제공한다.

추가로 다음 기능들은 매우 바람직하다.

8. 코드 저장소에 복수의 개별 브랜치를 저장하며, 여기에 브랜치 분기(fork), 삭제, 다른 브랜치와 재연결(합병: merge)이 가능하다.

9. 충돌 해결 기능(같은 파일/폴더에 두 개 이상의 서로 호환되지 않는 변경 사항이 발생했을 때 발생)이다.

10. GUI에 의존할 필요 없이 모든 기능을 CLI로 제공해 자동화가 용이해진다.

11. GUI를 필요로 하고 선호하는 사용자에게 GUI를 제공해 광범위한 사용이 쉬워진다.

통상적으로, 개발 팀의 각 팀원은 정기적으로 하나 (이상)의 공유 코드 저장소에 자신의 코드를 반영한다. 각 팀원은 평상시의 근무 시간 동안 여러 번 코드를 반영해 매일 십여 개(또는 수십 개)의 CI 빌드가 실행된다.

깃(https://git-scm.com)과 같은 버전 관리 시스템은 상기에 나열된 모든 기능 및 많은 다른 기능들을 제공한다. 깃은 중앙집중식 저장소 없이 분산 버전 관리 시스템으로 사용될 수 있다. 이때, 개별 개발자가 개인 대 개인P2P, Peer-to-Peer 방식으로 서로 코드를 공유한다. 깃의 '패치' 기능은 기존의 네트워크 공유 폴더나 이메일(제3의 경로를 통한 메커니즘)로 팀원들과 서로 변경 사항을 공유하기 위해 사용될 수 있다.

CI를 활성화하기 위해, 모든 개발자가 접속하는 중앙집중식 깃 서버를 갖추는 것이 훨씬 일반적이다. 중앙집중식 깃 서버는 완전한 형태 및 표준적인 코드 저장소를 포함한다. 모든 다른 팀의 팀원은 이런 중앙집중식 깃 서버에 코드를 반영하고, 코드를 가져오길 기대한다.

중앙집중식 깃 서버를 사용한다면, 자체 깃 서버를 설치 및 유지 관리하는 대신 서비스형 플랫폼PAAS2, Platform as a Service를 사용하는 것이 꽤 일반적이다(보편적으로 사용). 깃허브(https://github.com), 깃랩(https://gitlab.com), 비트 버킷(https://bitbucket.org)과 같이 후하게 '무과금'제를 제공하는 몇 가지를 포함해, PAAS 깃 공급자의 준비된 가용성은 이런 PAAS 선택을 거부할 수 없게 한다.

빌드 서버 및 에이전트

빌드 자동 실행은 여러 프로세스로 구성된다.

1. 빌드 서버 프로세스는 정기적으로 버전 관리 시스템을 모니터링하고 변경 사항을 감지한다.
2. 빌드 에이전트 프로세스는 변경 사항이 발생할 때마다 빌드를 실행한다.

---

2 PAAS에 대한 좋은 입문서(https://oreil.ly/NVq9x)다.

- 서로 다른 운영체제에서 실행하거나 다른 의존성 세트로 빌드하기 위해 다수의 빌드 에이전트 프로세스가 있기도 하다.

보통 빌드 서버는 실행에 필요한 각 빌드에 하나의 빌드 에이전트를 선발한다. 빌드 에이전트는 다른 빌드 에이전트와 독립적이다(그래서 다른 빌드 에이전트의 존재를 모름).

이 책에선 깃허브 액션에서 제공하는 빌드 서버와 빌드 에이전트를 사용한다. 필요한 빌드 서버와 설치해야 할 항목을 나타내기 위해 선언형 프로그래밍을 사용한다. 선언형 방식은 클라우드 기반 빌드 에이전트를 제공하는(깃허브 액션과 같은) CI/CD 시스템에서 일반적이다.

빌드 에이전트가 서로 독립적이라면 어떻게 서로 산출물을 공유할까? 여기에 아티팩트artifact 저장소[3]가 등장한다.

아티팩트 저장소

빌드 에이전트 간 빌드 아티팩트를 공유하기 위해 아티팩트 저장소가 사용된다. 원칙적으로, 아티팩트 저장소는 각 빌드 에이전트가 접근할 수 있는 공유 파일 시스템이다.

아티팩트 저장소가 제공하는 고급 기능으로 각 빌드 아티팩트 버전 관리, 복구를 위한 끊김 없는 아티팩트 백업, 정제된 읽기/쓰기 권한(예: 필요에 따라 특정 빌드 에이전트 허용이나 다른 프로세스의 읽기 전용 또는 읽고 쓰기 접근)이 있다.

아티팩트 저장소는 파일 및 폴더의 저장 및 버전을 지정하는 데 사용된다는 점에서 버전 관리 시스템과 비슷하다. 아티팩트 저장소 및 버전 관리 시스템은 같은 기본 구현도 공유할 수도 있다. 중요한 차이점은 무엇을 저장하는 데 사용되느냐에 있다. 버전 관리 시스템은 소프트웨어를 개발하는 개발자가 직접 작성하고 관리하는 소스 파일을 저장하는 데 사용된다. 그에 반해서 아티팩트 저장소는 소프트웨어 빌드 행위에 의해 만들어지는 파일을 저장한다. 이런 파일 중 많은 것들은 실행 프로그램, 라이브러리, 데이터

---

3 아티팩트는 작업의 산출물을 나타내며 빌드 아티팩트는 배포 패키지, 로그 및 보고서 등 빌드 프로세스에서 생성된 파일이 그 예다. 번역해 옮기기보다는 대개 원문의 발음 그대로 사용하기에 아티팩트를 그대로 적었다(https://www.jetbrains.com/ko-kr/teamcity/ci-cd-guide/concepts/artifact-repository). —옮긴이

파일 등의 바이너리 파일이다. 또한 바이너리가 아닌 파일들도 있는데 API, 코드 문서, 테스트 결과 및 빌드 프로세스 중에 생성된 소스 파일 등이 그렇다. 파일이 바이너리(예: 사람이 눈으로 읽을 용도가 아님)이든지 사람이 읽을 수 있든지, 아티팩트 저장소에 저장하는 것은 소프트웨어 시스템의 원천인 소스 파일로부터 분리해 유지됨을 보장한다.

 트랜스파일러(Transpiler)(https://oreil.ly/5isdB)는 주어진 소스 파일로부터(보통은 다른 언어로) 새로운 소스 파일을 생성하는 프로그램이다. 생성된 소스 코드는 가독성을 위한 스타일을 바꾸거나(예: CoffeScript로부터 자바스크립트 생성) 크기나 다른 고려 사항(예: 웹 브라우저에 로딩되기 전에 CSS나 자바스크립트 파일 축소)으로 최소화될 수 있다.

우리는 서로 다른 빌드 간 공유할 아티팩트가 없기 때문에 13장에서 아티팩트 저장소는 필요하지 않다. 그렇지만 깃허브는 소스 코드를 저장하는 같은 코드 저장소를 사용해 빌드 아티팩트(https://oreil.ly/1ux43)를 저장하는 메커니즘을 제공한다.

배포 환경

빌드 에이전트에서 성공적으로 CI 빌드를 수행한 후, 생성된 빌드 아티팩트는 배포 환경에 배포돼야 한다. 이는 아티팩트가 테스트되고(대부분 자동화 테스트로 수행되나 사람이 하는 경우도 있음) 최종 사용자에게 릴리즈(대부분 사람이 수행하나 자동화 시스템에서 처리하는 경우도 있음)될 수 있게 한다.

하나 이상의 배포 환경에 빌드 아티팩트의 배포는 지속적 배포와 지속적 인도를 달성하기 위한 핵심 단계다.

13장에서 첫 번째 단계인 지속적 통합에 초점을 맞춘다. 지속적 배포와 지속적 통합은 어떤 환경에 맞게 패키징한 소프트웨어를 배포하고 최종 사용자에게 인도하는 것으로, 이 책의 범위를 벗어난다.

모두 합치기

깃허브 액션으로 우리 프로젝트에 지속적 통합을 추가한다. 이를 위해 깃허브 계정 설정 및 검증이 필요하며, 어떤 설정 정보를 바꿔야할 수도 있다(예: 2단계 보안 인증이나 SSH 키). 이런 단계는 CI 파이프라인 구축에 직접적으로 연관되지 않으며, 오히려 깃허브를 다루는 책에 더 적절하다. 13장의 나머지 부분은 지속적 통합 파이프라인에서 코드가 동작하도록 하는 단계에 초점을 맞춰 다룬다.

다음은 우리 코드에 CI 파이프라인을 구축하는 단계다.

1. 깃허브 계정 생성 및 검증

2. 깃허브에 신규 프로젝트 생성

3. 코드 저장소를 깃허브에 푸시

4. CI 빌드 스크립트에 대한 소스 코드 준비

5. 각 언어에 대한 CI 빌드 스크립트 생성(Go, 자바스크립트, 파이썬)

6. 깃허브에 빌드 스크립트 푸시

깃허브 계정 생성

깃허브 액션으로 CI 파이프라인을 생성하려면 깃허브 계정이 필요하다. 깃허브 계정이 이미 있다면, 여기를 건너 뛰어도 좋다.

깃허브 계정이 없다면 https://github.com을 방문해 계정 하나를 만들자. 무료 깃허브 계정은 무제한의 공개 및 비공개 저장소와 매달 2,000분의 깃허브 액션을 제공해 개인 개발자에게 충분하다.

 깃허브 액션을 사용하는 활동은 1분(또는 그 이하)마다 계산돼 월 사용량에 포함되며, 무료 깃허브 플랜에는 2,000분이 제공된다.

깃허브 계정 생성에 유효한 이메일 주소가 필요하다. 2단계 보안 인증 설정을 적극 권장하며, 2단계 보안 인증은 다양한 방법으로 수행될 수 있다. 자세한 사항은 깃허브 문서(https://oreil.ly/MPEZc)를 살펴보자.

깃허브 계정 인증

깃허브 계정에 로그인이 되는지 확인하자. SSH 프로토콜을 사용해 깃허브에 접속하기로 했다면 SSH 키를 생성하고 추가해야 한다. 깃허브에 다른 프로젝트가 있고 여기에 정기적으로 코드를 반영하고 가져오고 있다면 깃허브 계정 검증에 필요한 많은 작업이 간단해진다.

 SSH를 사용하면 깃허브에서 신뢰(https://oreil.ly/ydY6K)하도록 특정 기기(개발 컴퓨터 등)를 지정할 수 있다. 즉 접속할 때마다 사용자 이름이나 개인 액세스 토큰을 넣지 않아도 된다.

한동안 깃허브 계정을 사용하지 않아서 계정이 본래의 작업 상태에 있는지 확인하려면 저장소를 분기fork해 볼 수 있다. https://github.com/saleem/tdd-book-code로 이동해 저장소를 분기하기 위해 '분기' 옵션을 사용하자. 그림 13-2를 참조한다.

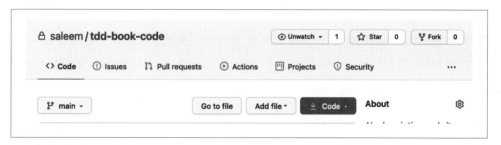

그림 13-2 이 책에서 다룬 코드를 포함하는 저장소를 분기해 깃허브 계정이 예상대로 동작하는지 검증한다.

물론 이 책의 깃허브 사이트에서 분기된 미리 작성되고 지적 만족을 채워줄 수 없는 코드가 아니라 13장의 나머지 부분에서는 직접 작성한 코드를 사용할 것이다. 분기를 사용하는 목적으로 깃허브 계정이 올바르게 동작하는지 검증하는 데 있다.

코드 저장소를 깃허브에 푸시

12장까지는 코드를 정기적으로 로컬 깃 저장소에 반영했다. 이제 깃허브에 코드 저장소를 반영할 때다. 두 방식의 개념적 차이는 그림 13-3에 설명했다.

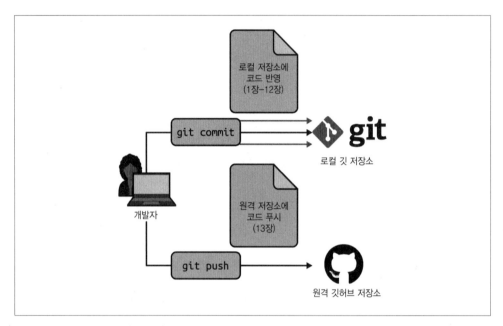

그림 13-3 로컬 저장소에 반영하기와 원격 저장소에 푸시하기의 차이점

우선, 로컬 코드 저장소에 있는 모든 코드가 보관될 프로젝트를 깃허브에 생성한다. 이를 위해 '신규 저장소(New Repo)' 버튼을 누른다. 그러면 신규 저장소를 생성하는 짧은 (두 개의 화면으로 구성된) 워크플로가 시작된다.

그림 13-4는 첫 번째 화면을 보여준다. 여기에서 저장소 이름을 입력한다. 테스트 주도 개발 프로젝트 루트 폴더와 같은 이름인 tdd-project를 저장소명으로 사용하는데, 이렇게 하면 기억하기 더 쉽다. 또한 저장소를 비공개로 선택해 누구도 볼 수 없게 하거나, 공개로 선택해 다른 사람들과 협업할 수 있다. '다음의 항목으로 저장소 초기화(Initialize this repository with)' 아래 옵션은 선택하지 마라. 우린 이미 여러 파일이 있는 저장소가 있다.

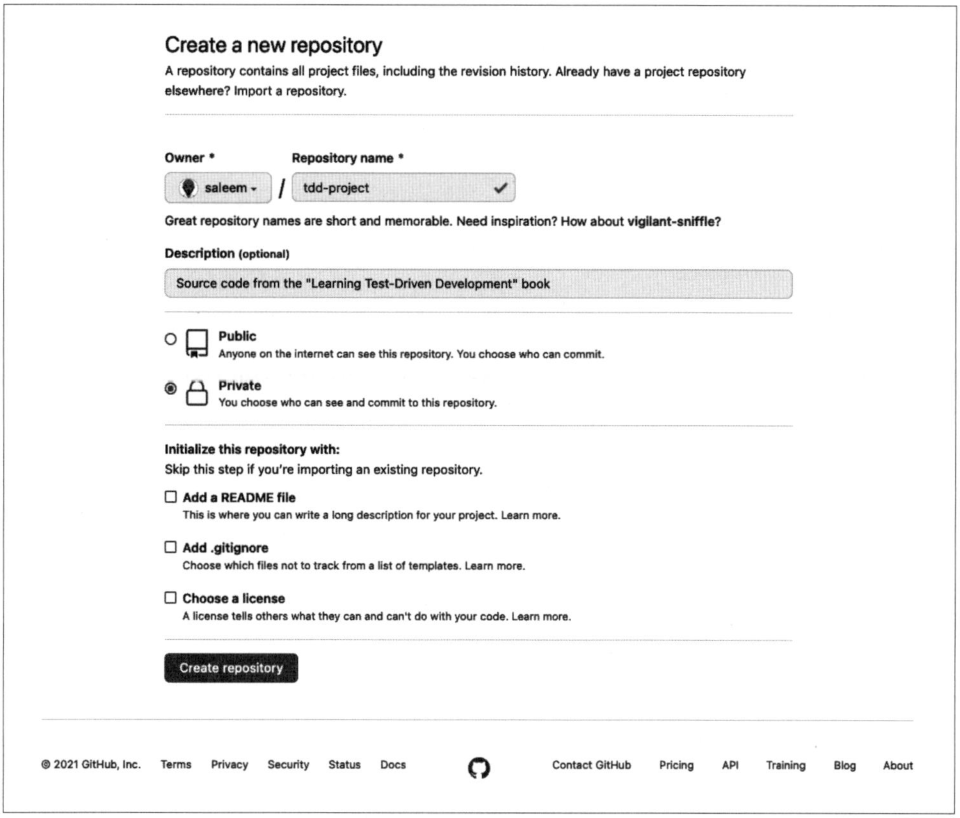

그림 13-4 깃허브에 신규 저장소 생성하는 첫 번째 단계

두 번째 화면은 빠른 설정 가이드를 보여준다. 그림 13-5에 나와있는 '…또는 커맨드 라인에서 기존 저장소를 푸시(…or push an existing repository from the command lines,)'절 아래 명령어를 사용한다.

이 절의 커맨드 라인 명령어는 깃허브 사용자 계정으로 이미 설정돼 있다. 그냥 세 줄의 코드를 그대로 복사해서 붙여 넣으면 된다. 브라우저 화면을 그림 13-5에 보이는 것처럼 두고 셸 윈도우에 명령어를 사용해 코드를 깃허브에 푸시한다.

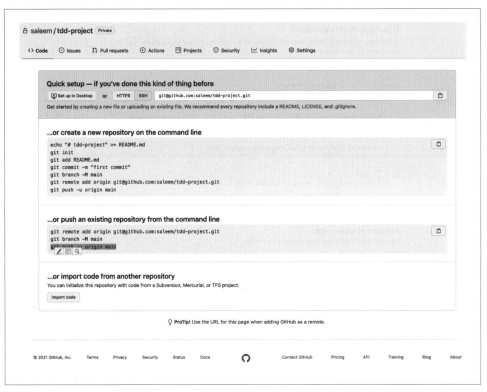

그림 13-5 깃허브에 신규 저장소 생성하는 두 번째 단계

```
tdd-project> git remote add origin git@github.com:saleem/tdd-project.git
tdd-project> git branch -M main
tdd-project> git push -u origin main
Enumerating objects: 109, done.
Counting objects: 100% (109/109), done.
Delta compression using up to 12 threads
Compressing objects: 100% (100/100), done.
Writing objects: 100% (109/109), 15.71 KiB | 2.62 MiB/s, done.
Total 109 (delta 36), reused 0 (delta 0), pack-reused 0
remote: Resolving deltas: 100% (36/36), done.
To github.com:saleem/tdd-project.git
 * [new branch]      main → main
Branch 'main' set up to track remote branch 'main' from 'origin'.
tdd-project> _
```

그림 13-6 로컬 깃 저장소에서 깃허브 저장소로 코드 푸시하기

그림 13-6은 새로 생성한 깃허브 저장소에 대한 세 줄의 명령어 수행 결과를 나타낸다. 처음 두 명령어는 아무런 출력 없이 성공된다는 점에 주의하자. 세 번째 명령어인 git push -u origin main은 화면에 출력을 만들어낸다.

깃허브에 코드를 성공적으로 푸시한 후 이전의 명령어가 나온(그림 13-5 참조) 브라우저 윈도우를 간단히 새로 고침한다. 브라우저 페이지의 내용은 그림 13-7과 같이 푸시한 코드가 나타나도록 변경돼야 한다.

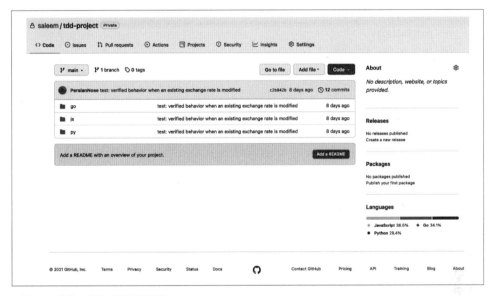

그림 13-7 깃허브 저장소에 푸시된 후의 코드

코드가 지속적 통합이라는 놀라운 기능으로 단장할 준비가 됐다!

CI 빌드 스크립트 준비

우리 코드는 세 개의 언어에 대한 소스 코드가 서로 다른 폴더에 위치한다. 다음은 TDD_PROJECT_ROOT 폴더 하위의 완전한 폴더 구조를 나타낸다.

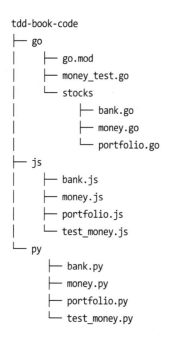

```
tdd-book-code
├── go
│       ├── go.mod
│       ├── money_test.go
│       └── stocks
│               ├── bank.go
│               ├── money.go
│               └── portfolio.go
├── js
│       ├── bank.js
│       ├── money.js
│       ├── portfolio.js
│       └── test_money.js
└── py
        ├── bank.py
        ├── money.py
        ├── portfolio.py
        └── test_money.py
```

CI 빌드 스크립트는 신규 폴더, 정확히는 신규 폴더의 신규 하위 폴더에 위치하게 된다. 폴더 이름은 .github/workflows가 돼야 한다. 이름 앞의 점(.)에 유의해야 한다. 정확히 똑같은 이름으로 폴더를 생성해야 한다.

깃허브 워크플로를 사용한 지속적 통합 스크립트는 반드시 TDD_PROJECT_ROOT 아래 .github/workflows 이름의 폴더에 있어야 한다.

폴더 생성을 위해 TDD_PROJECT_ROOT에서 셸에 다음 명령어를 입력한다.

```
mkdir -p .github/workflows
```

이 명령어는 .github 폴더와 그 내부의 workflows 폴더를 동시에 생성한다.

CI 스크립트는 YAML 포맷으로 작성한다. Go, 자바스크립트, 파이썬에 대한 YAML 스크립트는 다음 코드 조각에서 보이는 비슷한 구조를 따른다.

```
name: Name of script ❶
on:
  push:
    branches: [ main ] ❷
jobs:
  build:
    name: Build ❸
    strategy:
      matrix: ❹
...
        platform: [ubuntu-latest, macos-latest, windows-latest] ❺
    runs-on: ${{ matrix.platform }} ❻
    steps: ❼
    - name: Set up language-specific environment ❽
...
    - name: Check out code
      uses: actions/checkout@v2 ❾
    - name: Test ❿
      run:...
      shell: bash ⓫
```

❶ 전체 스크립트에 대한 의미 있는 이름

❷ 스크립트를 main 브랜치에 푸시될 때마다 실행한다.

❸ 각 스크립트에는 Build라는 작업^job 하나만 있다.

❹ 매트릭스 빌드 전략^matrix build strategy으로 복수의 운영체제 및 버전별 언어로 빌드한다.

❺ matrix.platform 변수에 우분투, macOs, 윈도우 운영체제의 '최신' 버전을 사용하도
록 알린다.

❻ 여기서 앞서 정의된 matrix.platform 변수가 빌드를 실행할 때 사용된다.

❼ 각 CI 스크립트의 빌드 작업에는 정확히 세 단계가 있다.

❽ 첫 번째 단계: 언어별 환경 설정이 여기에서 수행된다.

❾ 두 번째 단계: 언어에 상관없이 코드를 체크 아웃하는 방법을 기술한다.[4]

❿ 세 번째 단계: 언어별 테스트 실행 명령어를 여기에 기술한다.

⓫ 세 번째 단계에서 기술한 명령어 실행에 배시 셸bash shell을 사용하도록 기술한다.

 YAML은 'YAML은 마크업 언어가 아니다(YAML Ain't Markup Language)'라는 재귀적이고 도전적인 약어로, 지속적 통합 스크립트와 같은 설정 파일에 널리 사용되는 데이터 직렬화 표준이다. 공식 사이트는 http://yaml.org이다.

스크립트 구조는 빽빽하지만 중요한 항목이 많다. 스크립트의 다양한 구성 요소를 분석해보자.

첫 번째 줄은 스크립트 이름이다. name 속성이 스크립트의 여러 군데에서 사용된다. 원하는 어떤 이름으로도 지을 수 있다. 따라서 스크립트의 목적을 잘 서술하도록 이름을 짓는 것이 최선이다. 언어별로 각 스크립트 이름을 해당 스크립트가 사용되는 언어를 따서 지정한다.

다음으로 스크립트가 실행돼야 할 시점을 기술한다. on: {push: {branches: [main]}} 절은 main 브랜치로 푸시할 때마다 스크립트가 실행돼야 한다고 지시한다.[5]

다음으로 작업job 절을 정의한다. 각 스크립트에는 build라는 작업 하나만 있다. 이 작업의 이름으로 'Build'를 골랐다. 빌드에는 '매트릭스 전략matrix strategy'을 선택했다. 매트릭스 전략은 깃허브 액션에서 제공되는 강력한 기능으로, 복수의 운영체제, 복수의 언어 컴파일러 등에서 같은 빌드를 실행하게 해준다. 이는 현재 사용 중인 단일 환경이 아닌, 다양한 환경에서 코드를 빌드하고 실행하게 해줘 대단히 도움되는 기능이다. "내 컴퓨터에서는 되는데?"라는 농담을 들어본 적 있다면, 이 기능이 얼마나 중요한지 알 것이다.

---

4 체크 아웃(check out)이란 저장소에서 사용할 브랜치를 지정해 가져옴을 의미한다. – 옮긴이

5 YAML 딕셔너리(YAML dictionary)를 한 줄에 표현할 때는 중괄호가 필요하다. 대안으로 들여쓰기를 사용해 여러 줄로 나눠 표현할 수 있으며, 실제 YAML 파일에 이렇게 사용했다. YAML의 기본 입문은 다음 링크를 참조하자(https://oreil.ly/SjYru).

매트릭스는 운영체제와 언어 컴파일러의 두 축으로 구성된다. 각 언어에 대해 세 개의 유명한 운영체제인 우분투, macOS, 윈도우를 선택했다. 컴파일러 축은 각 언어에 따라 다르다. run-on 속성은 이런 세 개의 운영 시스템에서 빌드가 실행됨을 보장한다.

그림 13-8은 매트릭스의 일반적인 정리를 나타낸다.

그림 13-8 일반적인 빌드 전략 매트릭스

마지막 절은 빌드 프로세스 단계를 나열한다. 각 CI 스크립트는 세 단계로, 첫 번째 단계와 마지막 단계는 언어별로 다르다.

1. 첫 번째 단계는 언어별로 필요한 빌드 환경을 설정한다.

2. 두 번째 단계는 깃허브 저장소에서 코드를 체크 아웃하며 모든 언어에 동일하게 적용된다. 이 단계에서 깃허브 액션에서 제공되는 checkout 액션을 사용한다.

3. 마지막 단계는 언어별로 다른 명령어로 테스트를 실행한다. 이 단계는 익숙하게 보일 것이다. 책의 전반에 걸쳐서 각 언어별 테스트를 실행하는 명령어가 포함된다.

활성화된 개발자 커뮤니티에서 작성된 많은 깃허브 액션이 쉽게 이용 가능하다. 이런 액션들 중에 몇 가지를 CI 빌드 스크립트에 사용한다. 자세한 사항은 https://github.com/actions을 참조하자.

CI 빌드 스크립트와 YAML 구조에 대한 개요를 바탕으로, 세 가지 언어 각각에 구체적인 빌드 스크립트를 작성하는 본론으로 들어가보자.

Go

Go의 경우, 언어 버전 1.16과 1.17을 지원하도록 선택한다. 이 책에서 코드 빌드 시 Go 1.17을 일관되게 사용해왔지만, 언어의 두 가지 버전을 지원하는 것이 가치가 있다. Go의 릴리즈 기록에는 두 개의 가장 최근 메이저 릴리즈$^{major\ release}$를 지원하도록 명시한다(https://oreil.ly/S8QNR).

첫 번째 빌드 단계로, Go 환경 설정을 위해 깃허브 액션에서 제공하는 setup-go 액션을 사용한다.

세 번째 단계로, 네 개의 다른 작업을 수행한다.

1. GO111MODULE 환경 변수를 on으로 설정한다.

2. GOPATH 환경 변수를 빈 문자열로 설정한다.

3. TDD_PROJECT_ROOT 하위 go 디렉터리로 변경한다.

4. 사용해왔던 명령어인 go test -v ./... command 로 테스트를 실행한다.[6]

1번과 2번 작업은 0장에서, 3번과 4번은 지금까지의 작업에 사용해 익숙할 것이다.

Go에 대한 이런 특별한 고려사항의 이해를 바탕으로, go.yml 이름의 파일을 .github/ workflows 폴더에 생성한다. 다음은 파일의 전체 내용이다.

6　go test −v ./... 에서 세 개의 점을 문자 그대로 입력해야 한다는 점을 상기하라. 여기서 세 개의 점은 코드 생략을 뜻하지 않는다.

```
name: Go CI ❶
on:
  push:
    branches: [ main ]
jobs:
  build:
    name: Build
    strategy:
      matrix:
        go-version: [1.16.x, 1.17.x] ❷
        platform: [ubuntu-latest, macos-latest, windows-latest]
    runs-on: ${{ matrix.platform }}
    steps:
    - name: Set up Go ${{matrix.go-version}}
      uses: actions/setup-go@v2 ❸
      with:
        go-version: ${{matrix.go-version}} ❹
    - name: Check out code
      uses: actions/checkout@v2
    - name: Test
      run: | ❺
        export GO111MODULE="on" ❻
        export GOPATH="" ❼
        cd go ❽
        go test -v ./... ❾
      shell: bash
```

❶ Go CI 스크립트의 이름

❷ Go의 두 가지 버전을 지원한다.

❸ 기존 제공되는 setup-go 액션의 v2 버전을 사용한다.

❹ 상기에 정의된 go-version 속성을 참조한다.

❺ run 작업은 파이프 연산자 | 를 사용해 연속적으로 실행한다.

❻ GO111MODULE를 "on"으로 설정한다.

❼ GOPATH를 빈 문자열로 설정해 비운다.

❽ go 폴더로 이동한다.

❾ 모든 Go 테스트를 실행한다.

Go의 CI 빌드 스크립트가 준비됐다.

자바스크립트

작성했던 자바스크립트 코드는 Node.js 버전 14와 16을 대상으로 한다. 매트릭스에 버전 14와 16의 최신 마이너 릴리즈^{minor release}를 사용한다.

첫 번째 빌드 단계로, Node.js 환경을 설정하기 위해 깃허브 액션에서 제공하는 setup-node 액션을 사용한다.

세 번째 빌드 단계로, 익숙한 명령어인 node js/test_money.js를 사용해 모든 자바스크립트 테스트를 실행한다.

앞서 언급한 설정 상세 정보를 포함해 .github/workflows 폴더에 js.yml라는 이름의 파일을 생성한다. 다음은 파일의 전체 내용이다.

```
name: JavaScript CI ❶
on:
  push:
    branches: [ main ]
jobs:
  build:
    name: Build
    strategy:
      matrix:
        node-version: [14.x, 16.x] ❷
        platform: [ubuntu-latest, macos-latest, windows-latest]
    runs-on: ${{ matrix.platform }}
    steps:
    - name: Set up Node.js ${{ matrix.node-version }}
      uses: actions/setup-node@v2 ❸
      with:
        node-version: ${{ matrix.node-version }} ❹
    - name: Check out code
```

```
      uses: actions/checkout@v2
    - name: Test
      run: node js/test_money.js ❺
      shell: bash
```

❶ 자바스크립트 CI 스크립트의 이름

❷ 지원하는 Node.js 두 가지 버전

❸ 기존 제공되는 setup-node 액션의 v2 버전을 사용한다.

❹ 상기에 정의된 node-version 속성을 참조한다.

❺ 모든 자바스크립트 테스트를 실행한다.

이런 설정 변경 사항을 저장해, Node.js를 사용하는 자바스크립트 CI 빌드 스크립트가 사용될 준비가 됐다.

파이썬

2021년 말 이후로 파이썬의 가장 최근의 두 가지 릴리즈(https://oreil.ly/PM13F)는 3.9 와 3.10이다. 두 가지 버전의 가장 최근 마이너 릴리즈 번호(즉, 3.9.x 및 3.10.x)를 대상으로 한다.

첫 번째 빌드 단계로, 파이썬 환경을 설정하기 위해 깃허브 액션에서 제공하는 setup-python 액션을 사용한다.

세 번째 빌드 단계로, 익숙한 명령어인 py/test_money.py -v를 사용해 모든 파이썬 테스트를 실행한다.

이런 설정 상세 정보를 바탕으로 .github/workflows 폴더에 py.yml이라는 이름의 파일을 생성해보자. 다음은 전체 파일 모양은 다음과 같다.

```
name: Python CI ❶
on:
  push:
    branches: [ main ]
```

```
jobs:
  build:
    name: Build
    strategy:
      matrix:
        python-version: [3.9.x, 3.10.x] ❷
        platform: [ubuntu-latest, macos-latest, windows-latest]
    runs-on: ${{matrix.platform}}
    steps:
    - name: Set up Python ${{ matrix.node-version }}
      uses: actions/setup-python@v2 ❸
      with:
        python-version: ${{ matrix.python-version }} ❹
    - name: Checkout code
      uses: actions/checkout@v2
    - name: Test
      run: python py/test_money.py -v ❺
      shell: bash
```

❶ 파이썬 CI 스크립트의 이름

❷ 지원하는 파이썬의 두 가지 버전

❸ 기존에 제공되는 setup-python 액션의 v2 버전을 사용한다.

❹ ❷에서 정의된 python-version 속성을 참조한다.

❺ 모든 파이썬 테스트를 실행한다.

이제 파이썬 CI 스크립트가 사용될 준비가 됐다.

변경 사항 반영하기

.github/workflows 폴더에 지속적 통합 스크립트를 작성하고 저
장했으며, 이제 깃허브에 일괄적으로 반영해 실행되는 것을 확인할
수 있다.

```
git add . ❶
git commit -m "feature: continuous integration scripts using GitHub Actions" ❷
git push -u origin main ❸
```

❶ .github/workflows 폴더의 모든 신규 파일을 추가한다.

❷ 변경 사항을 반영한다.

❸ 깃허브에 변경 사항을 푸시한다.

여기서 마법이 일어난다!

웹 브라우저를 켜고 만들었던 깃허브 프로젝트로 가서 프로젝트의 'Actions' 탭으로 이동하라.

 원한다면 '/actions'로 끝나는 프로젝트의 'Actions' 탭을 북마크할 수 있다. 이 책에 딸린 깃허브 저장소의 Actions 탭은 https://github.com/saleem/tdd-book-code/actions로 직접 접근 가능하다.

그림 13-9에 나타나는 것과 비슷한 내용을 볼 수 있어야 한다.

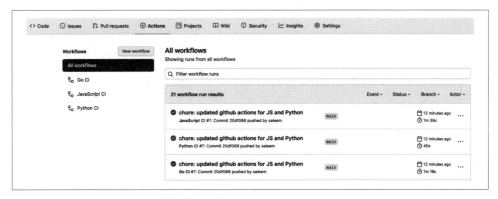

그림 13-9 깃허브 프로젝트의 'Actions' 탭에서 수행된 모든 빌드

자! 깃허브 액션을 통해, YAML 파일에 오타가 없었다면 각 언어별 CI 스크립트가 실행돼 모두 그린이 돼야 한다. 서로 다른 빌드로 이동해서 상세 정보(레이아웃 자체에 설명돼 있음)를 살펴볼 수 있다. 예를 들어, 그림 13-10은 왼쪽의 'Go CI'를 클릭하고 반영된 커밋 목록의 항목 중 하나를 클릭했을 때 보게 될 화면을 보여준다.

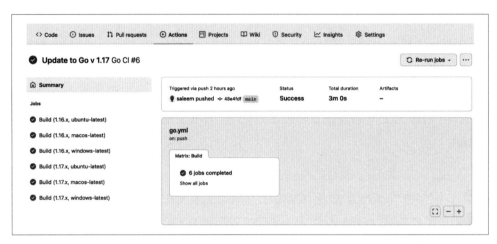

그림 13-10 깃허브 프로젝트의 Go 빌드

커밋 하나에서 실행된 6개의 작업이 있다는 점에 주목하라. 이는 전략 매트릭스 때문으로, 각 운영체제(우분투, 윈도우, macOS)별로 각 버전의 Go(1.16 및 1.17)에서 Go 코드를 실행됐다.

자바스크립트 빌드는 그림 13-11과 같다. 마찬가지로, 두 개 버전의 Node.js(14 및 16)와 세 개의 운영 시스템에 따라 6개의 다른 작업이 존재한다.

그림 13-11 깃허브 프로젝트의 자바스크립트 빌드

그림 13-12와 같이 파이썬 빌드도 비슷하다. 역시, 두 개 버전의 파이썬(3.9 및 3.10)과 세 개의 운영 시스템에 따라 6개의 다른 작업이 있다.

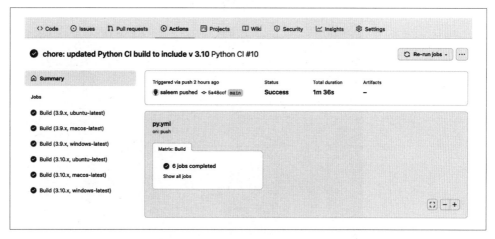

그림 13-12 깃허브 프로젝트의 파이썬 빌드

꽤 일목요연하지 않은가?

또한 이런 18개의 빌드에 대한 상세 정보를 따라 들어가서 빌드의 각 단계에서 정확히 어떤 일이 벌어지는지 살펴볼 수 있다. 많은 정보가 있으며, 설명을 위해, 그림 13-13은

윈도우 운영 시스템에서 Go 버전 1.17을 사용해 Go 테스트를 실행했을 때 발생되는 상세 정보를 나타낸다.

게다가, 모든 코드를 한 번에 성공적으로 빌드하고 테스트했을 뿐만 아니라, 깃허브 저장소의 main 브랜치에 변경 사항을 푸시할 때마다 코드가 빌드되고 테스트됨을 보장한다. 이것이 바로 간단히 말해 지속적 통합이며, 작성해온 코드가 여기에 잘 맞는다.

그림 13-13 윈도우 운영 시스템상 Go v1.17 빌드의 상세 정보

```
tdd-project>act
[Python CI/Build-3    ]      Skipping unsupported platform 'windows-latest'
                             Skipping unsupported platform 'windows-latest'
[JavaScript CI/Build-6]      Skipping unsupported platform 'windows-latest'
[Python CI/Build-2    ]      Skipping unsupported platform 'macos-latest'
[JavaScript CI/Build-1]      Matrix: map[node-version:14.x platform:ubuntu-latest]
[Go CI/Build-1        ]      Matrix: map[go-version:1.16.x platform:ubuntu-latest]
[Python CI/Build-1    ]      Matrix: map[platform:ubuntu-latest python-version:3.9.x]
[JavaScript CI/Build-1]      Start image=catthehacker/ubuntu:act-latest
                             Skipping unsupported platform 'windows-latest'
[Go CI/Build-1        ]      Start image=catthehacker/ubuntu:act-latest
[Python CI/Build-5    ]      Skipping unsupported platform 'macos-latest'
[Python CI/Build-6    ]      Skipping unsupported platform 'windows-latest'
[Go CI/Build-5        ]      Skipping unsupported platform 'macos-latest'
[Python CI/Build-1    ]      Start image=catthehacker/ubuntu:act-latest
[JavaScript CI/Build-5]      Skipping unsupported platform 'windows-latest'
[Go CI/Build-6        ]      Skipping unsupported platform 'windows-latest'
[Go CI/Build-4        ]      Matrix: map[go-version:1.17.x platform:ubuntu-latest]
[Go CI/Build-4        ]      Start image=catthehacker/ubuntu:act-latest
                             Matrix: map[platform:ubuntu-latest python-version:3.10.x]
                             Start image=catthehacker/ubuntu:act-latest
[JavaScript CI/Build-2]      Skipping unsupported platform 'windows-latest'
[JavaScript CI/Build-4]      Matrix: map[node-version:16.x platform:ubuntu-latest]
[JavaScript CI/Build-4]      Start image=catthehacker/ubuntu:act-latest
[Go CI/Build-2        ]      Skipping unsupported platform 'macos-latest'
```

그림 13-14 프로젝트에서 act 도구를 실행했을 때 지원 및 미지원 플랫폼이 표시된다.

---

7   도커는 컨테이너를 제공하는 소프트웨어 도구의 모음이다. 도커는 서로 다른 운영 시스템, 컴파일러, 라이브러리 등을 깔끔하고 안정적으로 추상화한다. 도커는 애플리케이션을 패키징하고 배포하는 데 인기있고 적극 권장되는 메커니즘이다.

중간 점검

"카이레테 니코멘Chairete, nikomen!"[8]

'돈' 문제를 해결하기 위한 코드를 작성하는 여정의 마지막에 있다.

많은 부분을 다뤘다. 코드를 작성하고, 테스트를 작성하고, 지우고, 코드와 테스트 둘 다 개선하고, 지속적 통합을 추가했다. 칭찬받을 자격이 있다!

가치 있고 필요한 작업이었던 우리의 여정에 대한 리뷰가 마지막 14장에 남았다.

---

8   마라톤 전투 이후 필리피데스(Philippides)에 의해 유명해진 말로 "기뻐하라, 우리가 승리했다!"는 의미다.

14장

회고

회고는 변화의 강력한 기폭제가 될 수 있다. 중대한 전환은 단 하나의 회고에서 시작될 수 있다.

– 에스더 더비[Esther Derby]와 다이애나 라센[Diana Larsen], 『애자일 회고』(인사이트, 2008)

목록의 모든 피처를 끝냈다. 다음은 알기 쉽게 정리한 누적 목록이다.

~~5 USD × 2 = 10 USD~~
~~10 EUR × 2 = 20 EUR~~
~~4002 KRW / 4 = 1000.5 KRW~~
~~5 USD + 10 USD = 15 USD~~
~~5 USD + 10 EUR = 17 USD~~
~~1 USD + 1100 KRW = 2200 KRW~~
~~중복 테스트 제거~~
~~프로덕션 코드에서 테스트 코드 분리~~
~~테스트 구성 개선~~
~~연관된 통화에 기반한 환율 결정~~
~~환율이 명시되지 않은 경우 오류 처리 개선~~
~~환율 구현 개선~~
~~환율 수정 허용~~
~~코드의 지속적 통합~~

목록의 모든 줄에 취소선을 그었다고 모두 끝났다고 할 수 없다. 우선, 변경은 소프트웨어에서 항상 발생하는 상수다. 목표하는 바에 적합해 코드를 더는 건드리지 않기로 했다 해도 코드를 둘러싸고 있는 것들은 시간이 흐르면 반드시 바뀐다. 이 책을 쓰는 동안, 생태계에 다음과 같은 것들이 변경됐다.

1. Go v1.17이 릴리즈됐다(https://oreil.ly/zKGK4).[1]

2. Node.js v16이 릴리즈됐다(https://oreil.ly/jteMp).

3. 파이썬 버전 3.9와 3.10이 릴리즈됐다(https://oreil.ly/xNLPa).

4. 깃허브 액션의 setup-node(https://oreil.ly/0Strt)와 setup-python(https://oreil.ly/sGZDj)의 새 버전이 릴리즈됐다.

5. COVID-19 백신이 출시 및 승인돼(https://oreil.ly/IGEb5), 우리의 삶을 구성하고, 업무를 수행하고, 사회적 상호작용을 수행하는 방식을 또 변화시켰다. 소프트웨어 작성은 이런 변화의 한 측면이다.

이 글을 읽을 때쯤이면, 우리 코드가 살아 숨쉬는 생태계에 많은 변화가 있었으리라 확신한다.

미래의 거대한 미지 저편에, 현 시점의 코드에서 잠재적으로 개선할 수 있는 것들이 있을까? 한 일을 되돌아본다. 회고 사항을 다음 관점에 따라 맞춰본다.

- 프로필: 코드의 형태를 나타낸다.

- 목적: 코드가 수행한 작업과 보다 중요하게는 수행하지 않은 작업이 포함된다.

- 프로세스: 현재 위치에 어떻게 도달했는지, 다른 어떤 방법이 가능했는지, 특정 경로를 선택한 결과를 살펴본다.

프로필

프로필이란 용어를 가독성 및 명확성과 같은 주관적인 측면과 객관적 표현, 즉 복잡도, 결합도 및 단순성을 모두 포함하기 위해 사용한다. 다른 분야에서 형식^{form}이란 단어도 비슷한 관점을 서술하기 위해 사용된다.

---

1 번역 기간 중에도 Go v1.18이 릴리즈됐다(2022/03/15). – 옮긴이

서문에서 테스트 주도 개발의 정의에서 단순성을 핵심 용어로 식별했다. 이제 몇 가지 측정 척도로 코드의 단순성을 측정할 수 있다.

순환 복잡도

순환 복잡도는 코드에 분기와 반복이 포함된 정도를 측정하는 척도로, 분기와 반복이 있으면 코드가 이해하기 어렵다. 토마스 맥케이브[Thomas McCabe]가 1976년에 출판한 논문 (https://oreil.ly/isAAw)에서 정의된 척도로, 나중에 맥케이브와 아서 왓슨[Arthur Watson]은 이 개념을 테스트 방법론의 맥락으로 개발했다. 맥케이브의 순환 복잡도 정의(언어 간 구문적 차이와는 무관하며 제어 흐름 그래프로써 소스 코드의 구성에 근간을 두고 있다)는 테스트 주도 개발의 관점에서 어떤 대상을 분석하는 것과 관련된다.

즉, 한 코드 블록의 순환 복잡도는 코드의 반복문과 분기문의 개수에 1을 더한 숫자다.

p개의 이진 결정 술부(binary decision predicate)로 구성된 코드 블록의 순환 복잡도는 p + 1이다. 이진 결정 술부는 코드상에서 두 경로 중 한 경로를 취할 수 있는 진입점으로, 하나의 부울 조건에 있는 분기나 반복문이다.

분기나 반복이 없는 코드 블록(제어 흐름이 연속적으로 한 문장에서 다음으로 이어지는 하나의 흐름)은 1의 순환 복잡도를 가진다.

맥케이브의 논문 원본에서는 '물리적 크기 대신 순환 복잡도에 의해 소프트웨어 모듈을 제한'해 개발할 것을 권고한다. 맥케이브는 10을 상한으로 제안했으며, 이를 실용적으로 '합리적이되 주술적이지 않은 상한'이라 칭했다.

결합도

결합도는 다른 코드 블록상에 한 코드 블록(예: 클래스나 메소드)의 상호 의존을 측정하는 척도다. 결합도의 두 종류로 입력 결합도[afferent coupling]와 출력 결합도[efferent coupling]가 있다.

- 입력 결합도: 주어진 컴포넌트에 의존하는 다른 컴포넌트의 수

- 출력 결합도: 주어진 컴포넌트가 의존하는 다른 컴포넌트의 수

그림 14-1은 다양한 의존성을 갖는 클래스 다이어그램을 나타낸다. ClassUnder Discussion에 대한 입력 결합도는 1이고 출력 결합도는 2다.

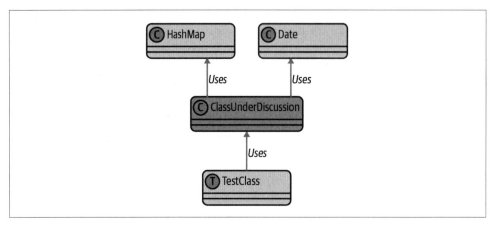

그림 14-1 입력 및 출력 결합도

 유용한 연상 방법을 소개한다. 입력 결합도는 주어진 컴포넌트로 향하는 의존성 화살표의 숫자로, 출력 결합도는 주어진 컴포넌트에서 밖으로 향하는 화살표의 숫자로 나타난다.

코드 안정성의 측정 척도는 입력과 출력 결합도 간 균형이다. 코드의 불안전성은 다음 수식으로 정의될 수 있다.

불안정성 = (출력 결합도)/(출력 결합도 + 입력 결합도)

컴포넌트의 불안전성은 0과 1 사이의 실수로 나타난다. 0은 어떤 것에도 의존하지 않는 완전히 안정된 컴포넌트를 가리킨다. 범용 언어로 작성된 컴포넌트에서 사실상 불가능하다. 최소한 컴포넌트 세계는 언어에서 제공되는 컴포넌트(예: 원시 자료형 또는 시스템 클래스 등)에 의존하기 때문이다. 1의 값은 불안전성의 최댓값을 가리키며, 컴포넌트가 다른 컴포넌트에는 의존하나, 어떤 컴포넌트도 해당 컴포넌트에 의존하지 않음을 뜻한다.

그림 14-1에서 ClassUnderDiscussion의 불안전성은 2/3다.

단순성

코드 라인 수$^{\text{LOC, Line Of Code}}$는 특히 언어에 무관하게 위험한 측정 척도다. 언어의 표현력은 매우 다양하다. 이에 대한 명백한 이유로 특정 언어에 존재하는 어떤 언어적 특징(키워드, 이디엄, 라이브러리 및 패턴)의 유무가 있다. 형식을 맞추는 관례와 같은 사소한 것도 언어에 무관하게 의도적으로 코드 라인 수를 늘리거나 줄일 수 있다. 똑같이 동작하는 다음 두 개의 "Hello World" 프로그램을 생각해보자. 하나는 C#이고, 다른 하나는 Go다.

```
namespace HelloWorld ❶
{
    class Hello ❷
    {
        static void Main(string[] args) ❸
        {
         System.Console.WriteLine("Hello World!"); ❹
    }
  }
}
```

❶ 프로그램의 네임스페이스 선언

❷ 메소드를 포함하는 클래스 정의

❸ 작업을 수행하는 메소드 정의

❹ System.Console.WriteLine 메소드에 의존해 "Hello World!"를 출력하는 코드 라인

```
package main ❶

import "fmt" ❷

func main() { ❸
    fmt.Println("Hello World!") ❹
}
```

❶ 프로그램의 패키지 선언

❷ fmt 패키지에 대한 의존성을 포함

❸ 작업을 수행하는 메소드 정의

❹ fmt 패키지의 Println 메소드를 사용해 "Hello World"를 출력하는 코드 라인

7줄의 Go 코드와 똑같은 작업을 수행하는 데 10줄의 C# 코드가 필요하다는 점이 분명하다. 이것이 공평하거나 의미 있는 비교인가? 아니다! 두 언어 간 구조적 유사성에도 불구하고(둘 다 의존성 선언을 요구하고, 네임스페이스를 정의하며 작업을 수행하는 'main' 메소드가 있고, "Hello World"를 출력하는 단일 코드 라인이 있다) 코드 라인 수 비교를 무의미하게 만들 충분한 차이점이 있다. 또 하나는, C#은 Main 메소드가 정의될 클래스가 반드시 필요한데, Go의 main 함수에는 그런 것이 필요 없다. 또 다른 차이점은 메소드(if 또는 for 문과 같은 다른 블록)가 정의된 줄의 끝에 열린 중괄호를 놓아야 한다. 이와는 대조적으로, C#의 관례는 열린 중괄호를 새로운 라인에 단독으로 넣어야 한다. 후자의 차이점으로 인해 C# 프로그램에 세 줄이 추가된다.[2]

같은 언어의 테스트 코드 라인 수와 프로덕션 코드의 라인 수를 비교하는 방법도 좋다. 이런 비교는 특히 코드 크기가 증가하고 라인 수가 통계적(입증되지 않은 것과는 반대로) 중요성을 가짐에 따라 언어별 특징이나 관례를 정규화한다.

목적

미학은 중요하다. 그러나 모든 코드는 어떤 필요를 충족시키기 위해 작성된다. 코드가 그 필요를 충족시키는 정도와 그렇게 수행하는 방식을 '목적'이라 일컫는다. 다른 분야에서, 함수function란 단어(특히 형식과는 대조돼)가 사용된다. 함수라는 단어의 소프트웨어 의미와 코드 관점을 혼동할 소지가 있기 때문에, 필자는 이를 사용하지 않는다.

---

2 Go에서 같은 줄에 열린 중괄호를 둬야 하는 이유는 단순함의 미학 그 이상이다. 언어의 컴파일러가 구문이 어디에서 끝나고 새로 시작되는지 알아내는 방식에 근간을 두고 있다.

코드 조각이 목적을 충족시키는 정도는 두 가지 관점에서 볼 수 있다. 모든 게 의도한 대로 동작하는가? 해야 할 동작만 수행하는가? 후자를 응집도, 전자를 완전성이라 한다.

응집도

응집도는 모듈 내 코드의 관련성을 측정하는 척도다. 높은 응집도는 모듈(메소드, 클래스, 패키지) 내 코드가 단일의 통합된 개념임을 나타낸다.

응집도는 주관적인 측정 척도다. 하지만 응집도는 다른 유형으로, 일부는 다른 유형보다 선호된다. 응집도의 가장 바람직한 형태는 기능상의 응집도로, 모듈의 모든 구성 요소가 단일의, 잘 정의된 작업에 기여함을 말한다. 스펙트럼의 다른 끝에는 우연적 응집도가 있으며, 모듈의 구성 요소가 목적의 뚜렷한 특이성 없이 제멋대로 그룹화되는 경우다.

완전성

코드가 해야 할 모든 일을 수행하는가? 기능적으로 체크리스트상 모든 항목을 완료했으며 모두 취소선으로 그었다. 이는 완전성의 한 지표다.

테스트가 얼마나 완전할까? 추가 테스트를 작성해 더 나은 자신감을 얻을 수 있는가? 다음 경우를 생각해보자.

오버플로

특정 데이터 타입에 저장하기에 너무 큰 숫자를 저장해 발생하는 조건이다. Money 엔티티를 더하거나 다른 Money에 곱할 때 오버플로가 발생될 수 있다.

언더플로

너무 작은 숫자(예: 0에 근접한)를 저장할 때 발생하는 조건이다. 숫자를 올바르게 표현하기 위한 유효 자릿수가 부족한 경우다. 아주 작은 환율의 경우와 같이, 큰 숫자로 Money를 나눌 때 언더플로가 발생될 수 있다.

0으로 나누기

0이 아닌 숫자를 0으로 나눈 결과는 무한이다. 0을 0으로 나눈 결과는 정해지지 않음 undefined이다.

이런 시나리오 중 어떤 것도 현재 테스트되지 않았으며, 코드가 이를 처리할 수도 없다. 코드가 불완전하지 않다고 할 수 없는 증거다. 하지만 이런 피처를 개발할 방법이 바로 테스트 주도다.

프로세스

프로필과 목적 모두 코드의 다양한 품질 속성을 측정하며 여정의 종착지를 판단한다. 그에 반해, 끝까지 살아남지 못한 다양한 중간 구현 사항을 포함해 최종 버전의 코드에 어떻게 이르렀는지에 대한 프로세스를 평가하는 것도 똑같이 중요하다. 이는 여정을 따라 걸어온 길에 대한 판단이다.

체크리스트에 있는 것과 다른 순서로 피처를 개발하기 시작했다면 어땠을까? 아마도 다른 구현이 될 가능성이 매우 높다. 예컨대 구현한 Money 엔티티는 곱셈과 나눗셈에 대한 메소드가 있지만, 덧셈에 대한 메소드는 없다. 만일 3장이 아닌 1장에서 '5 USD + 10 USD = 15 USD'의 피처를 구현했다면, Money 엔티티에 덧셈 메소드를 추가했을 수 있다.

피처 정리 방식에 가장 간단한 것 먼저라는 논리적 전개가 있었다. 하지만 예를 들어 다른 통화를 더하는 피처를 개발하기 시작했다면(예: 5 USD + 10 EUR = 17 USD) 환율을 꽤 일찍 도입해야 했을 것이다. 이런 피처는 타당한 첫 번째의 추상화이기 때문에 Money에 뒀을 것이다. Portfolio와 Bank 엔티티를 인식하고 추출했을까? 추측하긴 어려우나, 한 피처를 개발하면서 여러 추상화 개념을 식별하는 데 더 많은 노력이 필요했으리라 말하고 싶다.

모두 합치기

코드 분석에 사용할 수 있는 프로필, 목적 및 프로세스의 세 가지 관점을 살펴봤다. 작성했던 코드를 세 가지 관점에 투영하고 어떤 모습인지 살펴보자.

Go

프로필

코드의 순환 복잡도는 gocyclo(https://github.com/fzipp/gocyclo)와 같은 도구를 사용해 측정할 수 있다. Go로 작성된 이 도구는 실행 가능한 형태로 설치돼 Go 코드의 순환 복잡도를 분석하는 데 사용될 수 있다.[3] 다음은 go 폴더에서 gocyclo . 를 실행했을 때 출력되는 가장 복잡한 메소드들을 나타낸다. 나머지 메소드의 순환 복잡도는 1이다.

```
5 stocks (Portfolio).Evaluate stocks/portfolio.go:12:1
3 main assertNil money_test.go:129:1
3 stocks (Bank).Convert stocks/bank.go:14:1
2 main assertEqual money_test.go:135:1
```

가장 복잡한 메소드인 Portfolio.Evaluate의 순환 복잡도는 5다. 휴리스틱 임곗값인 10보다는 훨씬 낮지만, 메소드 추출 리팩터링을 한 번 이상 사용해 복잡도를 줄일 수 있음을 알 수 있다. 가령 실패 메시지를 생성하는 부분을 새로운 메소드로 추출해 Portfolio.Evaluate에서 호출할 수 있다.

```go
func (p Portfolio) Evaluate(bank Bank, currency string) (*Money, error) {
    ... ❶
    failures := createFailureMessage(failedConversions) ❷
    return nil, errors.New("Missing exchange rate(s):" + failures)
}

func createFailureMessage(failedConversions []string) string { ❸
    failures := "["
```

---

3 go install github.com/fzipp/gocyclo/cmd/gocyclo@latest 명령어를 셸에서 실행해 최신 버전의 gocyclo를 설치할 수 있다. – 옮긴이

```
    for _, f := range failedConversions {
        failures = failures + f + ","
    }
    failures = failures + "]"
    return failures
}
```

❶ Evaluate에서 변경되지 않은 코드가 간략히 생략됐다.

❷ 실패 메시지를 생성하는 내부 함수private function

❸ Evaluate 메소드에서 추출된 createFailureMessage 함수

이게 더 나은가? 보는 관점에 따라 다르다. Evaluate의 순환 복잡도는 낮아졌지만(4), 두 메소드가 결합된 순환 복잡도는 이제 높아졌다(6).

코드 내 응집도는 낮다. Portfolio는 Money와 Bank에 의존한다. Bank는 Money에 의존한다. 테스트 클래스는 불가피하게 세 개의 모든 클래스에 의존한다. 결합도를 합리적으로 낮출 수 있는 유일한 방법으로 테스트를 TestMoney, TestPortfolio, TestBank 클래스로 분리할 수 있다.

단순성에 있어, Go는 수상한 코드를 검사하는 도구를 제공한다. 해당 도구는 vet 명령어(https://oreil.ly/Fo5QC)이며 go vet ./... (생략 부호는 문자 그대로 입력돼야 함)를 실행해 출력을 알아내는 게 도움이 된다. 우리 Go 프로그램에서는 경고가 발생되지 않으며, 모든 프로그램이 이렇게 되게끔 노력해야 한다. vet 명령어는 불필요한 코드(예: 무의미한 할당 및 도달할 수 없는 코드)를 찾을 뿐만 아니라 Go 구문의 일반적인 오류에 대해 경고를 발생시킨다.

목적

우리의 Go 코드는 잘 정의된 책임을 바탕으로 한 세 개의 명명된 타입으로 구성돼 응집도가 좋다. Money에 Add 메소드가 없어서 amount를 더하는 작업이 Money가 아닌 Portfolio. Evaluate에서 발생되는 점이 문제가 될 수 있다.

Money.Add 메소드가 있다면 어떨까? 다음과 같이 Portfolio.Evaluate를 약간 간소화할 수 있다.

```go
func (p Portfolio) Evaluate(bank Bank, currency string) (*Money, error) {
    totalMoney := NewMoney(0, currency) ❶
    failedConversions := make([]string, 0)
    for _, m := range p {
        if convertedMoney, err := bank.Convert(m, currency); err == nil {
            totalMoney = *totalMoney.Add(convertedMoney) ❷
        } else {
            failedConversions = append(failedConversions, err.Error())
        }
    }
    if len(failedConversions) == 0 {
        return &totalMoney, nil ❸
    }
    ... ❹
}
```

❶ 합계는 float64가 아닌 Money 타입인 totalMoney에 누적된다.

❷ 새로운 Money.Add 메소드를 사용해 반환값이 하나만 있다고 가정한다.

❸ 이전과 같이 Money 포인터를 반환한다.

❹ 메소드의 나머지는 같아 간략히 생략된다.

Money.Add 메소드를 테스트 주도로 어떻게 진행할까? 다음 설계를 고수하는 것이 유리하다 할 수 있다.

1. 메소드는 단일의 다른 *Money 인자를 수용해야 한다.

2. 메소드의 반환값은 호출 주체인 Money와 다른 Money의 합계를 나타내는 *Money 타입이어야 한다.

3. 다른 Money와 호출 주체인 Money의 통화가 일치할 때만 다른 Money를 더해야 한다.

4. 두 Money의 통화가 다를 때는, 이들을 더할 때 실패됐음을 가리키는 nil 반환이나 패닉을 발생시켜야 한다. 왜냐하면 Money.Add는 환전 후 통화가 서로 일치했을 때만 Portfolio.Evaluate에서 호출되기 때문에 이렇게 실패를 알리는 방식이 정당하다.

프로세스

Money와 Portfolio를 처리하는 논리를 단일 소스 파일에 같이 두면서 시작해, 이후에는 stocks 패키지의 두 개의 파일로 분리했다. 그 다음에 stocks 패키지에 Bank를 생성했다. 이렇게 분리하는 것을 보다 일찍, 어쩌면 처음부터, 식별할 수 있었을까? 반대로, 거대한 파일 하나에 모든 코드를 넣고 마지막에 분리할 수 있었을까? 코드를 개별 파일로 조금이라도 분리하지 않았다면 어땠을까?

이 책에서 따른 프로세스는 끊임없이 Go 코드의 형태에 영향을 미쳤다. 일반적으로 프로세스는 만들어내는 결과물로 판단돼야 한다. 테스트 주도 개발에는 프로세스 제어에 중요한 수단으로 진행 속도를 조절한다. 3장의 마지막에 이르러 단일 프로덕션 코드는 Money와 Portfolio의 두 개의 개별 추상화를 획득했다. 바로 그 시점에 모듈화한 이유다. 이제 피처가 마무리됐는데 어떤 생각이 드는지 묻는다. 어쩌면 다른 누군가를 가르치려고 다시 코드를 작성한다면, 비슷한 선택을 할 것 같은가?

자바스크립트

프로필

자바스크립트의 복잡도 측정 척도 수집에 JSHint(https://jshint.com)와 같은 도구를 사용할 수 있다. JSHint는 여러 형태로 제공되며, 홈페이지에서는 자바스크립트 코드를 붙여 넣어 복잡도를 측정할 수 있는 온라인 에디터를 제공한다. 우리의 목적에는 NodeJS 패키지가 더 적절하다. JSHint는 커맨드 라인에서 npm install -g jshint를 실행해 전역적으로 설치할 수 있다.

jshint를 사용하려면, 두어 개의 설정 매개변수를 기술해야 한다. 이를 가장 간단하게 하는 방법으로 js 폴더에 .jshintrc라는 이름의 파일을 생성한다.

```
{
    "esversion" : 6, ❶
    "maxcomplexity" : 1 ❷
}
```

❶ 사용할 ECMAScript 버전을 기술한다.

❷ 최대 순환 복잡도를 가능한 가장 낮은 값으로 설정한다.

모든 메소드에 가능한 가장 낮은 순환 복잡도를 나타내는 maxcomplexity를 1로 설정했다는 점에 주목하라. 이 임곗값 만족이 목적은 아니다. 앞서 언급했듯이, 10이 maxcomplexity이 보다 일반적인 값이다. 1로 설정한 이유는 모든 메소드가 높은 순환 복잡도를 가졌다고 오류로 출력하도록 jshint를 강제하기 위함이다.

짧은 내용의 .jshintrc 파일을 둬, js 폴더에서 run jshint *.js를 간단히 실행해 어떤 메소드가 순환 복잡도 1을 초과하는지 조사할 수 있다.

```
bank.js: line 13, col 12,
    This function's cyclomatic complexity is too high. (3)

portfolio.js: line 14, col 41,
    This function's cyclomatic complexity is too high. (2)
portfolio.js: line 12, col 13,
    This function's cyclomatic complexity is too high. (2)

test_money.js: line 80, col 21,
    This function's cyclomatic complexity is too high. (2)
test_money.js: line 91, col 44,
    This function's cyclomatic complexity is too high. (2)
test_money.js: line 99, col 30,
    This function's cyclomatic complexity is too high. (3)

6 errors
```

순환 복잡도가 3인 메소드가 두어 개 있고, 순환 복잡도가 2인 메소드가 몇 개 더 있다.

이것이 테스트 주도 개발의 핵심 주장을 입증한다. 테스트 주도 개발이 권장하는 점진적이고 진화하는 코딩 스타일은 보다 균일한 복잡도 프로필의 코드를 만든다. 한두 개의 '슈퍼맨' 메소드나 클래스가 아니라, 여러 모듈에 걸쳐 책임을 잘 분산시킨다.

작성했던 코드의 결합도는 낮다. Portfolio와 Bank 둘 다 Money에 의존하며, 이는 우리 도메인의 자연스런 결과다. 또한 Bank에서 Portfolio로의 미묘한 의존성 또한 존재한다. 미묘하다는 이유는 Money와 달리 Portfolio는 Bank 타입의 객체를 요구하지 않기 때문이다. Portfolio의 evaluate 메소드는 '은행과 유사한 객체', 즉 convert 메소드를 구현하는 객체를 요구한다. 이는 인터페이스상의 의존성으로, 특정 구현이 아니다. Portfolio가 Money에 의존하는 방식과도 다르다. Portfolio의 evaluate 메소드에서 new Money()의 명시적 호출이 있다.

 클래스 A에서 클래스 B의 인스턴스를 새로 생성하는 경우, 의존성 주입 사용이 어렵다. 하지만 A가 B에 정의된 메소드를 사용하기만 한다면(A는 B에 대해 인터페이스 의존성이 있음) 의존성 주입 사용이 훨씬 쉽다.

4장과 11장에서 의존성 주입을 접했다. Portfolio.evaluate 검사를 위해, convert 메소드를 구현하는 어떤 객체도 주입할 수 있으며, 꼭 실제 Bank 객체일 필요가 없다. 이상하게 작성됐지만 유효하고 통과하는 다음의 테스트를 생각해보자.

```
testAdditionWithTestDouble() {
    const moneyCount = 10; ❶
    let moneys = []
    for (let i = 0; i < moneyCount; i++) {
        moneys.push(
            new Money(Math.random(Number.MAX_SAFE_INTEGER), "Does Not Matter") ❷
        );
    }
    let bank = { ❸
        convert: function() { ❹
          return new Money(Math.PI, "Kalganid"); ❺
        }
    };
```

```
    let arbitraryResult = new Money(moneyCount * Math.PI, "Kalganid"); ❻

    let portfolio = new Portfolio();
    portfolio.add(...moneys);
    assert.deepStrictEqual(
        portfolio.evaluate(bank, "Kalganid"), arbitraryResult ❼
    );
}
```

❶ 테스트에서 생성할 Money 객체 개수

❷ 각 Money 객체는 임의의 amount를 가지며 current 또한 지어낸다.

❸ Bank 테스트 더블^{Test Double}4

❹ 오버라이드된 convert 메소드.

❺ 항상 π 칼가니드를 반환한다.

❻ 예상 결괏값은 'π에 moneyCount를 곱한 값' 칼가니드

❼ 항상 통과되는 단언문

테스트에 바보 같은 Bank 구현을 만들었다. 비지니스 관점에선 어리석어 보이지만, 인터페이스 관점에선 전적으로 유효하다. 이 코드에서 Bank는 convert 메소드를 호출할 때 주어진 인자에 관계없이 항상 π 칼가니드를 반환한다.[5] 즉 Portfolio.evaluate에서 convert 메소드를 호출할 때 Portfolio는 π 칼가니드를 누적한다. 따라서 최종 결괏값은 π에 Money objects 개수를 곱한 값에 해당하는 금액의 칼가니드 통화가 된다.

테스트가 특이하긴 해도, '테스트 더블'의 핵심 개념(https://oreil.ly/PR7fq)과 인터페이스 의존성을 예를 들어 잘 설명한다.

---

4 테스트 더블은 테스트 실행 환경 또는 미구현의 이유로 의존 구성 요소를 사용할 수 없어 테스트를 진행하기 어려울 때 이를 대신해 테스트 대상 코드와 상호작용을 해 테스트를 수행을 돕는 객체다. Mock, Stub, Dummy 등이 테스트 더블의 대표적인 예다. – 옮긴이

5 convert 메소드는 어떤 인자가 오든 간에 무시하기 때문에, convert 메소드에 아무 인자도 정의하지 않았음에 주목하자. 6장에서 자바스크립트는 함수 정의에 관계없이 함수로 전달되는 매개변수의 타입이나 개수에 어떤 규칙도 강제하지 않는다고 다뤘던 점을 떠올리자.

'테스트 더블'은 메소드, 클래스, 모듈과 같은 '실제 세계'(프로덕션) 코드를 대체해, 테스트 대상의 시스템이 실제 코드 대신 대체 코드를 의존성으로 사용한다.

앞서 소개한 테스트에서 보인 패턴을 따라서 Portfolio.convert의 모든 테스트를 '실제' Bank 대신 테스트 더블을 사용하도록 재작성할 수 있다. 여기서 질문, 이렇게 해야 할까?

꼭 그렇진 않다는 게 답이다. 일반적으로 가장 적용이 쉬운 방식을 사용한다. 테스트 더블을 도입하려는 노력이 실제 코드를 사용하는 것보다 훨씬 크다면, 실제 코드를 사용하라. 그렇지 않으면, 테스트 더블을 사용하자.

또한 테스트 더블을 사용하기엔 위험이 따르는데, 테스트 대상 시스템의 메소드나 함수를 호출할 때 불분명한 부작용이 생긴다면, 테스트 더블이 부작용을 본의 아니게 감추게 된다. 또는 테스트 더블이 실제 코드에 존재하지 않는 새로운 부작용을 일으킬 수 있다. 어느 쪽이든, 테스트 더블로 수행하는 테스트는 '실제' 의존성이 있는 코드의 테스트를 충실히 재연하지 못할 위험이 있다.

다른 방법은 없을까? 잘 정의된 인터페이스를 바탕으로 상태에 독립적인 코드 사용이 출발점이다. 상태에 독립적인 메소드, 즉 온전히 매개변수에만 의존해 동작하는 메소드는, 매개변수로 전달되지 않으면서 변하는 상태에 있는 외부 객체에 심하게 의존하는 메소드보다 테스트 더블로 교체하는 것이 훨씬 쉽다.[6]

목적

자바스크립트 코드에서 세 개의 클래스는 각 핵심 개념이 갖는 목적의 특이성을 드러낸다.

개선할 만한 것이 있는가? Portfolio.evaluate 메소드의 try 블록에 추상화 누수가 조금 있다.

---

6 테스트 더블로 교체하기 가장 어려운 메소드는 전역 상태에 의존하는 메소드다. 대재앙의 시기에 좀비처럼 피해야 하는 이유이기도 하다!

```
try {
    let convertedMoney = bank.convert(money, currency);
    return sum + convertedMoney.amount;
}
```

찾았나? money를 새로운 통화로 환전하면 조밀하고 독립적인 객체인 convertedMoney를 생성한다. 그런 다음 convertedMoney 객체를 뜯어서 amount를 확인하고 total...에 더한다. 메소드 마지막에서 new Money(total, currency)를 반환할 때 다시 뜯었던 객체를 원래대로 붙여 넣는다!

Money 클래스에 add 메소드가 있다면 코드는 어떻게 될까? 구체적으로 말하면, 테스트 주도로 어떻게 진행해야 하고 Portfolio.evaluate는 어떻게 리팩터링될까?

Money.add 동작을 이끌어내는 데 사용할 수 있는 몇 가지 테스트를 생각할 수 있다. 같은 통화의 두 Money 객체를 더하는 것은 숫자 덧셈의 교환법칙을 따르는 간단한 방법으로 동작해야 한다. 서로 다른 통화의 두 Money 객체를 더하는 것은 적절한 예외로 실패돼야 한다. 여러 통화를 더하려면 이미 환전의 책임이 있는 Portfolio를 유지해야 하므로, 이런 예외적 행동을 정당화할 수 있다.

```
testAddTwoMoneysInSameCurrency() { ❶
    let fiveKalganid = new Money(5, "Kalganid");
    let tenKalganid = new Money(10, "Kalganid");
    let fifteenKalganid = new Money(15, "Kalganid");
    assert.deepStrictEqual(fiveKalganid.add(tenKalganid), fifteenKalganid);
    assert.deepStrictEqual(tenKalganid.add(fiveKalganid), fifteenKalganid);
}

testAddTwoMoneysInDifferentCurrencies() { ❷
    let euro = new Money(1, "EUR");
    let dollar = new Money(1, "USD");
    assert.throws(function() {euro.add(dollar);},
      new Error("Cannot add USD to EUR"));
    assert.throws(function() {dollar.add(euro);},
      new Error("Cannot add EUR to USD"));
}
```

❶ 같은 통화의 두 Money 객체를 직접 더하는 것을 검증하는 테스트

❷ 다른 통화의 두 Money 객체를 더하려 할 때 예외를 검증하는 테스트

상기 테스트를 만족하는 Money.add 메소드를 작성한 후[7] Portfolio.evaluate에서 추상화 누수를 제거하는 데 사용할 수 있다.

```
evaluate(bank, currency) {
  let failures = [];
  let total = this.moneys.reduce( (sum, money) => {
      try {
        let convertedMoney = bank.convert(money, currency);
        return sum.add(convertedMoney); ❶
      }
      catch (error) {
        failures.push(error.message);
        return sum;
      }
    }, new Money(0, currency)); ❷
  if (!failures.length) {
    return total; ❸
  }
  throw new Error("Missing exchange rate(s):[" + failures.join() + "]");
}
```

❶ Money.add 메소드 사용

❷ 초깃값은 Money 객체로, 숫자가 아니다.

❸ Money 객체인 total이 직접 반환될 수 있다.

추상화 누수를 제거하는 비용이 Money 클래스에 메소드를 추가하고 이에 대한 테스트를 할 만한 가치가 있는가?

이에 대한 틀에 박힌 답은 없다. add 메소드가 Money에 이미 있는 times와 divide 메소드에 괜찮게 어울리며 Portfolio.evaluate 메소드가 Money를 뜯어보지 못하게 하는 것

---

7 Money.add 메소드는 "독자에게 연습 문제로 남겨 뒀다". 궁금한(또는 짜증난) 독자들은 깃허브 저장소의 구현을 참고하라!

이 좋은 일이라 추론할 수 있다. 다른 한편으로는, Bank.convert가 주어진 Money 객체의 currency와 amount를 이미 뜯어봤고, (아마도 Bank에 있는 추상화 누수는 희생시키면서) 실질적으로 Money에 더 많은 동작을 추가하지 않고는 추상화 누수를 제거할 명확한 방법은 없다고 추론할 수 있다.

대조되는 답으로, '목적에 적합'이란 개념에 내재된 주관성의 요소를 반영한다. '이 클래스의 목적이 무엇인가?'라는 질문에 여러 다른 의견이 있을 수 있다. 서로 다른 의견에서 비롯된 코드 또한 다를 수 있다(변함 없이 그리고 불가피하게).

프로세스

처음에는 모든 소스 코드가 한 파일에 있었다. 관심사의 분리를 4장에서 도입했고 6장에서 관심사의 분리를 사용해 코드를 모듈로 나눴다. Bank 클래스는 11장에서 도입됐다. 다른 길을 따랐다면 코드가 달라졌을 가능성이 크다. 더 나아질 수 있었을까?

다시 문제를 해결한다면, 보다 일찍, 아마도 하나의 그린 테스트를 얻자마자, 프로덕션 코드에서 테스트를 분리했을 것이다. 관심사의 조기 분리는 다음과 같은 장점이 있다. 의존성을 명확하게 만들고 각 모듈이 무엇을 내보내기 하는지를 비판적으로 생각하게 강제한다. 이는 더 나은 캡슐화로 이끈다(예: 정보 은닉).

이 책에서 작성한 자바스크립트 코드의 결점을 생각할 수 있는가? 코드가 점진적으로 증가하는 동안 어떤 단계에서 그러한 결점이 유발됐을까? 그리고 그러한 결점을 고칠 수 있던 단계가 있었는가?

파이썬

프로필

파이썬 생태계는 코드 복잡도를 측정하는 도구 및 라이브러리를 제공한다. Flake8(https://oreil.ly/LCvRG)은 그러한 도구 중 하나다. Flake8은 여러 다른 도구의 정적 분석 기능을 결합시키는데, 이를 통해 mccabe(https://oreil.ly/Z2SW3) 모듈을 사용한 순환 복잡도 테스트를 포함해 많은 기능을 제공한다.

Flake8은 파이썬 패키지 관리자를 사용해 설치될 수 있다. 명령어 `python3 -m pip install flake8`이 필요한 전부다. 한 번 설치되기만 하면, TDD_PROJECT_ROOT의 py 폴더와 같이 파이썬 소스 파일이 있는 폴더에서 flake8을 실행해 코드의 모든 위반 및 경고 사항들을 스캔한다. 특정 종류의 경고로 출력을 제한하기 위해 잘 정의된 Flake8 오류 코드를 사용할 수 있다(https://oreil.ly/gSrf0). 예를 들어, 명령어 `flake8 --select=C`는 mccabe 모듈이 감지한 순환 복잡도 위반 사항만을 출력한다. 기본 복잡도 임곗값은 10이므로, 상기 명령어를 실행하면 아무런 경고도 나오지 않는다. 어떤 출력이라도 나오게 하려면, 복잡도 임곗값을 낮춰 설정해야 한다.

파이썬 코드에 `flake8 --max-complexity=1 --select=C`를 실행하고 어떻게 되는지 살펴보자.

```
./bank.py:12:5: C901 'Bank.convert' is too complex (3)
./portfolio.py:12:5: C901 'Portfolio.evaluate' is too complex (5)
./test_money.py:75:1: C901 'If 75' is too complex (2)
```

Portfolio.evaluate와 Bank.convert가 가장 높은 복잡도의 두 개의 메소드임을 알 수 있다. 하지만 두 메소드 모두 McCabe가 권장하는 10의 휴리스틱 허용치 안에 있다. 이는 테스트 주도 개발의 주장 중 하나인, 테스트 주도 개발이 더 낮은 복잡도를 야기한다는 것을 입증한다.

코드의 가독성을 실질적인 방법으로 개선할 수 있을까? Portfolio.evaluate 메소드와 failures의 존재를 어떻게 테스트할지 고려해보자.

```
def evaluate(self, bank, currency):
...
  if len(failures) == 0: ❶
    return Money(total, currency)
...
```

❶ Money 객체를 반환해야 하는지 결정하기 위해 failures가 비어 있는지 검사한다.

failures의 길이가 0인지 확인해 오류가 없음을 검사한다. 더 간단한 방법이 있을까?

방법이 있다. 파이썬에서 빈 문자열은 false로 평가되기에 다음과 같이 간소화할 수 있다.

```
...
  if not failures: ❶
    return Money(total, currency)
...
```

❶ 빈 문자열은 false로 평가돼 코드 라인에 `not failures`를 사용할 수 있다.

 파이썬에서 모든 객체의 진리값을 테스트할 수 있으며(https://oreil.ly/POxOL) 빈 시퀀스 및
컬렉션은 false로 처리된다.

언어의 이디엄 사용은 순환 복잡도 척도를 줄이지 못하더라도 코드를 간소화하는 또 다른 방법이다. 언어적 규범을 일관되게 유지해 코드가 놀람 최소화의 원칙Principle of Least Surprise을 따르도록 보장한다.

놀람 최소화의 원칙

제롬 H. 살처(Jerome H. Saltzer)와 M. 프란스 카쇼크(M. Frans Kaashoek)가 『Principles of Computer System Design: An Introduction(컴퓨터 시스템 설계 원칙- 개요)』(Morgan Kaufmann, 2009)에서 설명한 놀람 최소의 원칙은 저자에 따르면 사용자 기대에 맞춰 소프트웨어 시스템을 만드는 것을 목표로 한다.

사람들은 시스템의 일부다. 설계는 사용자의 경험, 기대, 그리고 정신적 모델에 부합해야 한다.

이 격언은 일반적으로 시스템의 최종 사용자로 생각되는 사람들 만을 위한 것이 아니다. 이 말은 '사용자'가 코드를 관리하는 다른 개발자일 때도 똑같이 적용 가능하다. '사용자'는 앞으로 몇 달 동안 직접 작성한 코드를 읽어야 하는 우리 자신의 미래 버전이 될 수도 있다. 미래의 우리 자신에 공감하도록 노력해야 한다.

목적

작업한 파이썬 코드는 그 목적, 즉 '각 세 개의 주요 클래스는 한 가지를 수행하며 합리적으로 잘 수행한다'에 충실함을 보여준다.

Portfolio.evaluate에 몹시 눈에 띄는 추상화 누수가 있다. Portfolio.evalute 메소드는 Money 클래스의 내부에 너무 참견한다. 구체적으로 말하면, Bank.convert에서 반환된 각 Money 객체를 조사해 amount 속성을 기록한다. 그런 다음, 메소드 마지막에 누적된 total 을 갖는 새로운 Money를 생성한다.

 보통 '낯선 사람에게 말하지 마라'는 간결한 말로 표현되는 디미터의 법칙(The law of Demeter)은 코드에서 더 낮은 결합도와 더 높은 응집도를 지지한다. 디미터의 법칙을 유념 해 코드를 작성하면 수줍은 모듈을 만든다. 즉, 관련 없는 다른 모듈과 수다를 떨지 않는다!

Portfolio.evaluate 메소드에서 살살이 조사될 필요 없게 Money 객체를 더 수줍게 만들 수 없을까? Money 객체의 amount 필드를 더하는 게 아닌 Money를 직접 더할 수 있다면 할 수 있다.

__add__(self, other)의 시그니처를 갖는 숨은 메소드를 오버라이딩해 할 수 있다.

 파이썬에서 특정 클래스의 + 연산자 오버라이딩을 하려면 해당 클래스의 __add__(self, other) 메소드를 구현해야 한다.

다음 테스트를 통해 __add__ 메소드의 동작을 테스트 주도로 진행할 수 있다.

```
def testAddMoneysDirectly(self):
  self.assertEqual(Money(15, "USD"), Money(5, "USD") + Money(10, "USD"))
  self.assertEqual(Money(15, "USD"), Money(10, "USD") + Money(5, "USD"))
  self.assertEqual(None, Money(5, "USD") + Money(10, "EUR"))
  self.assertEqual(None, Money(5, "USD") + None)
```

두 Money 객체가 같은 통화이기만 하다면 서로 더할 수 있게, 서로 통화가 다르다면 None을 반환하게 하고 싶다. 덧셈의 교환법칙을 유지하기 위해 두 Money 객체를 서로 다른 순서로 더해도 동일한 결과가 나옴을 검증한다.

Money.__add__ 구현은 다음과 같다.

```
def __add__(self, a):
    if a is not None and self.currency == a.currency:
        return Money(self.amount + a.amount, self.currency)
    else:
        return None
```

코드를 더 간소화하기 위해 Bank.convert가 Money와 누락 환율에 관한 key의 값을 반환하도록 재설계할 수 있다.

1. 환율이 정의됐다면, 유효한 Money 객체가 반환된다. 두 번째 반환값은 None이다.

2. 환율이 정의되지 않았다면, 첫 번째 반환값은 None이다. 두 번째 반환값은 누락된 환율의 key다.

재설계에 사용할 수 있는 리팩터링된 테스트는 다음과 같다.

```
def testConversionWithDifferentRatesBetweenTwoCurrencies(self):
    tenEuros = Money(10, "EUR")
    result, missingKey = self.bank.convert(tenEuros, "USD")
    self.assertEqual(result, Money(12, "USD"))
    self.assertIsNone(missingKey)
    self.bank.addExchangeRate("EUR", "USD", 1.3)
    result, missingKey = self.bank.convert(tenEuros, "USD")
    self.assertEqual(result, Money(13, "USD")) ❶
    self.assertIsNone(missingKey) ❷

def testConversionWithMissingExchangeRate(self):
    bank = Bank()
    tenEuros = Money(10, "EUR")
    result, missingKey = self.bank.convert(tenEuros, "Kalganid")
    self.assertIsNone(result) ❸
    self.assertEqual(missingKey, "EUR->Kalganid") ❹
```

❶ 환전이 성공하면, 첫 번째 반환값은 유효한 Money 객체다.

❷ 그리고 None은 두 번째 반환값이다.

❸ 환율이 정의되지 않았으면, None이 첫 번째 반환값이다.

❹ 두 번째 반환값은 누락된 환율의 key다.

여기에 없지만 변경된 Bank.convert 메소드는 더는 어떤 예외도 발생시키지 않는다.[8]

다음 구현을 통해 Portfolio.evaluate 메소드를 리팩터링할 수 있다.

```python
def evaluate(self, bank, currency):
  total = Money(0, currency)
  failures = ""
  for m in self.moneys:
    c, k = bank.convert(m, currency)
    if k is None:
      total += c
    else:
      failures += k if not failures else "," + k
  if not failures:
    return total
  raise Exception("Missing exchange rate(s):[" + failures + "]")
```

리팩터링의 결과로 Portfolio.evaluate 메소드가 더 짧아지고 한결 우아해졌을 뿐만 아니라 순환 복잡도 역시 낮아졌다. flake8 --max-complexity=1 --select=C를 실행해 스스로 검증해보자.

프로세스

첫 번째 테스트와 프로덕션 코드의 첫 번째 조각을 한 파일에 모두 작성했다. 7장에서 코드를 모듈로 분리할 즈음에는 세 개의 클래스가 있었다. 두 개는 Money와 Portfolio의 도메인 개념에 해당되고 다른 하나는 테스트용 클래스였다. 이후 11장에서 세 번째 도메인 클래스인 Bank를 도입했다. 피처를 개발한 순서가 그 결과로 생긴 코드에 어떻게 영향을 미쳤을까?

---

8 변경된 Bank.convert 메소드의 소스 코드는 다른 변경 사항과 같이 온라인 저장소에서 이용 가능하다.

취했던 방향의 한 가지 중요한 영향은 Portfolio.evaluate의 람다 표현식의 도입(3장에서)과 이어지는 제거(10장에서)였다. 람다 표현식의 단순성과 개선을 다시 도입할 수 있을까? 코드를 재구성해야 하겠지만 다시 할 수 있다. Bank.convert 메소드를 사용하기 위해(8장에 있던 self._convert 대신) 다음에 약간 바뀐 8장의 람다 함수의 구조를 떠올리자.

```
total = functools.reduce(operator.add,
        map(lambda m: bank.convert(m, currency), self.moneys), 0)
```

람다의 제약 사항은 주어진 적용 방식에 따라 조건부 코드를 작성할 수 없다는 것이다. 하지만, 변환된 Money 객체와 Bank.convert 메소드를 여러 번 호출해 반환된 누락 환율을 add 연산자를 통해 누적할 수 있다면 어떨까?

Bank.convert의 시그니처를 변경하고 (Money, string) 튜플을 더할 수 있도록 __add__ 메소드를 오버라이딩해서 할 수는 있다. 이렇게 하는 것이 바람직한가?

이 질문에는 옳고 그름이 없다. 소프트웨어는 작성되기보다 훨씬 더 자주 읽히게 돼 있다. 앞서 언급한 대로 바꾼 코드가 읽기 쉬울까? 편향된 의견이 형성되기 전에 먼저 코드를 작성할 수 있고 또 작성해야 한다. 하지만 코드를 작성한 후에도 람다의 유무에 대해 어떤 스타일이 '더 낫다'는 명확한 답변은 기대해선 안 된다. 복잡도, 응집도 및 결합도의 측정 가능한 척도를 통해 코드를 걸러내더라도 주관성의 요소는 남기 마련이다.

테스트 주도 개발은 죽었다?

테스트 주도 개발의 종말을 주장하는 기사를 자주 볼 수 있다. 기술 컨퍼런스에서 의례적일 뿐만 아니라 관행으로 테스트 주도 개발의 위험성에 열변을 토하며 테스트 주도 개발이 빨리 없어지길 바라는 마음을 실은 연설이 심심치 않게 들리기도 한다. 심지어 테스트 주도 개발의 종말을 두고 업계를 선도하는 사람들 사이에서 녹음된 대화가 돌아다닌다.

그렇다면 결론은? 테스트 주도 개발은 죽은 아이디어의 모습의 흔적을 찾아볼 용도의 해부용 시체인가? 아니면 아직 숨은 붙어있는 존재일까? 스스로를 격렬한 비난에 취약하게 만들지 않고는 이 질문에 확실한 답을 하기 대단히 어렵다.

서문에서 했던 말을 다시 하면, 테스트 주도 개발은 코드를 설계하고 구조화하는 기술로 '목적'은 코드에 단순성을 촉진하고 자신감을 상승시키는 데 있다. 테스트 주도 개발 도중에 작성한 단위 테스트는 이를 위한 수단이며, 그 자체가 목적이 아니다. 이는 최종 사용자의 요구를 충족시킬 때 분명해지며, 테스트가 아닌 프로덕션 코드만이 패키징돼 배포된다.

비유가 적절치 않지만, 건설 중인 건물에 가설하는 비계scaffolding처럼 단위 테스트는 프로덕션 코드에 설치된다고 할 수 있다. 사용되고 감탄할 만한 가치가 있는 구조는 멋진 건물 그 자체다. 비계는 건설 과정에서 건물을 세우고 지지할 수 있게 하기 위해서만 존재한다. 단위 테스트는 한 가지를 제외하고는 여러 방식에서 유사하다. 건축이 끝나면 비계를 없앤다. 외부 아키텍처에 어떤 변경도 생기지 않기 때문이다. 소프트웨어에서 적극적으로 사용 중인 일부 조각이라도 끊임없이 유동적이기 때문에 외부 아키텍처에 변경이 없으리란 보장을 거의 할 수 없다.

그러므로 단위 테스트를 계속 유지하고, CI/CD 서버를 통해 정기적으로 실행하며 프로덕션 코드가 발달함에 따라 단위 테스트를 개선하는 관행은 꼭 필요하다. 어떤 의미로는, 소프트웨어를 주민들이 활발히 사용하면서도 항상 수리 중인 건물로 볼 수 있다. 따라서 비계는 거주 가능한 건설과 함께 유지돼야 한다.

하지만 놓쳐서는 안 되는 점으로 테스트 주도 개발의 목적은 모두 테스트로, 더 나은 프로덕션 코드를 정교하게 만들기 위함이다. 테스트 주도 개발 수행이 없이 어떻게든 완벽한 프로덕션 코드를 만들 수 있다면 주저하지 않고 그렇게 할 것이다. 아직 그렇게 하는 방법을 알지 못한다. 테스트 주도 개발은 간단하고, 견고하며 고품질의 프로덕션 코드를 작성하는 길을 제공하기 때문에 테스트 주도 개발을 선호한다.

켄트 벡은 스택 오버플로에 올라온 질문(https://oreil.ly/1meWo)에 대한 답변으로 직설적이고 냉정하게 이 점을 분명히 했다. 켄트 벡의 답변은 전체를 인용해서 읽을 만큼 강력하다.

> 나는 테스트가 아닌 동작하는 코드로 돈을 벌기 때문에, 주어진 수준의 신뢰에 도달하기 위해 가능한 적게 테스트하는 것이 내 철학이다(이 정도 수준의 신뢰가 업계 표준과 비교하면 높은 것

같지만, 그저 자만심일 수도 있다). 나는 일반적으로 실수를 하지 않는 곳에는(생성자에 잘못된 변수를 설정하는 등) 테스트를 하지 않는다. 테스트 오류를 이해하는 경향이 있어, 복잡한 조건문의 논리를 구현할 때 각별히 주의한다. 팀으로 코딩할 때 모두가 잘못하기 쉬운 코드를 주의 깊게 테스트하기 위해 내 전략을 수정한다.

사람마다 이 철학에 기반해 저마다 테스트 전략이 다를 수 있지만, 코딩의 중첩 반복문에 가장 잘 맞는 테스트 방식에 대한 이해가 미성숙한 상태인 점을 고려할 때 합리적이라고 생각한다. 지금부터 10년 또는 20년 후에는 어떤 테스트는 작성하고 혹은 작성하지 않는, 둘 사이의 차이점을 구별하는 보다 보편적인 이론을 갖게 될 수 있다. 그동안은 실험적인 방법이 타당해 보인다.

켄트 벡이 이 글을 쓴 지 12년이 넘었으므로, 그의 예상 기간의 중간 근처에 있다. 7~8년 안에 보편적인 테스트 이론에 접근할 수 있을지 깨닫는 신통력이 내게는 없다[9]. 보편적 테스트 이론의 부재로, 테스트 주도 개발의 경험적, 이론적 증거에 계속 의존해야 하며, 계속 실험하고 혁신해야 한다.

중간 점검

테스트 주도 개발 여정의 마지막에 있다. 하지만 끝이 아니다.

책에서 깊이 다루지 않은 사항과 업데이트를 함께 제공하는 저장소의 코드를 살펴보길 바란다. 또한 문제를 해결할 대안과 확장하는 방법을 다른 독자와 연계할 기회가 있다.

직접 작성한 코드가 아니더라도 대부분을 테스트 주도로 진행하는 습관을 형성하는 기나긴 여정에서, 지금은 단지 시작에 불과하다.

---

9 보편적인 테스트 이론으로 향하는 첫 단계는 테스트 피라미드다. 마이크 콘(Mike Cohn)이 고안한 용어로 햄 보케(Ham Vocke)의 다음 글에서 상세히 기술돼 있다(https://oreil.ly/O4zrm).

개발 환경 구축

개발 환경 구축은 코드 작성에 있어 전제 조건이다. 다행히도 신뢰도 높은 '개발 환경'을 구축하기가 예전보다 더 쉬워지고 있다.

이 책을 읽을 때쯤이면, 어쩌면 다음에 제안한 방법보다 더 나은 대안이 있을 수 있다. 개발 환경 구축에 더 쉬운 메커니즘이 있다면 그 방법을 사용하자. 또한 이 책의 다른 독자에게 공유해보자(bookquestion@oreilly.com으로 메일을 보내면 된다).

부록은 개발 환경을 구축할 수 있는 모든 방식의 완전한 목록이 아니다. 또한 각 언어, 통합 개발 환경, 플러그인, 확장팩(또는 이들의 여러 버전 관리) 설치하는 방법의 단계별 설명을 제공하지도 않는다. 상세한 내용은 지루하게 장황하거나 진부해지기 쉽다. 빵 조각보다 빨리 굳어버리는 상세 설명 대신, 개발 환경 구축 방법의 일반적인 개요를 설명하는 길을 택했다. 필요할 때 참고할 상세한 가이드를 제공하는 하이퍼링크가 있다.

온라인 REPL

REPL은 '읽기-평가-출력 반복^Read-Eval-Print Loop'의 약자다. 대화형의 상위 수준 셀로, 짧은 프로그램을 직접적으로 간단하게 작성하게 한다. REPL로 작성된 코드라면 읽어진 뒤 평가된다(파싱된 후 언어에 따라 컴파일 및 해석된 후 실행된다). 마지막으로 결과가 출력된다. 전체가 반복해 실행되기에 원하는 만큼 계속해서 프로그램을 수정하고 실행할 수 있다. REPL의 대화형 특성은 빠르고 상세 피드백과 결부돼 새로운 프로그래밍 언어를 배우는 이상적 환경을 제공한다.

이걸로 충분하지 않듯이, 다양한 언어를 위한 여러 온라인 REPL이 있으며 대부분 무료로 사용할 수 있다. 웹 브라우저와 안정적인 (엄청나게 빠를 필요는 없음) 인터넷 연결이 가능한 컴퓨터만 있으면 된다.

이런 장점을 바탕으로, 이 책에 포함된 예제 코드를 포함한 상당한 양의 코드 작성에 온라인 REPL을 사용하는 경우 주의 사항이 있다. 특히 온라인 REPL에 많은 코드를 작성할 때 생길 수 있는 문제를 정리했다.

원하는 대로 코드를 구성하기 어렵다

폴더에 소스 파일을 구성하기(예: LeetCode 무료 에디션) 어렵거나 불가능할 수 있다. 파일 이름을 원하는 대로 지정하기 어려울 수 있다(예: Repl.it로 Go 코드를 작성할 때 main.go 파일을 지울 수도, 이름을 변경할 수도 없다).

외부 패키지를 가져오기 어렵다

예컨대 LeetCode는 표준 라이브러리에서 Go 패키지를 가져올 순 있지만 외부 패키지를 가져올 순 없다.

작성할 수 있는 코드 양의 제한 사항

온라인 REPL은, 특히 무료 버전에서, 보통 온라인상에 작성 및 저장할 수 있는 코드 양을 제한한다. 많은 양의 코드를 작성한다면, 그렇게 하길 독려하지만, 금방 이런 제한 사항에 부딪힐 가능성이 있다.

비공개로 코드를 유지하는 제한 사항

온라인 REPL을 사용해 작성하는 모든 코드는 REPL의 웹 서버(클라우드 내) 어딘가 저장된다. 보통은 코드 저장소를 공개로 하지 않을 수 없다. 특히 무료 버전의 온라인 REPL에서 그렇다. 코드의 프라이버시는 코드 작성을 배우는 중에는 중요하지 않을 수 있고 협업할 다른 누군가를 찾으려 한다면 바람직하지 않을 수 있다. 하지만 프로그램이 커지면서, 특히 소유권이 있는 코드를 작성하기 시작했을 때, 코드 저장소 접근 제어를 원하거나 필요할 수 있다. 온라인 REPL은 이를 달성하기 더 어렵게 만들기도 한다.

브라우저 비정상 종료 등으로 코드를 잃어버릴 위험

브라우저의 텍스트 필드에 많은 양의 텍스트를 입력하고 브라우저가 비정상적으로 종료돼 입력한 모든 텍스트가 날아간 경험이 있나? 자연어로 긴 문장(예: 소셜미디어 웹 사이트의 글에 답하는 등)을 입력하는 것은 좋은 생각이 아니다. 방금 날려 버린 '텍스트'가 공들여 작성하고 테스트하고 리팩터링한 코드라면 정말 괴로운 일이다. 온라인 REPL에서라면 코드를 이렇게 잃게 되는 일이 언제나 가능하다(물론, 컴퓨터에 커피를 엎지르면 항상 코드가 날아가지만, 대부분의 개발자와 마찬가지로 커피를 엎지르기보단 브라우저의 비정상 종료가 더 자주 발생한다고 가정한다!).

요약하면, 온라인 REPL로 이 책의 코드 작성을 시작해도 괜찮다. 하지만 이 방식으로 모든 코드를 작성하길 권하지 않는다. 머지않아 컴퓨터에 적절한 개발 환경을 구축해야 할 필요성을 느낄 것이다.

다음은 최소의 전제로 시작하도록 돕는 몇 가지 온라인 REPL이다.

Repl.it

Repl.it(https://repl.it)은 내가 가장 자주 사용하는 온라인 REPL으로, 특히 새로운 언어 또는 기능을 시도해볼 때 로컬 개발 환경을 구축하는 데 시간과 노력을 쏟고 싶지 않다면 사용한다. Repl.it는 이 책에 사용된 세 가지 언어를 포함해 여러 언어를 지원한다(https://repl.it/languages). 무료 버전이 기능이 풍부해서 구독 결제를 결정하기 전에 여러가지를 해볼 수 있다.

Repl.it에서 Go 코드를 실행하려면 몇 가지 트릭을 알 필요가 있다.

1. main.go 파일을 지울 수 없다. 이 파일을 비워 두고 간단히 무시해라.

2. Go 네이밍 규칙에 따라 테스트 파일을 생성하라(예: money_test.go).

3. 테스트를 실행하려면 녹색 화살표의 실행 버튼을 클릭하지 마라. 대신, 오른쪽의 셸 탭으로 전환해서 go test -v <테스트 파일 이름>.go를 입력하고 엔터를 쳐라.

그림 A-1은 1장에서 작성했던 Go 코드가 입력된 Repl.it 창을 보여준다.

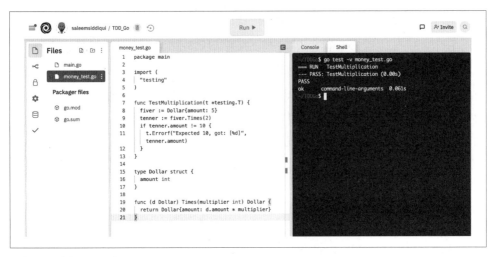

그림 A-1 1장의 Go 코드의 Repl.it

그림 A-2는 1장에서 작성했던 자바스크립트 코드가 입력된 Repl.it 창을 보여준다. 이때는 작성한 코드에 테스트가 성공했다는 출력이 없었음을 상기하자. 그림 A-2의 코드가 의도적으로 테스트가 실패하도록 수정된 이유이며, Repl.it에 실패가 어떻게 나타나는지 보여준다. 파일을 실행하려면 오른쪽 셸 탭으로 전환해서 type node <테스트 파일 이름>.js을 입력하고 엔터를 친다.

그림 A-2 1장의 자바스크립트 코드의 Repl.it

그림 A-3은 Repl.it 창에 1장에서 작성한 파이썬 코드를 보여준다. 파일을 실행하려면 오른쪽 셀 탭으로 전환해서 python <테스트 파일 이름>.py를 입력하고 엔터를 친다.

그림 A-3 1장의 파이썬 코드의 Repl.it

LeetCode

LeetCode(https://leetcode.com)는 코딩 콘테스트, 도전과제 및 논의를 통해 다른 개발자와의 소통을 독려한다. '플레이그라운드' 기능은 Go, 자바스크립트, 파이썬을 포함한 여러 언어들로 코드를 작성할 수 있게 한다. 하지만 몇 가지 제한 사항이 있다. Go에서는 표준 라이브러리(https://golang.org/pkg/#stdlib) 외 다른 패키지를 가져오거나 go test를 통해 테스트 실행하기 어렵다. 파이썬에서는 unittest 패키지를 사용한 테스트 실행 방법이 명확하지 않다. 무료 버전은 플레이그라운드 개수를 제한하며(현재 10), 유료 구독은 이런 제한을 없애고 디버깅 및 자동완성 등의 다른 기능을 제공한다.

그림 A-4는 1장의 자바스크립트 코드가 입력된 LeetCode 창을 보여준다. 코드에서 테스트는 LeetCode에서 테스트 실패가 어떻게 나타나는지 보이기 위해 의도적으로 깨져 있다.

그림 A-4 1장의 자바스크립트 코드의 LeetCode

CoderPad

CoderPad(https://coderpad.io)는 페어 프로그래밍이나 몹 프로그래밍과 같이 실시간 협업 코딩에 적합하다. 특히 그룹이나 집단의 일부로 새로운 언어를 배우기에 유용한 면이 있어 CoderPad는 기술 인터뷰에 자주 사용되므로 익숙해지면 경력에 도움이 된다!

CoderPad는 이 책에서 사용된 세 가지 언어를 포함한 다양한 언어를 지원한다. 하지만 LeetCode와 같이 표준 라이브러리(https://golang.org/pkg/#stdlib) 외 Go 패키지를 가져오기 어렵다.

그림 A-5는 1장의 자바스크립트 코드가 입력된 CoderPad를 보여준다. 다시, 코드는 단언문 실패가 CoderPad에서 어떻게 나타나는지 보여주기 위해 의도적으로 깨진 테스트를 같이 나타낸다.

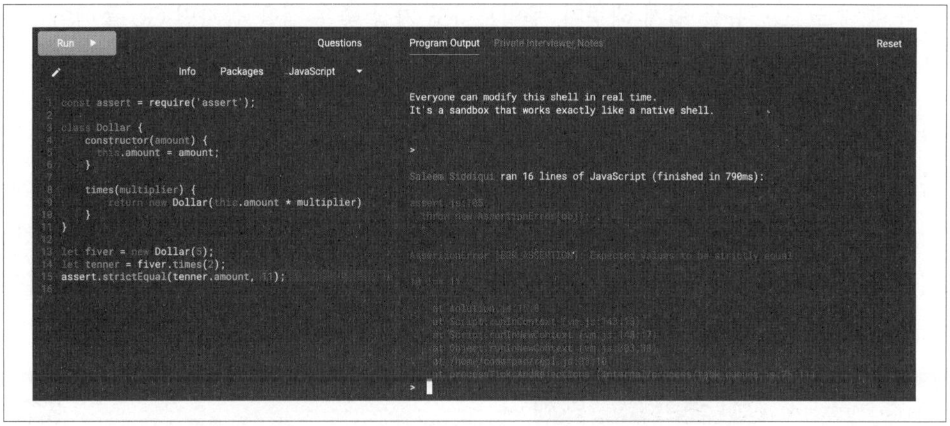

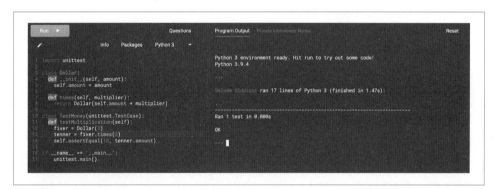

그림 A-5 1장의 자바스크립트 코드의 CoderPad

그림 A-6은 1장의 파이썬 코드가 입력된 CoderPad를 보여준다.

그림 A-6 1장의 파이썬 코드의 CoderPad

Go 플레이그라운드

Go 플레이그라운드(https://play.golang.org)는 Go 프로그래밍 언어에 맞춤인 REPL을 제공한다. 이전 절에서 서술된 바와 같이 Go의 다른 온라인 REPL에 있는 제한 사항에 특히 유용하다.

Go 플레이그라운드의 최소 사용자 인터페이스 하에 강력한 REPL 엔진이 깔려 있다. 한 가지 유용한 기능으로 작성한 코드 조각에 대한 퍼머링크^{permalink}를 만들어준다. 퍼머링크를 통해 코드 공유를 쉽게 해주며, 무엇보다도 가장 좋은 점을 꼽자면 Go 플레이그라운드는 전적으로 무료다.

단위 테스트와 프로덕션 코드를 작성하고 Go 플레이그라운드에서 직접 실행할 수 있다. 여러 파일로 코드 구성도 가능하다. 마음만 먹으면 Go를 빠르게 시작하는 데 도움이 된다. Go 플레이그라운드로 IDE에서 하는 방식과 똑같이 공개적으로 이용 가능한 저장소(예: GitHub.com)에서 패키지를 가져올 수 있다. 그림 A-7은 깃허브 저장소에서 (https://oreil.ly/yNlyD) 가져온 외부 패키지를 사용한 2장의 코드를 보여준다.

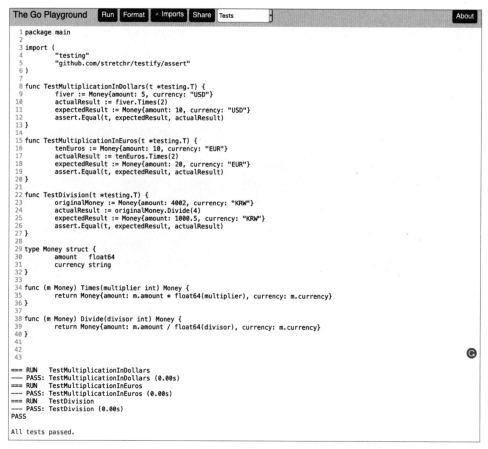

```
1 package main
2
3 import (
4         "testing"
5         "github.com/stretchr/testify/assert"
6 )
7
8 func TestMultiplicationInDollars(t *testing.T) {
9         fiver := Money{amount: 5, currency: "USD"}
10        actualResult := fiver.Times(2)
11        expectedResult := Money{amount: 10, currency: "USD"}
12        assert.Equal(t, expectedResult, actualResult)
13 }
14
15 func TestMultiplicationInEuros(t *testing.T) {
16        tenEuros := Money{amount: 10, currency: "EUR"}
17        actualResult := tenEuros.Times(2)
18        expectedResult := Money{amount: 20, currency: "EUR"}
19        assert.Equal(t, expectedResult, actualResult)
20 }
21
22 func TestDivision(t *testing.T) {
23        originalMoney := Money{amount: 4002, currency: "KRW"}
24        actualResult := originalMoney.Divide(4)
25        expectedResult := Money{amount: 1000.5, currency: "KRW"}
26        assert.Equal(t, expectedResult, actualResult)
27 }
28
29 type Money struct {
30        amount   float64
31        currency string
32 }
33
34 func (m Money) Times(multiplier int) Money {
35        return Money{amount: m.amount * float64(multiplier), currency: m.currency}
36 }
37
38 func (m Money) Divide(divisor int) Money {
39        return Money{amount: m.amount / float64(divisor), currency: m.currency}
40 }
41
42
43
=== RUN   TestMultiplicationInDollars
--- PASS: TestMultiplicationInDollars (0.00s)
=== RUN   TestMultiplicationInEuros
--- PASS: TestMultiplicationInEuros (0.00s)
=== RUN   TestDivision
--- PASS: TestDivision (0.00s)
PASS

All tests passed.
```

그림 A-7 외부 단언 라이브러리를 포함해 2장에서 개발한 것과 유사한 코드가 입력된 Go 플레이그라운드

온라인 REPL의 종합 목록

조엘 프라누식Joel Franusic이 관리하는 온라인 REPL 목록이다(https://oreil.ly/1rT0l). 항목이 너무 많아서 모두 사용해보진 않았다. 하지만 마음에 드는 걸 찾으면 사용해보고 다른 사람에게 경험을 공유하자.

통합 개발 환경

온라인 REPL이 시작하기엔 좋다. 하지만 진지한 코딩을 하려면 컴퓨터에 적절한 개발 환경이 필요하다.

IDE는 개발 환경을 구축할 신뢰도 높은 방법이다. 다음 몇 가지 선택지가 있다. 하나 이상의 IDE를 원한다 해도, 다른 하나를 시도하기 전에 하나를 정해서 익숙해지길 권장한다. 한 가지 IDE를 사용하는 것에 익숙해져서 키보드 단축키 사용으로 마우스나 포인팅 장치 사용을 최소화할 수 있으면 몇 가지 IDE를 피상적으로 아는 것보다 훨씬 낫다.

IDE를 사용하더라도 사용하는 각 언어의 실행 환경RTE, Runtime Environment을 여전히 설치해야 한다. 그런 다음 IDE를 설정하면 각 언어를 쉽게 사용할 수 있다.

비주얼 스튜디오 코드

비주얼 스튜디오 코드Visual Studio Code(https://oreil.ly/Cm8TK)는 이 책의 예제 개발에 사용한 IDE다. 비주얼 스튜디오 코드는 여러 언어를 동시에(Go, 자바스크립트, 파이썬을 포함해) 설정할 수 있도록 하는 플러그인이 있다. 윈도우, macOS, 유닉스 운영 시스템에서 이용 가능하다. 마이크로소프트는 MIT 라이선스 하에 오픈 소스 제품으로 비주얼 스튜디오 코드를 릴리즈했다. 이로 인해 독자들과 같은 개발자가 직접 작성하고 공개적으로 공유한 확장팩의 수가 급증했다. 이런 이유 때문에 '사용해야 할' IDE로 비주얼 스튜디오 코드를 선택하지 않을 수 없다.

어떤 조사에 따르면, 비주얼 스튜디오 코드는 개발자들 사이에 가장 인기있는(https://oreil.ly/xVdnm) IDE다. 누군가 말했듯이, 군중 속에 지혜가 있다!

인텔리제이 IDEA

인텔리제이 IDEA^{IntelliJ IDEA}(https://oreil.ly/TcnWz)는 체코 소프트웨어 회사인 젯브레인스^{JetBrains}에서 개발한 IDE 패밀리 중 하나다. 라이선스를 구매해야 하는 울트라 에디션은 Go, 자바스크립트, 파이썬을 지원한다(기본 탑재돼 있거나 설치형 플러그인을 통해 지원). 무료 버전인 커뮤니티 에디션은 역시 몇 가지 언어를 지원(https://oreil.ly/uUESk)하지만, 기본적으로 Go나 자바스크립트를 지원하지 않는다.

젯브레인스는 파이썬을 지원하는 다른 제품의 커뮤니티 에디션인 파이참^{PyCharm}을 제공한다(https://www.jetbrains.com/pycharm). 하지만 Go 개발에 대해선 이 글을 작성하는 시점(2021 중반)에는 상용 에디션의 IDE인 고랜드^{GoLand}만 있다(https://oreil.ly/kaDFP).

이클립스

이클립스^{Eclipse}(https://oreil.ly/TOuLT)는 이클립스 재단에서 제공하는 무료 오픈 소스 IDE다. 이클립스는 자바 개발 키트^{JDK, Java Development Kit}에서 동작하며 많은 언어를 지원한다. 이 책에 사용된 언어를 지원하는 플러그인이 있다. Go를 위한 GoClipse(https://oreil.ly/g8lk4), 자바스크립트를 위한 Enide(https://oreil.ly/oy0zy), 파이썬을 위한 PyDev(https://oreil.ly/o9ffP)이 있다.

언어 도구 설치하기

앞서 언급한 IDE 중 하나를 사용하려면 언어의 컴파일 및 런타임 도구를 설치해야 한다. 런타임 도구 없이 IDE는 동작할 수 없다. 언어 도구를 설치한 후, 이런 도구(컴파일, 실행, 디버깅 등)를 사용해 IDE를 설정할 수 있다.

Go

Go(https://golang.org)는 구글에서 제공하는 오픈 소스 프로그래밍 언어다. 윈도우, macOs, 유닉스 운영 시스템에서 사용 가능한 바이너리 배포를 제공한다. 이 책은 Go 버전 1.17을 사용한다.

비주얼 스튜디오 코드나 고랜드와 같은 IDE를 사용하려면 Go를 설치해야 한다.

자바스크립트/ES6

이 책에 사용된 세 개의 언어 중 하나로 자바스크립트(https://nodejs.org)는 특정 컴파일러, 인터프리터나 런타임 환경을 설치할 필요가 없다는 점에서 특별하다. 왜 그런지 상세한 내용에 관심이 있다면 다음의 관련 기사를 참조하라.

브라우저에 탑재된 자바스크립트 엔진

간단한 자바프로그램 프로그램 작성에 자바스크립트 도구를 설치할 필요가 없는 이유는 모든 현대의 웹 브라우저가 자바스크립트를 지원하기 때문이다. 그래서 사실상 브라우저가 자바스크립트의 런타임 환경이다. 즉 웹 브라우저에서 직접 자바스크립트 코드를 쓰고 로컬에서 실행할 수 있다. 앞서 언급한 온라인 REPL을 사용해 실행하는 것과는 다른데, '자바스크립트 엔진'이 브라우저에서 실행되기 때문이다.

하지만 이렇게 동작하려면 런타임 '자바스크립트 엔진'이 필요하다. 인기있는 JS 엔진으로 V8(https://v8.dev)(크롬 브라우저 및 Node.js에서 사용됨), WebKit(https://webkit.org)(사파리 브라우저에서 사용됨), Gecko(https://oreil.ly/2KFqZ)(파이어폭스 브라우저에서 사용됨)이 있다. 초기에는 JS 엔진마다 자바스크립트를 지원하는 방식이 서로 두드러지게 달랐다. 이번 밀레니엄 초반에 자바스크립트용 웹 애플리케이션을 작성해봤다면, 브라우저마다 다르게 코드를 작성해야 했던 방식을 기억할 것이다(또는 아마도 경력에서 그 시기를 잊기로 했을지도 모른다. 그래도 전혀 비난하진 않는다!). 다행히도 ECMAScript로 자바스크립트 표준화됨에 따라 다양한 JS 엔진이 ECMAScript라는 이름의 버전을 지원함에 있어 훨씬 더 잘 맞춰지게 됐다. ECMAScript의 가장 최신 버전은 ES20200이다. Node.js에 포함된 V8 JS 엔진은 거의 지속적인 업데이트 스트림을 발행해 최신 ECMAScript 사양을 지원하는 우수한 실적이 있다. 여기 인쇄돼 제공되는 정보는 이 책이 독자들의 손에 들어가기 전에 쓸모없게 될 수 있다. 최신 정보를 참조하기 위해 온라인 문서(https://oreil.ly/48kbR)를 확인하길 권한다.

JS 코드를 컴파일하고 실행하는 자바스크립트 엔진을 설치하려면 Node.js를 설치하는 방법이 가장 빠르다. Node 패키지 관리자[NPM, Node Package Manager]를 포함한 Node를 설치하고 PATH 변수에 설치된 위치를 추가하면 IDE(VS 코드 또는 인텔리제이 IDEA)가 Node를 찾아서 사용할 수 있게 된다.

자바스크립트에 대해 더 많은 고급 설정 옵션은 IDE 문서를 찾아보자(예: VS Code(https://oreil.ly/R8LTU)와 인텔리제이 IDEA(https://oreil.ly/H3aiM)).

파이썬

파이썬(https://www.python.org)은 귀도 반 로섬[Guido van Rossum]이 만든 인터프리터형 프로그래밍 언어다. 파이썬은 독자(파이썬 소프트웨어 재단의) 오픈 소스 라이선스 하에 배포된다. 윈도우, macOS, 유닉스 및 다른 운영 시스템에서 이용 가능하다. 언어 설치 방법과 특정 OS에 사용 가능한 도구에 대한 설명을 파이썬 웹 사이트에서 찾아보라.

이 책의 코드는 Python 3가 필요하다. 이전 버전인 Python 2는 2020년 새해 첫날부로 (https://oreil.ly/gmXVg) 만료됐다. 아마도 Python 2를 사용하는 소프트웨어를 찾아 볼 수 있을 것이다.[1] Python 2와 Python 3의 차이가 크다.[2]

---

1 Big Sur를 포함한 macOS의 여러 버전에서 파이썬 명령어가 Python 2를 실행하도록 지정(alias)돼 있다. Python 3를 사용하려면 셸에서 명시적으로 python 3를 입력해야 한다.

2 세바스찬 라쉬카(Sebastian Raschka)의 글(https://oreil.ly/tAZsG)에서 Python 2와 3의 여러 차이점을 예제와 함께 소개한다.

세 언어의 간략한 역사

Go

Go 언어는 구글에서 설계됐고 2009년(https://blog.golang.org/11years)에 정식으로 릴리즈됐다. Go는 C/C++의 단점을 개선하기 위한 언어다. 기본 원칙(https://oreil.ly/xbpTl)에는 단순성, 안전성, 가독성, 미니멀리즘이 포함된다. Go, 자바스립트, 파이썬 중에서 가장 최근에 나왔다.

Go의 설계 원칙인 단순성은 다른 언어(영감을 준 언어 포함)에 있는 많은 기능이 부재함(https://golang.org/doc/faq)을 의미한다. 어떤 기능이 없는지 소개한다.

1. 제네릭[1]

2. 반복문을 작성하는 다른 방법

3. 클래스(C++/자바에서 사용하는 의미에서)

4. 상속

5. 암시적 형 변환

6. 포인터 연산

하지만 Go에는 다음과 같이 다른 언어에 없는 유용한 기능을 많이 포함하고 있다.

---

[1] Go에서 제네릭 지원은 빠르게 발전하는 기능이다(https://blog.golang.org/generics-next-step).
2022년 3월 15일에 릴리즈된 Go 1.18 버전부터 Go에서도 제네릭이 지원된다. https://go.dev/blog/go1.18 – 옮긴이

1. 동시성

2. 패키지 관리

3. 서식 맞춤(go fmt)

4. 정적 코드 분석(go vet)

5. 이 책에서 가장 중요한 단위 테스트!

혼란과 유감의 주요 원천은 '언어의 적절한 이름이 대체 무엇인가'다[2]. 언어의 공식적인 이름은 단순히 'Go'이지만, 얄궂게도 구글에는 어려운 일이다. 왜냐하면 언어의 공식 사이트는 https://golang.org여서 'Golang'이라고도 하기 때문이다. 저자는 공식 이름을 선택했고 이 책에서 이 언어를 Go라 불렀으며, 항상 'G'를 대문자로 사용했다. 이렇게 사용한 것에 짜증나지 않았으면 한다. 이것이 가장 큰 의견 차이라면 감사해야 할 일이 많다는 식으로 보라!

이 책은 Go의 1.17 버전을 사용한다(https://golang.org/dl).

자바스크립트

이 책은 Node.js(https://nodejs.org/en), 특히 Node.js 버전 14나 16(https://oreil.ly/nEZ3E)에서 제공하는 자바스크립트의 특징을 사용한다. 이런 자바스크립트 특징은 대부분 ECMAScript와 호환된다. ECSMAScript는 ECMA 인터내셔널(구 ECMA^European Computer Manufacturer Association – 유럽 컴퓨터 제조 연합)에서 발행한 언어 표준이다. ECMAScript 표준은 상대적으로 빠르게 발전한다(자바와 비교하자면). 사실, 표준의 최신 버전은 공식적으로 'ES.Next.'라 언급된다. 자바스크립트 표준의 이름에 변수를 포함한 기술 위원회의 에너지, 열정, 헌신 및 집중에 박수를 보내야 한다![3]

---

2 '@secretge다'는 필 칼튼(Phil Karlton)의 개발자 유머인 인용문(https://oreil.ly/OriOn)의 업데이트된 버전을 트윗했다. "컴퓨터과학에는 두 가지 어려운 문제가 있다. 캐시 무효화, 이름 짓기, 1 차이로 발생하는 오류!

3 C++에도 이름에 변수가 있다고 말할 수 있으며 이름의 값이 문자 그대로 읽으면 수정된다.

> ## Node.js 버전
>
> Node.js 버전 넘버링은 특정 관례를 따른다. 14와 16과 같은 짝수의 릴리즈는 일반적으로 30개월의 장기 지원을 목표한다. 15와 17과 같이 홀수 릴리즈는 6개월만 지원된다. 이로 인해 재미있는 시나리오가 발생된다. Node.js 버전 12는 거의 버전 17만큼 지원된다. 그리고 버전 14는 버전 15와 17보다 오래 지원된다!

ECMAScript는 표준일 뿐만 아니라 언어라는 점에 유의해야 한다. 이는 C++(https://isocpp.org), 자비(https://oreil.ly/v5Pck), 포트란^{Fortran}(https://oreil.ly/2aqHW)과 같은 많은 다른 언어와 다르지 않다. 이 글을 쓰는 시점에, ECMAScript 표준의 가장 최근 업데이트는 ECMA-262(https://oreil.ly/DgZzQ)의 일부다(ECMAScript 언어 표준의 12번째 에디션).

자바스크립트를 ECMAScript 표준의 방언으로 생각할 수 있다. 또 다른 방언으로, 어도비의 액션스크립트^{ActionScript}(https://oreil.ly/B4ywH)와 마이크로소프트의 JScript(https://oreil.ly/kR4ML)가 있다. 하지만 자바스크립트가 가장 인기있고 빈번히 사용되는 ECMAScript 구현이라 해도 과장이 아니다. 거의 독점에 가깝다. 높은 인기에는 역사적인 사실이 있다. 자바스크립트는 1990년대 중반에 넷츠케이프^{Netscape}에서 넷츠케이프 커뮤니케이터 웹 브라우저에서 코드가 바로 실행되도록 동적 웹 콘텐츠를 만들기 위한 방식을 제공하기 위해 만들어졌다. 자바스크립트는 사용자 데스크톱 브라우저에서 적용할 수 있는 최초의 스크립트 언어였다(원래 이름인 LiveScript는 지난 역사에 경의를 표한다). 어느 정도는 웹 스크립트 언어에 어떤 표준도 존재하기 전에 자바스크립트가 필드로 떠밀려 채택됐다. 힘든 스포츠 경기에 비유하면, 자바스크립트는 심판이 공식적으로 경기 시작을 알리는 휘슬을 불기도 전에 첫 골을 넣고 관중들에게 첫 박수를 받은 셈이다!

1996년 말, Ecma가 '인터넷과 인트라넷상 애플리케이션 제작을 위한 크로스 플랫폼 스크립트 기술'(https://oreil.ly/MXRZT)을 표준화할 때, 자바스크립트는 이미 수백 명의 사용자 브라우저에서 이미 실행되고 있었다. 사실상, 이 회의는 업계 표준으로 고려하기 위해 넷츠케이프가 Ecma에 자바스크립트를 제출했기 때문에 소집됐다.

다시 말해서, ECMAScript는 자바스크립트의 현실에서 표준으로 발전했다. 여기엔 닭이 먼저냐 달걀이 먼저냐 하는 수수께끼는 없다. 어느 쪽이 먼저 나왔는지 역사는 의심할 여지없이 분명하다.

역사는 지루할 수 있으나 편리하게 이름을 지어 부를 수 있게 하는 것은 중요하다. 엄격히 말해서 이 책에서 '자바스크립트' 대신 'ECMAScript의 Node.js 구현'이라 사용해야 한다. 하지만 그렇게 하면 헷갈리고 지나치게 현학적이다. 사실은 다음과 같다.

- 현대의 자바스크립트는 ECMAScript 표준을 지원한다.

- 자바스크립트란 이름은 많은(아마도 대부분) 개발자들의 마음 속에 분명한 의미가 있다. 개발자들은 자바스크립트를 들었을 때 어떤 언어가 사용되는지 알고 있다.

- Node.js 구현은 ECMAScript 표준을 매우 높은 수준으로 준수한다.[4]

이런 이유로, 실제로 'ECMAScript 262 표준의 Node.js 구현'을 언급하기 위해 '자바스크립트'를 사용하기로 정했다. 간결함을 인정하고 받아들이길 바란다.

이 책에서 사용된 몇 가지 기능은 Node.js에만 해당한다.

단언 모듈

자바스크립트에 좋은 테스트 라이브러리와 프레임워크가 많다. AVA(https://oreil.ly/nB44m), Jasmine(https://oreil.ly/Re8ac), Jest(https://oreil.ly/CPIXd), Mocha(https://oreil.ly/36nmI), tape(https://oreil.ly/aT8LN), teenytest(https://oreil.ly/UobFo), Unit.js(https://oreil.ly/cYkt6)은 이 책에서 테스트 주도 개발을 실증하기 위해 사용될 수 있는 몇 가지 테스트 프레임워크다. 이들 중 다수가 매우 인기있으며, 왜 이들 중 하나가 선택되지 않았느냐고 질문할 수 있다.

어느 것도 선택하지 않은 이유는 다음과 같다.

---

4 Node의 최신 버전은 ECMAScript 표준의 98%를 지원하는 점수를 받았다(https://oreil.ly/yQgAc).

구문상의 차이

프레임워크는 필요한 지원을 모두 제공할 수 있으나(가지각색의 설계 철학에서 생겨난) 문법이 상당히 다르다. 각 두 문자열을 비교하는 다음 두 테스트를 비교해보자. 서로 다른 문법적 설탕에 유의하자.

```
// filename: tape_test.js
// to run test: node tape tape_test.js
let test = require('tape'); ❶

test('hello world', function (t) { ❷
    t.plan(1); ❸
    t.equal('hello', 'world'); ❹
});
```

❶ tape 라이브러리는 Test라는 이름의 함수를 내보내며, 여기에서 test라는 이름의 변수에 할당됐다.

❷ 각 test는 사람이 읽을 수 있는 이름과 한 개의 매개변수를 갖는 익명 함수의 두 매개변수로 구성된 test를 호출하도록 구현됐다.

❸ 실행할 단언문의 개수로, 이때는 한 개다.

❹ 단언할 대상으로, 이 경우 비교 대상이 서로 달라 실패한다.

```
// filename: __test__/jest.test.js ❶
// to run test: jest
test('hello world', () => { ❷
    expect('hello').toBe('world'); ❸
});
```

❶ jest가 테스트 파일을 찾아볼 기본 경로[5]

---

5 npm i -D jest 명령어로 설치할 수 있으며, { "scripts": { "test": "jest" } }를 포함해 작성된 package.json가 필요하다. 셸에서 npm test 명령어로 jest를 사용해 테스트를 실행할 수 있다. Jest 설치 및 사용에 대한 상세 사항은 다음(https://jestjs.io)을 참조하라. — 옮긴이

❷ 각 test는 사람이 읽을 수 있는 이름과 매개변수 없는 익명 함수의 두 매개변수로 구성된 test를 호출하도록 구현됐다.

❸ 단언할 대상으로, 이때는 기댓값이 입력된 값과 달라 실패한다.

단순성

Node.js 시스템은 완전한 테스트 프레임워크는 아닐지라도 단위 테스트 원칙을 실증하기에 충분한 단언 모듈(https://oreil.ly/CYMqD)을 이미 포함하고 있다.

여러 장, 특히 6장에서 보았듯이, 테스트 하네스를 사용해 코드에 가까워지고 테스트 주도 개발을 사용해 테스트 하네스의 일부를 구축할 수 있었다.[6]

개방성

어떤 테스트 프레임워크도 채택하지 않음으로써 이 책의 자바스크립트 코드를 열린 상태로 남겨뒀다. 이제 테스트 안팎을 잘 알고 있으므로, 자유롭게 테스트 프레임워크를 선택해서 리팩터링하면 된다. 개별 프레임워크의 복잡성을 피하고, (작은) 테스트 하네스를 직접 구축함으로써 테스트 구문을 간단히 유지해 테스트 프레임워크에서 필요한 것이 무엇인지 정확히 알 수 있다. 그러므로 앞서 언급한 프레임워크(또는 여기 언급되지 않은 다른 프레임워크라도)의 적용은 개념적으로 더 쉬워진다.

모듈 메커니즘

자바스크립트 모듈 메커니즘은 6장에서 다뤘다. 역사적 이유로, 모듈 지원은 늦게 ECMAScript 표준에 들어왔다. ESModules 피처가 ES5에 표준화될 때까지, 이미 모듈을 정의하는 여러 경쟁 표준이 존재했다. Node.js의 일부인 assert를 사용하는 경우와 같이 이 책에서는 Node.js의 기본값이기도 한 CommonJS 모듈 표준을 사용한다.

6장은 다른 모듈 메커니즘인 UMD와 ESModules에 대한 소스 코드를 포함한 상세 사항을 함께 기술한다.

6　스스로 만들어 직접 사용해보는 실천을 흔히 '개밥 먹기'라 한다(https://oreil.ly/Wwg8E). 맛있게 들리진 않지만 건강식이다!

파이썬

파이썬은 귀도 반 로섬이 근무하던 암스테르담의 CWI^{Centrum Wiskunde en Informatica} 연구소에서 만들었다. 파이썬은 ABC라는 이전 언어에서 진화했다. 다른 여러 언어와 같이, 단순성은 언어 설계가 발전한 기반이다.[7] 파이썬의 경우 단순성은 다음 피처를 통합함을 의미한다.

- 스크립트 언어: 작업 자동화의 필요성으로 스크립트를 작성하기에 적합한 언어가 필요했다.

- 들여쓰기: 다른 언어와 현저하게 대조돼 파이썬은 코드 블록을 구분 짓기 위해 눈에 보이는 심볼(중괄호 {} 등) 대신 빈 칸^{whitespace}을 사용한다.

- '덕' 타이핑^{duck typing}: 변수 타입이 명시적으로 선언되지 않고, 변수가 갖는 값에서 추론된다.

- 명백한 연산자. *, +, -, /와 같은 연산자는 데이터 타입을 넘나들며 자연스럽게 동작한다. 어떤 데이터 타입은 일부 연산자를 지원하지 않는다(예: 문자열은 -를 지원하지 않음).

- 확장 가능성: 프로그래머는 각자의 모듈을 작성하고 언어의 동작을 확장할 수 있다.

- 상호 운용성: 파이썬은 C와 같은 다른 언어에서 작성된 모듈을 사용하고 가져올 수 있다.

'덕' 타이핑과 명백한 연산자는 다음 코드 조각에서 볼 수 있듯이 파이썬에 실용적인 트릭을 사용할 수 있게 한다. 다음 코드를 셸에서 Python REPL를 사용해 직접 실행할 수 있다. python 3를 입력하고 엔터를 쳐서 대화형 REPL에 진입한다.

```
>>> arr = ["hello", True, 2.56, 100, 2.5+3.6j, ('Tuple', True)] ❶
>>> for v in arr: ❷
...     print(v * 2)
...
hellohello ❸
```

---

7 2003년 인터뷰(https://oreil.ly/NZ625)에서 귀도 반 로섬은 파이썬 설계상 단순성을 찾으려는 그의 동기를 언급했다.

```
2 ❹
5.12 ❺
200 ❺
(5+7.2j) ❺
('Tuple', True, 'Tuple', True) ❻
```

❶ 서로 다른 타입으로 이루어진 배열의 구성 요소: 문자열, 불, 부동 소수점 수, 정수, 복소수, 튜플

❷ 배열의 각 구성 요소를 반복 순회하며 2를 곱한다.

❸ 문자열 곱셈은 반복되는 문자열을 생성한다.

❹ Boolean True는 곱했을 때 숫자 1로 간주된다.

❺ 복소수를 포함한 숫자 타입은 산술 규칙에 따라 곱한다.

❻ 튜플 또한 산술 규칙에 따라 곱해지며, 순서대로 구성 요소가 반복된다.

웹 사이트에서 이용 가능한 전통적인 파이썬 구현은 CPython이라 한다. 다른 활성화된 구현도 있다.

- Jython(https://www.jython.org): JVM에서 실행하기 위한 파이썬의 자바 구현이다.

- IronPython(https://ironpython.net): .NET 플랫폼에서 실행하는 구현이다.

- PyPy(https://www.pypy.org): JIT^Just-In-Time 컴파일러를 사용하는 빠르고 호환되는 파이썬 구현이다.

앞의 구현은 파이썬의 상호 운용성 피처상에 개발돼 파이썬 코드가 다른 언어의 코드와 함께 사용될 수 있다.

파이썬의 역사상 가장 큰 변화 중 하나는 2008년 Python 3 릴리즈와 함께 일어났다. Python 3는 이전 Python 2와 상당한 면에서 호환되지 않는다. Python 2는 수명이 다했다. Python 2에 계획된 업데이트나 패치는 더 이상 없다.

이 책은 가장 최근의 안정된 버전인 Python 3.10(https://oreil.ly/crCeX)을 사용한다.

감사의 말

책을 쓰는 것은 낯선 시도다. 옛날이나 지금이나 글 쓰는 사람은 손에 깃펜이던 키보드이건 혼자 힘들게 쓴다. 거미줄 같은 생각 탓에 논리 정연한 문장으로 이어지지 못하기도 하고, 구와 절의 전환이 완벽히 이뤄지는 경우도 드물다. 글이 잘 풀릴 때는 코드가 안 되고, 글이 잘 안 풀릴 때는... 음, 코드가 여전히 안 된다!

하지만 이런 노력의 가장 이상한 점은 외로운 투쟁이 아니라는 점이다. 은둔 작가들 뒤에는 지칠 줄 모르는 수많은 지지자가 있으며, 거미줄 같은 생각은 출판된 책에서 결코 볼 수 없다.

첫째로, 소프트웨어 작성과 테스트로부터의 소프트웨어 주도 개발 진행에 대한 열정은 프로그래밍을 개척한 열정적이고 헌신적인 사람들 없이는 불타오를 수 없었다. 그들 중 가장 중요한 사람들은 프로그래밍을 발명한 '에니악 여성들'로, 캐슬린 안토넬리Kathleen Antonelli, 진 바틱Jean Bartik, 베티 호버튼Betty Holberton, 마를린 멜처Marlyn Meltzer, 프랜시스 스펜스Frances Spence, 루스 타이텔바움Ruth Teitelbaum이다. 켄트 벡은 테스트 주도 개발을 재발견하고 테스트 주도 개발에 대해 오래도록 사랑받는 책을 썼다. 나는 길을 닦아준 그들 모두에게 은혜를 입었다.

나를 더 나은 작가로 만들어준 오라일리 분들께 감사를 드린다. 거의 20년 전 내 첫 번째 책 이후로 출판 업계는 급격히 변했다. 알리에노르 아브라함Eleanor Abraham, 크리스틴 브라운Kristen Brown, 미켈레 크로닌Michele Cronin, 멜리사 더필드Melissa Duffield, 수잔 휴스턴Suzanne Huston은 오랜 공백 기간에도 불구하고 두 번째 책이 순조롭게 진행되도록 도왔다.

시카고 로욜라 대학교에서 컴퓨터과학을 가르치는 콘스탄틴 로이퍼 박사[Dr. Konstantin Läufer]는 호기심과 놀라움을 심어줬다. 닐 포드[Neal Ford]는 내 경력을 통틀어 친구이자 멘토였다. 그의 격려와 피드백이 없었다면 글을 끝내지 못했을 것이다.

글과 코드를 상세히 검토하고 제안해준 헤르만 보케의 의견의 대부분을 반영했다. 에드워드 웡[Edward Wong]의 피드백 또한 마찬가지다. 그럼에도 결점이 있다면 전적으로 내몫이다.

많은 사람들의 현명한 조언과 지지로부터 혜택을 받았다. 카렌 데이비스[Karen Davis], 하니 엘리마리[Hany Elemary], 마릴린 로이드[Marilyn Lloyd], 제니퍼 마운스[Jennifer Mounce], 파울라 파울[Paula Paul], 빌 스코필드[Bill Schofield], 젠 스틸[Jen Stille]의 말과 행동에 도전을 받아 박차를 가할 수 있었다. 그들은 대단하지 않다고 생각했겠지만, 그들 없이는 할 수 없었다.

사랑하는 가족에게 감사를 전한다. 자넬 샤론[Dr. Janelle Scharon]은 논리적 사고를 같이 할 수 있는 탁월한 파트너다. 살마 시디퀴[Dr. Salma Siddiqui], 샤킬 시디퀴[Dr. Shakeel Siddiqui], 나딤 시디퀴[Dr. Nadeem Siddiqui], 라시드 카얌[Dr. Rashid Qayyum]은 박사 학위의 지혜를 살려 글을 쓰는 데 풍부한 생각과 더불어 글을 다듬어줬다. 사파 시디퀴[Safa Siddiqui]와 숨불 시디퀴[Sumbul Siddiqui]는 내 힘의 기둥이다. 내게 베푼 모든 것에 감사를 전한다.

찾아보기

테스트 주도 개발 입문

깔끔한 코드 작성을 위한 폴리글랏 안내서

발 행 | 2024년 6월 28일

지은이 | 살림 시디퀴
옮긴이 | 김 인 태

펴낸이 | 옥 경 석
편집장 | 황 영 주
편 집 | 김 진 아
         임 지 원
         김 은 비
디자인 | 윤 서 빈

에이콘출판주식회사
서울특별시 양천구 국회대로 287 (목동)
전화 02-2653-7600, 팩스 02-2653-0433
www.acornpub.co.kr / editor@acornpub.co.kr

한국어판 ⓒ 에이콘출판주식회사, 2024, Printed in Korea.
ISBN 979-11-6175-853-4
http://www.acornpub.co.kr/book/test-driven-development

책값은 뒤표지에 있습니다.